高齢者のカウンセリングと
ケアマネジメント

B.インガソル゠デイトン & R.キャンベル 編
黒川由紀子 日本語版監修　望月弘子 訳

The Delicate Balance:
Case Studies in Counseling and Care Management for Older Adults

誠信書房

The Delicate Balance :
Case Studies in Counseling and Care Management for Older Adults
edited by Berit Ingersoll-Dayton, Ph.D., and Ruth Campbell, M.S.W.
Originally published in the United States of America by Health Professions Press, Inc.
Copyright© 2001 by Health Professions Press, Inc.
Japanese translation rights arranged with Health Professions Press, Inc.

日本語版監修者の序

黒川　由紀子

　本書は，ミシガン大学ターナー・クリニックのソーシャルワーク部長ルース・キャンベルさんを中心とする気鋭のソーシャルワーカーのチームによって書かれたものである。このたび日本語訳が出版されることを本当に嬉しく思っている。

　ターナー・クリニックは，ミシガン大学病院における高齢者を専門に診る外来部門として位置づけられる。医療機関でありながら，本書の執筆陣である優秀なソーシャルワーカーたちの働きによって，医療のみならず，ケアマネジメントをはじめ，生活の細部にわたる行き届いた援助や自立支援，カウンセリングやサポート・グループを含む心のケアなど，高齢者を支えるさまざまなサービスが，比類をみない高い質をもって包括的に統合的に提供されている点が特徴といえる。

　ターナー・クリニックをたびたび訪問するたびに，「ターナー・クリニックのソーシャルワーカーのおかげで生きている，生活と人生そのものを支えられている」と語る高齢者の言葉を少なからず聞いた。患者自身の言葉が，ターナー・クリニックのソーシャルワーカーの力量の高さを証明する。

　ターナー・クリニックを訪れたことのある日本の医療，保健，福祉関係者は極めて多い。ミシガン大学では，本書の執筆者であるルース・キャンベルさん，阿部まりこさんを中心に，過去10年間「ミシガン大学老年学セミナー」が開催されてきた。セミナーには，日本全国から，医師，看護師，ソーシャルワーカー，リハビリ職，心理職，栄養士，音楽療法士，行政官等，高齢者ケアに関わる専門職が毎年20人ずつ参集し，寝食を共にしながら議論をたたかわせ，研修を重ねてきた。ルースさんやまりこさんをはじめとするターナー・クリニックのチームに大いなる刺激を受け，帰国後この分野でリーダー的存在として活躍をしている日本の専門家も少なくない。

　本書をじっくり通読すると，さまざまな事例を通じて，幾重にも層をなす複数のメッセージが伝わってくる。

第一に、高齢者を支える専門職による専門的な技術、技法に注目したい。ケアマネジメント、カウンセリング、訪問面接、家族療法などにおける彼らの関わりの詳細をみれば、これらの関わりが、高度に専門的な技術に裏づけられたものであることにすぐに気づく。さらに、「高齢者自身の力をいかに生かすか」「専門職としての限界設定をいかになすべきか」といった、あらゆる職種に通じる普遍的な問いが投げかけられている。執筆者たちは、臨床現場で遭遇する葛藤を率直に吐露しつつ、これらの問いに誠実に答えていて、その一つひとつのつぶやきが、深く心にしみ入ってくる。

　第二に、技術、技法の通奏低音として流れる姿勢、あるいはケアの哲学とでもいうべき、あたたかいまなざしである。狭義の技術、技法が、真に高齢者に資するものとなるためには、その底に、患者やクライエントの利益や幸福を長い目で想い続ける、持続的な姿勢が不可欠である。こうした姿勢をスタッフが共有することで、ターナー・クリニックでは、常にその時々に変化する患者や地域の要請にこたえ、徹底したクライエント中心の考え方で、新しいプログラムを開発してきた。

　第三に、チーム・アプローチの重要性である。チーム・アプローチといっても、いろいろなレベルがあることに読者は気づくであろう。たとえば、ターナー・クリニックのソーシャルワーカー内チーム、他の専門職とのチーム、クリニック外部の地域の機関とのチームなどである。そしてチームの中心には、常に本人、家族がおかれる。

　ターナー・クリニックのチームは物事を固定的に考えない。「あれか、これか」といった未熟な白黒思考に陥らない。まさに本書の原題のように、微妙なバランス（delicate balance）を保ち、人間らしい葛藤や悩みを率直にみつめながら、明日に向かって進化し続けている。それは、チームリーダーであるルース・キャンベルさんの極めて知的でシャープかつ繊細な感性、人間性に負うところが大きい。ターナー・クリニックのあるソーシャルワーカーが、かつて次のように語っていた。「もしボスがルースでなかったら、私は到底仕事を続けられなかったでしょう。ルースの柔軟性といったら、それはすごい。本当に感謝しています」。

　私もまた、ルースやターナー・クリニックに育てていただき、ルースとの出会いを「ありがたい」と感じている者の一人である。彼女と会わなければ、私

は今の仕事を現在まで続けることはできなかっただろう。それほどに強い影響をルースから受けた。したがって，本書は私自身のバイブルでもある。

　本書は，臨床と学問，実践と理論の深いレベルにおける対話とバランスによって成立している点でも稀有な本である。高齢者ケアに関わる専門職やボランティアの方がた，そしてこの領域に関心のある多くの方がたに読んでいただきたいと強く願う。

はじめに

　高齢者のケアを仕事とする人は，クライエントを支えるために，創造的な方法を開発する必要がある。高齢者のケアを実践するうちに，クライエントの人生に深く巻きこまれることが多いからである。長年，同じクライエントに関わっていくなかで，しだいにその関係が，とても複雑なものになってしまうこともめずらしくない。そこで，高齢のクライエントとどのような人間関係を結べばいいかについてもっと知りたいと願っている，ソーシャルワーカー，カウンセラー，医師，看護師，ケアマネジャー，レクリエーション療法士，職業療法士，理学療法士，行動療法士，看護助手といった人たちに向けて，本書がまとめられることになった。なかでも，学校や研修の場で学んだことを実例に即して確認したいと思っている現場スタッフや学生の皆さんには，ぜひ本書を手にとっていただきたい。高齢者ケアにたずさわる人たちのなかには，クライエント自身の力を尊重しつつ有効な手助けができるような方法はないかと模索している人が，たくさんいる。本書の執筆者たちはそのような人に向けて，高齢者自身がもっている力を実例によって示し，ケアする側がクライエントへの敬意を上手にあらわすにはどうすればいいかを，さまざまに紹介している。

　本書出版のアイデアが最初に芽生えたのは，米国老年学会の1997年の大会の場だった。その大会で，本書の編者の一人であるルース・キャンベルは，高齢者ケアの実践家たちの体験談を集めて，「さまざまなクライエントのもつ創造性——声なき声に言葉を与える」というシンポジウムを行ったらどうかと提案した。それまでの米国老年学会では主として，生物学者や医師，社会学者などの研究発表が行われてきたが，キャンベルが提案したそのシンポジウムは，それらとはまったく性質が違っていた。現場で実際に高齢者ケアにあたっている人たちに，自分たちが共通してかかえている問題についての，実際の経験を述べてもらおうというものだったのだ。この提案は大会参加者たちから，大歓迎の声で迎えられた。現場での実践についてもっと知りたいと考える人は，予想以上に多かったのである。なかでも本書の共同編者となったベリット・インガソル=デイトンは，このシンポジウムの主旨に大いに共鳴した。そして，大会

参加者たちの歓迎ぶりにも勇気づけられて，ぜひともキャンベルに協力したいと申し出たのである。そんな経緯でキャンベルとインガソル=デイトンは，このシンポジウムの企画をさらに発展させて，ターナー高齢者クリニックのソーシャルワーカーたちに，自分の経験した事例についての紹介と考察を寄稿してもらい，本書にまとめることにしたのである。

本書のケース・スタディを読むことで読者は，学校で学んだ理論や，現場での自分の体験に，肉づけを行うことができるだろう。本書にとりあげられた高齢者は，男女の別もさまざまなら，人種もいろいろで，ケアの状況も種々に異なっている。また，高齢者ケアを考えるうえで重要な諸要素についても，幅広くふれられている。たとえば，長期にわたってクライエントと接するうちに起こりがちな，（プロの介助者としての立場から，家族の一員的な存在へといった）立場の曖昧化を，どう考えればいいのだろうか。家族や公的システムとの関わりのなかで高齢者ケアを行う場合，デリケートでプライベートな問題にどのように対処するのか。高齢者自身のもつ力，ケアを受けることをためらう気持ちといったものを尊重するには，どうすればいいのか。

本書の各章はそれぞれ，別々の執筆者によって書かれている。したがって読者は，老年学実践家の幅広い声を知ることができるわけだ。しかも，それと同時に本書では，全体に共通する分析の枠組みを設けてある。各章の執筆者は，各自の実践内容を紹介したあと，以下の六つの共通テーマに従って，実践プロセスを分析することになっている。

①クライエントへの敬意を，どのようにあらわしたか
②クライエント自身の力を，どのように活用したか
③立場は曖昧になったか
④時間の経過とともに，セラピー関係（therapeutic relationship）にどのような変化があったか
⑤セラピー関係はクライエントとセラピストに，どのようなメリットやデメリットをもたらしたか
⑥この事例の教訓は？

時間の経過とともに，クライエントとセラピストとの関係は，複雑なプロセ

スを経て深まっていく。そしてその過程では，クライエントの側だけでなく，セラピストの側にも成長が起こる。本書では，さまざまな実践家たちが自分自身の葛藤にどう対処したか，今ふりかえってみて，クライエントへの接しかたをどのように変えられたと思うかの，「生(なま)の声」を知ることができる。私たち編者は，できるだけ現場の実践家の多くに共通する問題を含む事例を取りあげるようつとめた。本書に登場する実践家たちは，創意工夫をこらし，さまざまな手段を駆使して，そうした問題に対処している。セラピーがどのような結果をもたらすかは，一概にはいえない。各種の介入に対するクライエント個々人の反応は，じつに多様である。年配のクライエントのなかには，心身に大きな問題をかかえているにもかかわらず，目をみはるような変化や成長を見せて，生活が劇的に改善される場合もある。また，状態にあまり変化は見られないが，プロのサポートを受けることで，現状を維持できる人もいる。時には各種の介入が，まったく何の効果もあげていないように思われるケースさえある。そこで私たち編者は，高齢者ケアを手がける人たちの多くが出会うであろう多様な反応を，できるだけたくさん示したいと考えた。

　本書でとりあげた各ケースは，いずれも実際の事例に基づいているが，クライエントのプライバシーを守るために，いくつかの事例を複合したり，匿名にしたりしてある。各章に共通する基準を設けて，登場人物の氏名や地名，障害の種類など，個人を特定できるような情報を，実際とは変えて執筆しているのである。

　本書では高齢者への介入を，大きく3種類に分けてまとめた。「個人や夫婦における実践」「グループにおける実践」「家族やシステムにおける実践」の3種類である。上記の六つのテーマの意味と重要性について序章で説明したあと，第1章からは，この3種類の介入の例をあげていく。第1章から第5章までは，高齢の個人や夫婦へのセラピーやケアマネジメントを扱う。そのなかには，在宅のケースも通所のケースも含まれている。第6章から第8章までは，さまざまなタイプのグループ・セラピーの実践例である。ここでは，「認知療法グループ」「作文グループ」「多世代記憶回復グループ」といったものが紹介されている。第9章から第12章では，高齢者の家族や，さらに大きなシステムに関係したセラピーやケアマネジメントをとりあげる。たとえば，高齢者が地域社会のなかでよりよく暮らせるように，さまざまな機関の専門家と協力し

た例などが示されている。終章では，上記の六つのテーマに沿って，高齢者へのカウンセリングとケアマネジメントの微妙なバランスをうまくとるには，どうすればよいかを考察する。

　ここで，本書にたびたび登場するターナー高齢者クリニックについて，そのあらましを説明しておこう（場合によっては，ただの「クリニック」あるいは「私たちのクリニック」「ターナー・クリニック」といった表現が用いられている箇所も多い）。ターナー高齢者クリニックは，60歳以上の人を対象とするミシガン大学ヘルス・システム付属老年医学センターの，外来初期医療クリニックだ。医師，看護師，ソーシャルワーカーなど多分野のヘルスケア専門家を擁し，1978年の創設以来これまでに5000人を超える高齢者のケアを手がけてきた，大規模なクリニックである。老年医学センターにはターナー・クリニックのほかに，神経科，精神科，内分泌科，高血圧科，耳鼻咽喉科もあって，そうした各科の専門スタッフとターナー・クリニックのスタッフが，協力してケアにあたれるようになっている。ターナー・クリニックは，ミシガン大学病院に隣接する本院以外にも，地域の高層ビルや教会内部に，全部で九つの分院をもっている。

　ターナー・クリニックのソーシャルワーク部門ではこれまで，クリニック内部および地域社会で，多様なプログラムを展開してきた。修士の学位をもつ，常勤換算で8名のソーシャルワーカーが勤務しており，その経費の大部分は，助成金，契約金，手数料，寄付金などでまかなわれている。同部門の代表的な業務としては，高齢者に関するアセスメント，クリニック内セラピー（年間，のべ1000例を超える），クリニック内外のさまざまなサポート・グループの運営（弱視のサポート・グループから，「ニュー・アウトルックス」と呼ばれるグループにいたるまで，1カ月に20程度のサポート・グループを運営している），高齢者宅でのカウンセリングやケアマネジメント，ケア技術向上のための講習，情報の提供や他施設への紹介，デイ・サービスの実施，地域でのメンタル・ヘルス講習会の開催などがある。同部門では正規のスタッフのほかに，ソーシャルワーカーをめざして勉強中の人や他分野の学生たちなどからなる無償ボランティアが，分担して仕事を進めている。さらには約50名の高齢者ピア・ボランティアが，在宅高齢者を訪問したり，サポート・グループを手伝ったり，月例のワークショップを運営したりということも行われている。高齢者

は，医師や公的機関の紹介で同部門を利用するほか，自分自身の意思で，あるいは家族や友人に勧められてというケースも多い。

　ターナー・クリニックのソーシャルワーク部門では，高齢者のケアに関しても広報活動に関しても，地域の各機関と密接に連携して仕事を行っている。たとえば高齢者住宅局は，現在ではターナー・クリニックとは別機関になっているが，もともとは，住宅に関する一般情報やホーム・シェアリング情報の提供，強制立ち退きの防止といった援助を高齢者に行うために，ターナー・クリニックのスタッフとピア・ボランティアがはじめたものだ。また「退職後学習講座」も，1987年にターナー・クリニックのボランティアたちの手ではじめられたものである。この講座には現在1000人以上の高齢者会員が在籍しており，さまざまな分野の講義シリーズやミニ・コース，学習グループなどが，会員自身によって計画され，実施されている。同講座は，「エルダーホステル・プログラム」が作成している「退職後学習のための国内機関ネットワーク」の提携機関にも名を連ねている。ターナー・クリニックのソーシャルワーク部門のいちばんの業績としては，各サービス間の隙間を精力的に埋め，高齢者のニーズにあわせて地域各機関との調整や橋渡しを行ってきた点があげられるだろう。

　ターナー・クリニックのように，一つの機関でこれほど多岐にわたるサービスを順調に展開している例はめずらしい。近年では，もっと小規模な各機関のなかには，財政緊縮のあおりを受けたり，高齢者人口比率が増えたりといった理由から，各種のサービス・プログラムを中止したり，縮小したりせざるを得なくなったところも多いのである。反面，地域社会のなかで高齢者が生活しつづけられるようにする必要性は，どんどん大きくなっている。その意味でも，ターナー・クリニックが提供する各種のサービスへの需要は今後ますます増大するだろうし，もはや現代の高齢者やその家族のニーズに合わなくなった古いプログラムに代わる新プログラムの開発者としてのターナー・クリニックの役割も，拡大していくものと思われる。しかも最近では，在宅ケアワーカー，看護師，医師など多分野の人たちが，高齢者に対するカウンセリングやケアマネジメントの優れた技術を身につける必要性を感じはじめている。ターナー・クリニックのソーシャルワーク部門が提供する各サービスは，そうした人たちが高齢者やその家族に対して包括的ケアを行おうとする際に，大いに参考になることだろう。

本書の各章を執筆したのは，このターナー・クリニックの経験豊かなソーシャルワーカーたちである。各人が，高齢者本人やその配偶者，家族，グループなどに対して実践を行う上での，さまざまな社会的・心理的方法に精通している。高齢者のケアに関して，地域あるいは全国規模のワークショップに定期的に参加している人も多いし，本や新聞，雑誌などに論文や研究報告を発表している人も少なくない。しかも大部分が，ターナー・クリニックで長年，高齢者のケアにたずさわっている人たちだ。さまざまな問題に応じて断続的に短期援助を行った経験もあるし，継続的なカウンセリングやケアマネジメントを手がけてもいる。したがって本書の執筆者たちはまさに，長期の高齢者セラピーにまつわるさまざまな問題について語るには，うってつけの人だといえるだろう。比較して考えやすいように本書では，短期のケースと長期のケースを両方とりあげた。

　本書で紹介する事例のなかには，わずか数カ月だけの短期の介入もあるが，大半は，かなり長期にわたる介入についてのものである。たとえば，高齢者本人やその家族に対する何年にもわたる面接，「作文グループ」における20年以上もの実践なども紹介されている。しかしながら，コストパフォーマンス（対費用効果）の高い短期サービスへの要請が高まっている最近の事情を考えると，そのようなきわめて長期間の介入をそのまま取り入れるのは，多くの機関にとってむずかしいかもしれない。だが，高齢者たちが望んでいるのは，予測のつかない変化に応じて，必要なときには電話をすればいつでも専門家に対応してもらえるような，長期的・継続的なサービスだろう。そうしたニーズを満たすには，初期には密度の濃い関わりをもつとしても，徐々に密度を減らして，定期的な面接は1カ月ないし2カ月に1度程度に抑え，必要に応じて不定期な短期ケアを併用するといい。大学病院というのは往々にして，財源や労働力を安定的に確保するのがむずかしいものだが，ターナー・クリニックでは幸い，多様な財源からの援助を受けることができ，学生やボランティアの助けも多い。そのおかげで，きわめて安定した状態を保ち，さまざまな変化にも対応できる余力をもっている。多様な財源やマン・パワーを各種のセラピーやケアマネジメントに有効に利用しているターナー・クリニックのやりかたは，高齢者ケアを手がけるさまざまな機関に応用可能であると，私たちは確信している。

目　次

日本語版監修者の序　　i
はじめに　　iv

序章　高齢者ケアにまつわる諸問題　　1

1. クライエントへの敬意を，どのようにあらわしたか　　1
2. クライエント自身の力を，どのように活用したか　　4
3. 立場は曖昧になったか　　7
4. 時間の経過とともに，セラピー関係にどのような変化があったか　　10
5. セラピー関係はクライエントとセラピストに，どのようなメリットやデメリットをもたらしたか　　13
6. この事例の教訓は？　　17

────第Ⅰ部　個人や夫婦における実践────　　21

第1章　拒絶よりも孤独を選んで　　23

1. クライエントの背景　　23
2. 介入の概要　　25
   対人関係　　26
   経済面と住宅問題　　32
   自己評価　　36
3. 介入の分析　　37
   クライエントへの敬意を，どのようにあらわしたか　　38
   クライエント自身の力を，どのように活用したか　　39
   立場は曖昧になったか　　40

時間の経過とともに，セラピー関係にどのような変化があったか　41
　　セラピー関係はクライエントとセラピストに，どのような
　　メリットやデメリットをもたらしたか　42
　　この事例の教訓は？　43

第2章　犠牲者意識から抜け出す　46

　1．クライエントの背景　46
　2．介入の概要　47
　　うつと不眠　49
　　妻との関係　51
　3．介入の分析　57
　　クライエントへの敬意を，どのようにあらわしたか　57
　　クライエント自身の力を，どのように活用したか　58
　　立場は曖昧になったか　60
　　時間の経過とともに，セラピー関係にどのような変化があったか　61
　　セラピー関係はクライエントとセラピストに，どのような
　　メリットやデメリットをもたらしたか　62
　　この事例の教訓は？　63

第3章　プロとしてどこまで介入すべきかをわきまえる　65

　1．クライエントの背景　65
　2．介入の概要　66
　3．介入の分析　80
　　クライエントへの敬意を，どのようにあらわしたか　80
　　クライエント自身の力を，どのように活用したか　81
　　立場は曖昧になったか　82
　　時間の経過とともに，セラピー関係にどのような変化があったか　84
　　セラピー関係はクライエントとセラピストに，どのような
　　メリットやデメリットをもたらしたか　85

この事例の教訓は？　85

第4章　訪問セラピーで多様な役割を果たす　89

1. クライエントの背景　89
2. 介入の概要　90
3. 介入の分析　99
   クライエントへの敬意を，どのようにあらわしたか　99
   クライエント自身の力を，どのように活用したか　100
   立場は曖昧になったか　101
   時間の経過とともに，セラピー関係にどのような変化があったか　104
   セラピー関係はクライエントとセラピストに，どのような
   メリットやデメリットをもたらしたか　105
   この事例の教訓は？　106

第5章　夫婦の関係を修復する　111

1. クライエントの背景　111
2. 介入の概要　112
   夫婦療法　112
   個人療法　116
   同僚セラピストとともに行った夫婦療法　117
3. 介入の分析　121
   クライエントへの敬意を，どのようにあらわしたか　121
   クライエント自身の力を，どのように活用したか　122
   立場は曖昧になったか　123
   時間の経過とともに，セラピー関係にどのような変化があったか　124
   セラピー関係はクライエントとセラピストに，どのような
   メリットやデメリットをもたらしたか　126
   この事例の教訓は？　127

──第II部　グループにおける実践── 131

第6章　認知療法グループの効果　133

- 1．クライエントの背景　133
- 2．グループの背景　135
- 3．介入の概要　136
  - 質問に順番に答える　137
  - ミニ講義　138
  - 問題について話しあう　139
  - 目標の設定と見直し　141
  - 宿題　142
- 4．介入の分析　143
  - クライエントへの敬意を，どのようにあらわしたか　143
  - クライエント自身の力を，どのように活用したか　144
  - 立場は曖昧になったか　144
  - 時間の経過とともに，セラピー関係にどのような変化があったか　145
  - セラピー関係はクライエントとセラピストに，どのようなメリットやデメリットをもたらしたか　146
  - この事例の教訓は？　148

第7章　家族の代用物としての作文グループ　153

- 1．クライエントの背景　153
- 2．グループの背景　155
- 3．介入の概要　158
  - ポール・シュナイダー　158
  - マリアンヌ・グリーン　162
  - 典型的な集まりの様子　165

4．介入の分析　168
　　クライエントへの敬意を，どのようにあらわしたか　170
　　クライエント自身の力を，どのように活用したか　171
　　立場は曖昧になったか　172
　　時間の経過とともに，セラピー関係にどのような変化があったか　174
　　セラピー関係はクライエントとセラピストに，どのような
　　メリットやデメリットをもたらしたか　176
　　この事例の教訓は？　177

第8章　老人ホームにおける多世代グループ　182

1．クライエントの背景　182
2．グループの背景　183
3．介入の概要　185
4．介入の分析　190
　　クライエントへの敬意を，どのようにあらわしたか　190
　　クライエント自身の力を，どのように活用したか　191
　　立場は曖昧になったか　192
　　時間の経過とともに，セラピー関係にどのような変化があったか　193
　　セラピー関係はホーム入所者と家族とリーダーに，どのような
　　メリットやデメリットをもたらしたか　195
　　この事例の教訓は？　197

───第Ⅲ部　家族やシステムにおける実践───　201

第9章　固定した家族のありかたを打破する　203

1．クライエントの背景　203
2．介入の概要　205
3．介入の分析　216

クライエントへの敬意を，どのようにあらわしたか　216
　　　クライエント自身の力を，どのように活用したか　217
　　　立場は曖昧になったか　217
　　　時間の経過とともに，セラピー関係にどのような変化があったか　218
　　　セラピー関係はクライエントとセラピストに，どのような
　　　メリットやデメリットをもたらしたか　220
　　　この事例の教訓は？　221

第 10 章　信頼関係を築く
　　　　　　——創造的なケアマネジメントのキーポイント　224

　1．クライエントの背景　224
　2．介入の概要　225
　　　初回面接　225
　　　クライエント宅の安全性についてのアセスメント　228
　　　信頼関係を深める　230
　　　サポート・システムを育む　235
　3．介入の分析　240
　　　クライエントへの敬意を，どのようにあらわしたか　241
　　　クライエント自身の力を，どのように活用したか　241
　　　立場は曖昧になったか　242
　　　時間の経過とともに，セラピー関係にどのような変化があったか　243
　　　セラピー関係はクライエントとセラピストに，どのような
　　　メリットやデメリットをもたらしたか　243
　　　この事例の教訓は？　244

第 11 章　母娘の絆を守る
　　　　　　——ネグレクト（介護放棄）への介入　247

　1．クライエントの背景　247
　2．介入の概要　249

3．介入の分析　　252
　　　クライエントへの敬意を，どのようにあらわしたか　　252
　　　クライエント自身の力を，どのように活用したか　　253
　　　立場は曖昧になったか　　254
　　　時間の経過とともに，セラピー関係にどのような変化があったか　　255
　　　セラピー関係はクライエントとセラピストに，どのような
　　　メリットやデメリットをもたらしたか　　256
　　　この事例の教訓は？　　257

第12章　高齢者の依存症克服を手助けする　　259

　　1．クライエントの背景　　259
　　2．介入の概要　　261
　　3．介入の分析　　270
　　　クライエントへの敬意を，どのようにあらわしたか　　270
　　　クライエント自身の力を，どのように活用したか　　272
　　　立場は曖昧になったか　　273
　　　時間の経過とともに，セラピー関係にどのような変化があったか　　275
　　　セラピー関係はクライエントとソーシャルワーカーに，
　　　どのようなメリットやデメリットをもたらしたか　　276
　　　この事例の教訓は？　　277

終章　微妙なバランス　　281

　　1．クライエントへの敬意を，どのようにあらわしたか　　282
　　　クライエントのペースにあわせる　　283
　　　どこに問題があるかについての，クライエントの考えを尊重する　　284
　　　クライエントの経験や知恵を尊重する　　285
　　　クライエントのコントロール力や自主性に敬意をはらう　　286
　　2．クライエント自身の力を，どのように活用したか　　287
　　　スピリチュアリティ　　288

過去の困難に対処した体験　289
　　家族の支え　290
3．立場は曖昧になったか　292
　　転移と逆転移　293
　　セラピー対ケアマネジメント　295
　　贈り物を受け取る　296
　　個々のクライエントのセラピストとしての役割と，グループの
　　リーダーとしての役割　297
　　秘密の保持　298
4．時間の経過とともに，セラピー関係にどのような変化が
　　あったか　299
　　セラピー以外の出来事による変化　300
　　複合的な介入による変化　301
　　グループ内の相互作用による変化　302
5．セラピー関係はクライエントとセラピストに，どのような
　　メリットやデメリットをもたらしたか　304
　　信頼　304
　　立ち直り力　305
　　欲求不満　306
　　学びと成長　306
　　具体的なメリット　307
6．この事例の教訓は？　307
　　高齢者ケアの特異性　308
　　ターナー・クリニックは特殊か　310

　　訳者あとがき　313

序章
高齢者ケアにまつわる諸問題

　本書では，各章に紹介されたさまざまなケースについて，高齢者ケアのベテランである執筆者本人に，分析を行ってもらった。分析は，各章に共通した，つぎの六つのテーマに沿って行われている。

　①クライエントへの敬意を，どのようにあらわしたか
　②クライエント自身の力を，どのように活用したか
　③立場は曖昧になったか
　④時間の経過とともに，セラピー関係にどのような変化があったか
　⑤セラピー関係はクライエントとセラピストに，どのようなメリットやデメリットをもたらしたか
　⑥この事例の教訓は？

1．クライエントへの敬意を，どのようにあらわしたか

　「高齢者ケア成功のカギは何か」と在宅ヘルスケア従事者に尋ねると，クライエントへの敬意こそがいちばん大切だと答える人が多い（Ebenstein, 1998）。もちろん，どんなクライエントにとっても，専門家から敬意をもたれていると感じることは大事なのだが，高齢のクライエントの場合には特に，それが不可欠なのである。アメリカ社会では，若さこそが美徳であり，年をとるのは忌まわしいことだといった風潮が根強い。だから高齢者たちは，自分に対して良いイメージをもつことができず，自尊心を失ってしまいがちである（Butler et al., 1998；Schaie, 1993）。他者の手を借りて生活しなければなら

なくなった場合にはなおさら，ばかにされたり軽んじられたりしたと感じやすい（Moody, 1998）。だからこそ，高齢者のケアにあたる人たちは特に十分な敬意を持って，クライエントに接しなければならないのである。

高齢者を介助する人はともすると，クライエントにできないことはなんでも代わりにやってあげたいという気持ちになりやすい。数ヵ所のヘルスケア機関で調査を行うとともに，小説や自叙伝に描かれた内容についても分析を行ったアロンソン（Aronson, 1999）によれば，高齢者への接しかたはどうしても，ケアする側が操作する傾向になりがちだという。そのような接しかたは高齢者をいっそう無力化し，受け身にしてしまうと，アロンソンは警告している。人の助けを借りると高齢者は，自分が他者に依存していると感じ，そう感じることでなおさら萎縮してしまうのである。

専門家が高齢のクライエントへの敬意を示す方法としてはまず，相手の自律を重んじることが考えられる。たとえば，どのようなケアを行うかについての選択肢をクライエントに示して，本人と相談しながら決めていく（Neeman, 1995）。ナイト（Knight, 1996）は，何が問題なのかについて，専門家の側が決めつけたり，クライエントの家族の言葉を鵜呑みにしたりせず，高齢者本人の言葉に耳を傾けるよう勧めている。クライエントに付き添ってきた家族が，どんな援助を受けたいかを一方的に述べ立てるといったことは，よくあるケースだ。そのような場合には，高齢者本人によく尋ねて，何に困っているのか，どうしたいのかを，できるだけ聞き出すほうがいい。必要なケアをいつ行うのが都合がいいのかを本人に尋ね，そのスケジュールを守ることによっても，クライエントの自律は尊重できる。あらかじめケアの予定がはっきりしていないと，クライエントは自分に決定権がないように感じることは，ルストベイダー（Lustbader）によってつぎのように指摘されている。

> ただ受け身に待っているだけだと，高齢者はどんどん，自分は無力な存在だと感じるようになっていく。いっぽう予定がはっきりしていると，今までどおり自分の生活について決定権をもっているのだという気持ちになれる。他者の手を借りなければ生活できない人でも，予定どおりに間違いなく物事が起こると確信できれば，自律性が保たれていると思えるのだ（Lustbader, 1991, p.127）。

クライエントと協力して立てたスケジュールを守ることで，専門家はクライエントへの敬意を示すことができるのである。

　クライエントへの敬意をあらわすもう一つの方法は，高齢者のプライバシーを尊重することだ。ジョージ（George, 1998）は，ある高齢女性のエピソードを紹介している。重度の痴呆で施設に入所していたその女性は，入浴介助を受けるたびに，大声をあげて騒いだ。なぜそのように大騒ぎするのかつきとめようと，施設のスタッフたちはいろいろ手を尽くしたが，原因はなかなかわからなかった。ところがある日，一人の介護助手が，その女性の入浴介助をしていたスタッフとの内緒話を他の人には聞かれたくないと思い，何気なく浴室のドアを閉めた。すると女性はたちまち騒ぐのをやめて，ぴたりと静かになったのだ。どのような高齢者にとっても，人間としての尊厳が守られ，プライバシーが尊重されることがきわめて重要であることが，このエピソードからわかる。たとえその高齢者が重度の痴呆であっても，事情はまったく同じだ。専門家は，相手のプライバシーを尊重することで，高齢のクライエントの尊厳を重んじることができる。その具体的な方法としては，さまざまなやりかたが考えられる。たとえば，施設内であっても一対一で話しあえるような場をつくり，内密な話を安心してできるよう配慮するのもその一例である。

　高齢のクライエントに対する敬意をあらわす方法としては，その人の個人史への理解を深めるというやりかたもある。ナイト（Knight, 1996）は，クライエント個人の体験を，その特定の世代の代表者として理解することの大切さを強調している。クライエントの人生に大きな影響を与えた歴史的事件（たとえば2度の世界大戦や大恐慌など）については，よく知っておくほうがいい。その時代に流行した音楽や映画に詳しくなることも，クライエントとの人間関係を円滑にし，敬意を示す手段になると，ナイトは述べている。セラピストがその時代のことをあまり知らない場合には，クライエント本人にいろいろ尋ね，その経験や知恵の深さへの尊敬の気持ちを言葉で伝えることで，敬意をあらわすことができるだろう。

2．クライエント自身の力を，どのように活用したか

　クライエントに対する敬意をあらわすうえで特に忘れてはならないのが，そのクライエント自身の力を尊重するということである。1990年代以降の新しい傾向として，専門家たちの関心はしだいに，クライエントの病理よりも，残っている能力に注目した援助を行う方法をさぐることに向けられはじめている（Saleebey, 1996）。そして，そのようなアプローチのおかげで，クライエントは，何もできない無力な人間だと見られることが減り，尊厳に満ちた経験豊かな存在としての扱いを受けるようになってきている　（Sullivan & Fisher, 1994； Tice & Perkins, 1996）。こうした考えかたが広まった結果，高齢者もストレスや逆境をはねかえす力を保持していることが，あらためて認識されるようになってきた（Rutter, 1987）。高齢者自身に残っている力に重きをおいたこのようなアプローチはけっして，生じている問題から目をそむけたり，加齢に伴って失われるものがあることを否定しているわけではない。介入の目的や方法を考える上で，クライエント本人の力を活用しようとしているのである（Sullivan & Fisher, 1994； Tice & Perkins, 1996）。

　高齢者自身の力として，ケアの実践者や研究者たちが高く評価しているものの一つに，深い知恵がある。「知恵というのは，加齢とともに衰えるどころか，むしろ円熟し完成される，数少ない精神的特質の一つであるように思われる」と，心理学者たちも述べている（Baltes et al., 1990, p.430）。バルテス（Baltes）らによれば，知恵には，人間の本質に対する深い理解，さまざまな人間関係についての知識，人生の不確実性に関する認識など，多くの要素が含まれている。人間の発達の最終段階としての人格の統合は，そうした知恵なくしては起こり得ないとエリクソンら（Erikson et al., 1987）が考えていることに，ブレイザー（Blazer, 1998）も注目している。高齢者の内部で熟した知恵は，心にしみる人生経験談として語られる。クライエントのそうした知恵をセラピストが高く評価すれば，高齢者自身も，自信をもって自分の経験や思いを語れるようになる。

　高齢者にとって大切な力としては，「立ち直り力」や適応力もある（Blazer,

1998)。「立ち直り力」というのは，困難な状況でもそれを受け入れて，向きあっていく力のことだ（Gilgun, 1996）。「立ち直り力」の大きい人は，自分のつらい体験を否定するのではなく，その体験となんとか折りあいをつけて暮らしていける（Saleebey, 1996）。トラブルの原因を解決しようと努力したり，他者に助けを求めたりして，乗り切っていけるのである（Gilgun, 1996）。「立ち直り力」の大きい人はまた，つらい体験にもプラスの意味があったと考え，認知を変化させるのがうまい。高齢者の場合には，いくら周辺状況を改善しても完全には解決しない喪失を体験することが多いので，このような「意味のとらえなおし」（Pearlin & Skaff, 1995, p.111）が果たす役割は特に大きい。困難な状況にもクライエントがうまく自分を適応させてきた体験を臨床家が高く評価すれば，クライエントは，行動療法や認知療法的な対処法を使うことで，いっそう「立ち直り力」に満ちてくる。

　自分にはまだ人生を主体的にコントロールする力が残っているという意識をもてることも，高齢者には大切だ（Blazer, 1998）。年齢を重ねていくうちには，自分はもはや身体面でも社会的にも精神面でも，そのようなコントロール力を失ってしまったと感じざるを得ないような出来事がたくさん起こる。パーリンとスカーフ（Pearlin & Skaff, 1995）は，コントロール力が残っていると感じると逆境に耐えやすく，自分は無力な犠牲者だという気持ちも抱きにくいと述べている。高齢者の場合には，状況をコントロールする機会がどうしても減ってくるので，コントロール力を発揮できるような場面を，意識的につくっていく必要がある。パーリンらによれば，「日常生活のちょっとした場面に，高齢者が自分の意思で決められる部分を残すといい。そうすれば，以前と同じようにコントロール力を保っているという気持ちをもちつづけることができる」（Pearlin & Skaff, 1995, p.115）。援助にあたる専門家は，自分自身でコントロールできる部分が日常生活のどのあたりにあるかを高齢者本人が見きわめるのを手助けするといい。

　高齢者の力を増す重要な要素としては，サポート・ネットワークもある。サポート・ネットワークがあれば高齢者は，「力がわいてくる居場所」（Saleebey, 1996に引用されているTaylor, 1993の表現）をもつことができる。その結果，自分には何ができるかを強く自覚して，積極的に社会的なつながりをつくっていこうとする気持ちになれるのだ。サポートしてくれる人間関

係がある場合には，つらい出来事があっても耐えやすい（Cohen & Wills, 1985； Krause & Borawski-Clark, 1994）。サポートしてくれる家族や友人などが周囲にいる高齢者は，身体面での手助けだけでなく，精神面の援助も得られるのである。社会的サポートについての研究によれば，サポート・ネットワークは，つぎのような性質をそなえている場合に，最も力を発揮する。まずは，困難な問題が起きたとき，適切なタイプの援助を行えること（Pearlin & Skaff, 1995）。そして，他者を手助けするだけでなく，他者からの手助けも上手に受け入れられること（Antonucci & Jackson, 1990； Ingersoll-Dayton & Antonucci, 1988）。必要なときにはいつでもサポートが受けられると思えることは，高齢者にとって大きな意味をもつ（Hansson & Carpenter, 1994）。だから臨床家は，クライエントに適切なサポート・ネットワークがあるかどうかに，つねに注意をはらう必要がある。必要なときには誰の手を借りられるかをクライエント自身が心づもりしておくのを手助けし，クライエント本人も双方向のサポート関係をもつことができるよう，働きかけを行うといい。

　クライエント自身の力について考えるとき，忘れてはならないのが，文化によって，また個人個人で，「力」というものについての考えかたがそれぞれ違い，専門家の助けを求めるかどうかについての判断も違ってくるという点だ。マッケイドとエイレンライヒも，「力の概念は，文化抜きでは語れない」と述べている（McQuaide & Ehrenreich, 1997, p.204）。力というものをどう解釈するかは，民族，人種，階級，性別などによって，多種多様だ。たとえば同じ一つの民族のなかでさえ，困難に立ち向かうためのある方策（たとえば，「自分の考えをはっきり言う」といった態度など）が適当だと考えるかどうかが，時と場合によって異なることもある。そして，困った状況に陥っても専門家の助けは借りたくないと考える人たちも，少なからずいる。無神経なヘルパーや横柄なヘルパーにいやな思いをさせられた経験があるせいでためらったり，専門家の手を借りたらますます依存的な生活になってしまうのではと恐れる高齢者も多いのである（Butler et al., 1998）。援助を受けるのをためらう気持ちはむしろ，その高齢者の力のあらわれだとも考えられる。タイスとパーキンズは，援助にあたる専門家はつねに，「このクライエントはこれまで，どのようなスキルで成長し，人生を生きてきたか」を考慮に入れて仕事を進めるべきだと述べている（Tice & Perkins, 1996, p.24）。各種のサービスを受けるのを

拒もうとするのは，自立心や自信，プライドのあらわれかもしれない。拒絶が，病気からくる頑固さのせいではなく，むしろその高齢者の力のあらわれであると認められれば，高齢者も，もっと積極的に専門家と相談するようになり，援助を求める気持ちにもなるだろう。

3．立場は曖昧になったか

　クライエントが高齢の場合には，一般のセラピーとは大きく違う部分がある。オフィスでの面接ではなく，在宅や高齢者施設での面接が中心になる場合が多いのだ。したがって，どのようにセラピー関係を開始し，維持していくかも異なってくる。さらには，クライエントの家族や，他職種の専門家たちとも，連携をとっていかなければならないことが多い。自宅まで出向いたり，私的および公的なサポート・ネットワークとも関わったりしなければならない高齢者セラピーは，クライエントとセラピストがオフィスで一対一で向かいあう通常の面接とは，根本的に違っているのである。そのせいで，ともすると，プロとしての役割の境界が曖昧になりやすい。

　高齢者はセラピストの援助を受けることをためらうケースが多いので（Butler et al., 1998），進んで援助を受ける気持ちのある一般のクライエントに対するやりかたとは，違ったアプローチが必要になることも多い。最初からいきなり問題のありかをさぐったりそれを解決しようとしたりせず，親しい訪問者のような接しかたからはじめて相手の警戒心を解いていくのも，そうした方法の一つだ（Edinberg, 1985）。親しい訪問者として訪ね，うちとけた雰囲気のなかでお互いに自己開示し，理解を深めることによって，上下関係を意識させない，安心できる結びつきをつくっていくわけだ。セラピー関係を前面に打ち出す前に個人的な信頼関係を築くことで，高齢者自身の力を引き出し，自立心をもたせることができると，エディンバーグ（Edinberg, A.）は述べている。ブレイザー（Blazer, 1998）も，最初にある程度時間をかけて親しくなることで，クライエントは，一人の人間としての意見を専門家に聞いてもらえていると感じるようになると指摘している。ゆっくり時間をかけて親しくなると，最初はとうていセラピーを受け入れそうもなかったクライエントの心が開くこと

もある。しかしながらエディンバーグはまた，個人的な親しみを優先してクライエントに接しはじめた場合，いざ専門的なセラピー関係に移行しようという段になって苦労する場合もあると警告している。「友人」としての立場と「専門家」としての立場の境目が曖昧になってしまうと，臨床上重大なことがらについて話しあうのをクライエントがいやがるといった事態も起こりかねない。

　高齢者の自宅など，セラピストのオフィス以外の場所で面接を行う場合には，そのような立場の曖昧化が，特に生じやすい。ナイトは，「セラピーの場がオフィスからクライエントの自宅へと変化すると，セラピー関係を取り巻く状況も変わる」と指摘している（Knight, 1996, p.57）。クライエントの自宅でカウンセリングを行う場合には，クライエント以外の人がそばにいることが多いし，テレビの音や電話などの邪魔が入りやすい。クライエントが実際にどのような暮らしをしているかがセラピストにわかりやすいというメリットがある一方で，クライエントのプライバシーを守る配慮が特に必要となる。また，単なる友人としての訪問に終わらないよう，専門的なセラピーのための時間をしっかり確保し，どこまでクライエントに関わるかの境界線も，明確にしておかなければならない。ふだんオフィスでクライエントと接することの多いセラピストの場合には，このように立場が曖昧化しやすい自宅での介入に戸惑うケースもある（Knight, 1996）。

　高齢のクライエントに接する場合，立場の曖昧化を招きやすいもう一つの原因は，専門家が果たさなくてはならない役割が多岐にわたるということだ。単にクライエントからの聞き取りやアセスメントを行うだけでなく，ケアマネジメント（ケースマネジメントとも呼ばれる）を行ったり，クライエントの立場を代弁したりして，高齢のクライエント本人と，家族や他の専門機関とのあいだの仲介人，交渉人の役割も果たさねばならない（Edinberg, 1985；Williams, 1990）。そのように多様な役割を期待され，役割の境界線が曖昧になってくると，専門家はバーンアウト（燃え尽き状態）に陥りやすい（Barber & Iwai, 1996）。さらには，一人のクライエントに関わる各職種のスタッフたちのあいだに，おのおのの責任範囲をめぐるもめごとが生じ，「主導権争い」のような事態も起こりやすい（Wacker et al., 1998）。したがって，高齢者のケアにあたる人にとっては，他職種のスタッフたちとうまく協力関係を築き，チームとして働く能力がとても重要になる。

立場の曖昧化によって臨床家が直面する問題は，その他にもいろいろとある。スナイダーとマコーラム（Snyder & McCollum, 1999）は，セラピストをめざす実習生たちが訪問セラピーを行ったとき，どのようなことが起きたかを記している。この場合には，幼い子どものいる家庭への訪問だったが，高齢者の家庭を訪問する場合にも，同じようなことが起こりやすい。生じた問題の一つは，面接の主導者が曖昧になるという点だった。スナイダーとマコーラムは言う。

　　いわば家族の「領土」である家庭内に入ると，オフィスでの通常の面接とは，力関係が微妙に変わってくる。もちろん実習生たちは，それまでのオフィスでの面接でも，敬意をもってクライエントに接し，その自律性や能力を尊重していた。だがそれと同時に，クライエントへの介入を容易にするために，面接の流れの主導権を，ある程度は握っていたのである。ところが訪問セラピーでは，そうした主導権を握りにくいと，実習生たちは感じた（p.233）。

オフィスでの面接では，誰がどこに座るかを決めるのも，面接の流れを方向づけるのも，実習生自身だった。だが訪問セラピーでは，そうした基本的な事柄が，クライエントの手にゆだねられてしまうことが多かった。そのうえ，面接中はできるだけ邪魔が入らないようにという約束ではじめても，突然の来客などは防ぎきれなかったのである。

　第二の問題は，プライバシーに関することだった。訪問の際，クライエントの家に，友人や隣人などが来ていることはめずらしくない。そうした人たちがいる前で，クライエントの家族とプライベートなことがらを話しあってもいいのか，実習生たちは戸惑った。そのときの気持ちを，一人の実習生はこう表現している。「なんとも居心地が悪くて，〈私は何か悪いことをしているんじゃないか？〉という気持ちになることが（中略）何度もありました」（Snyder & McCollum, 1999, p.235）。自分の知り得た情報を他職種のスタッフに伝えることに，居心地の悪さを感じた実習生もいた。もちろんその実習生たちは，他のスタッフにも情報を伝えてかまわないという許しを，クライエントの家族からもらっていた。それにもかかわらず，「電話や書類を通じてときおり他のス

タッフと連絡を取りあっていたそれまでのやりかたに比べると，スタッフ・ミーティングなどの場で常時すべての情報を伝えあうやりかたは，〈いくらなんでも，ちょっと行き過ぎじゃないか？〉という気持ちを，実習生たちに起こさせた」(p.234)。

　第三の問題は，面接の時間配分についてのことだった。オフィスでの面接では，臨床家の側が時間配分をコントロールしやすい。だがスナイダーとマコーラム (Snyder & McCollum, 1999) の実習生たちは，訪問セラピーの場合には室内に掛け時計や置き時計がないことが多いので，つねに腕時計を気にしていなければならず，やりにくいと感じた。そのうえ，いろいろな邪魔が入ってしょっちゅう中断されるので，なかなか予定したところまで行き着けない。その結果，訪問セラピーの場合には，オフィスでの面接よりも終了時間が延びてしまうことが多かった。

　高齢者のセラピーでも，同様の諸問題はとても起こりやすいから，実践家は心して，自分の役割の範囲はどこまでかを，つねに問い直す必要がある。スナイダーとマコーラム (Snyder & McCollum, 1999) の実習生たちと同じように，オフィス以外の場でクライエントと接し，他職種のスタッフともうまく協力していかねばならない実践家は，オフィスでだけ働く人たちとはひと味違った「居心地のいい位置関係」を，自分でつくりだしていかなくてはならない。自分が責任をもってコントロールすべきなのはどの範囲までかを明確にし，プライバシーの問題をどう扱うか考え，クライエントの家庭での面接の時間配分を工夫する。それにはもちろん経験も必要だが，有能な同僚たちに相談し，意見を求めるのも，大いに役立つ。

4．時間の経過とともに，セラピー関係にどのような変化があったか

　高齢者の「立ち直り力」は，時間の経過とともに，弱くなったり強くなったりする。まったく同じストレッサー（たとえば，健康面での不調など）に対しても，あるときにはうまくそれを乗り越えられるのに，別のときには打ちのめされてしまうといったことが起こるのである。ラターによれば，「周辺状況が変われば「立ち直り力」も変化する」(Rutter, 1987, p.317)。したがって

「立ち直り力」が低い時期には特に，高齢者本人やその家族に対する，専門家の援助が必要になる。その場合，ただ1度の面接で足りるケースもあれば，何年にもわたって手を差し伸べる必要がある場合もある。

比較的，短期間の介入としては，病気がとても重くて死に近づいているケース，セラピストに頻繁に会うことが困難なケースなどがある（Butler et al., 1998）。短期間のセッションだからこそ，かえって関わりの密度が濃くなるケースもある。バトラーら（Butler et al., 1998）は，ひどい苦労をしてきた女性クライエントにただ1度だけセラピーを行った，ユング派の分析家であるフロリダ・スコット=マクスウェルのエピソードを紹介している。その女性クライエントは，誰か信頼できる人に話を聞いてもらい，状況改善のために自分に何ができるか相談したくて，スコット=マクスウェルの門をたたいたのである。セラピーの終了間際，スコット=マクスウェルはその女性に，次回の予約はどうするかたずねた。すると女性はびっくりした顔で，こう答えたのである。「そんな必要はないでしょう？ 私はもう，何もかも全部お話ししたんですから」(p.353)。このように，ときには，専門家にただ1度会って，それまでの苦しみを聞いてもらい，頑張ってきたことを認めてもらうだけで，クライエントにとっては十分だということもある。

いっぽう，もっと長期にわたる介入もある。「立ち直り力」が低下しているあいだだけ断続的に援助を行うケース，ずっと継続してサポートを行う必要があるケースなど，これまたさまざまだ。なかには，何年間も引き続き関わるケースもある。ヴァーカーらによって行われたケアマネジメントに関する国内調査（Wacker et al., 1998）によれば，高齢者が専門家のケアを受ける平均期間は32カ月だという。ケア打ち切りの主な理由は，転居，施設への入所，死亡などである。バトラーらは，こう述べている。

> 高齢者の場合には，特定の問題が解決されたあとも，継続的サポートをつづけ，必要なサービスがすぐに受けられるようにしておく必要がある。（……）どうしてもケアを打ち切らなくてはならない要因——すなわち死——が訪れるまでは，状況の変化に即した治療とケアをつづけることが，必要であり望ましい（Butler et al., 1998, p.224）。

そうした長期的な介入としては，セラピー主体のもの，各種のケアマネジメント主体のもの，あるいはその両者の併用といったことが考えられる。
　セラピーの種類には，クライエントのニーズに応じて，さまざまなものがある。ハンソンとカーペンター（Hansson & Carpenter, 1994）は，高齢者に適した方法として，つぎのようなものをあげている。第一は，一対一の個人心理療法。これならクライエントは，自分のかかえている問題について，セラピストとじっくり話しあうことができる。第二は，グループ・セラピー。もっと人と交わりたいと思っているクライエント，行動の変容を求めるクライエントにとっては，この方法がとても役立つ。そして第三として，家族療法があげられる。高齢者ケアの場においては今のところ，家族療法が十分に活用されているとはいいがたいが，高齢者の日常を支えているのは家族であることが多いので，じつはこれは，とても効果がある。クライエントのニーズにあわせてこの三つの方法を，単独で，あるいは並行して，行うことができる。
　どのようなセラピーを利用するか，目的をどこに置くかが時とともに変わることがあるように，セラピストと高齢のクライエントとの関係も変わる。ライアンとダブルデイ（Ryan & Doubleday, 1995）は，孤立した高齢者たちに対する短期の心理教育グループとしてはじまった関わりが，4年以上もつづく長期のセラピー・グループにまで育った例を紹介している。最初のうちは，周囲の人とのつながりのない高齢者たちの参加を促すために，グループのリーダーたちは積極的な働きかけを行った。頻繁に電話をかけて説得を重ね，参加者には昼食も用意して待ったのだ。しかも，グループの集まりにコンスタントに出席すること以外には，メンバーには何も求めなかった。参加した高齢者たちは当初，お互いどうし会話することはほとんどなく，リーダーたちに向かってばかり話していた。だが時がたつにつれて，メンバー間の信頼も深まっていき，腹を割った話もできるようになった。やがて，長期にわたってグループ・セラピーをつづけようということが決まると，そのために必要なさまざまな仕事をメンバー自身が引き受けはじめた。昼食の準備なども，自分たちで話しあって分担するようになったのである。セラピーで話しあわれる内容も深まり，自らの老いに対する気持ち（たとえば，いろいろなことができなくなったことについての嘆きや，死に対する恐怖など）を語りあったり，グループのリーダーに関することがら（たとえば，もうじき彼女が休暇に入るが，そのあいだセラ

ピーはどうしようかといったことなど）を相談したりするようになった。4年のあいだに主催者とメンバーとの関係は、リーダーの働きかけではじまった遠慮がちなつながりから、参加者全員が積極的に役割を分担する相互的な関係へと発展したのである。

　セラピーが短期か長期かによって、セラピストとクライエントの関係は違ってくる。ナイト（Knight, 1996）は、（全部で12回以下の）短期のセラピーでは、セラピストとクライエントの関係は、両者の個人的な差違の影響を受けやすいと考えている。年齢、性別、性格といったものの違いが、関係を決定づける最大要因になりがちだというのだ。たとえば、セラピストがごく若い場合、高齢のクライエントは初期のセラピーで、セラピストの年齢をたずねることが多い（Herr & Weakland, 1979）。だが長期のセラピーでは他の要因が関係を決定すると、ナイト（Knight, 1996）は言う。時間をかけて接しているうちに、個人的な差違の影響は薄れ、関係の歪曲があらわになってくる。長期のセラピーを受けているうちにクライエントは、セラピストのことをもともと家族の一員であるかのように思いはじめる（これを「転移」という）。そのような場合、クライエントが自分に生じている考えや行動を洞察できるように、そうした転移現象についても、セラピーでとりあげて話しあうことが望ましい。同様にセラピストの側も、クライエントのことを、昔から知っている、とても大切な人だと思うようになりやすい（これを「逆転移」という）。セラピストが自分の逆転移現象をうまく利用すれば、クライエントが置かれている状況への共感を深めることができる。

5．セラピー関係はクライエントとセラピストに、どのようなメリットやデメリットをもたらしたか

　セラピストと高齢のクライエントとの関係は、ひじょうに実り多いものにもなるし、大きな危険を伴うものにもなり得る。「セラピストとクライエントの関係は相互的なものだ」とナイト（Knight, 1996, p.68）が述べているとおり、セラピストと高齢者はどちらも、両者のあいだに結ばれた関係から、少なからぬ影響を受けるのだ。高齢のクライエントは、専門家のケアを受けることで大いに満足する場合もあるが、とてもいやな思いをすることもある。セラピ

ストのほうも，高齢のクライエントと接するなかで自分自身の老いについて考えることが多くなり，それを人生に役立てられる場合もあるが，恐怖心を増すだけの結果になることもある。

　高齢者は心理療法を受けることによって，さまざまな恩恵を得る。たとえば，年をとるにつれてどうしても起こってくる種々の喪失に対処しやすくなるといったことも，そうした恩恵の一つだ。家族や友人の死や，身体能力がしだいに失われていくといった喪失体験を，受け入れやすくなるのである（Butler et al., 1998）。セラピストとじっくり話しあうことで高齢者は，そうした喪失に対する怒りや悲嘆が心のなかにあることを，自分で認められるようになる。そのようにして自分の気持ちを理解できると，それを受け入れて乗り越えていく力が増し，「立ち直り力」が強まる。若かったころの体験を回想することも，高齢者には大いに役立つ（Butler, 1963；Haight et al., 1998）。「過去の感情の傷を引きずっているせいで活力が失われ，幸せな気持ちになりにくいこともある。だがその一方で，昔の思い出が現在の生活に，意味や慰め，知恵を与える場合も多い」と，ウォングは述べている（Wong, 1995, p.23）。セラピストとともに回想を行うことで高齢者は，過去の否定的体験を受け入れ，現在の状態とのつながりを把握できる。また，過去につらい出来事をどう乗り切ってきたかを思い出すことで，現在の問題を乗り越えるヒントをつかめる場合もある（Wong, 1995）。さらには，心理療法をきっかけにして，まったく新たなスタートをきる気持ちになれることもある。「高齢者は，今の生活パターンを変えたい，習慣の一部を改めて，何か新しいことをしたい，といった希望を述べることが多い」と，バトラーらは記している（Butler et al., 1998, p.350）。セラピストと話しているうちに高齢者は，それまでの生活パターンにこだわる必要がないことに気づいて，新しいつきあいをはじめ，新たな興味や能力に目覚めていくことがめずらしくない。

　高齢者はまた，ケアマネジメントを受けることからも，さまざまなメリットを得る。どのような地域サービスを利用できるかを熟知したケアマネジャーが，クライエントの必要とするサービスにつなげることで，高齢のクライエントが自宅で生活を続けることが可能になるケースも多いのだ。「（ケア）マネジャーは，自立を促進できるような各種のサービスに高齢者がたどりつけるよう導く，ナビゲーターの働きをする」と，ヴァーカーらは述べている（Wacker et al., 1998, p.307)。メディケイド［州と連邦政府が共同で行う，低所得者や身体障害者のための医療扶助制度］や社会保障制度などの複雑な手続きを代行してもらったり，保険金の受け取りや入院などに必要な書類をつくってもらったりできれば，高齢者は大いに助かる (Mellor & Lindeman, 1998)。遠方に住む家族と高齢者との連絡役をケアマネジャーが引き受けることによって，家族も重要な決断に参加できるようにした例もある (Mellor & Lindeman, 1998)。ケアマネジャーが（入浴介助や家事援助など）各種のサービスをうまく手配できれば，家族はそうした仕事から解放され，高齢者への精神面でのサポートにエネルギーを注ぎやすくなる (Aneshensel et al., 1995)。

　だが，専門家のケアを受けることが高齢者に不利益をもたらす場合もある。たとえば，専門家に頼っている自分は自立できておらず，生活をコントロールする力を失ってしまったのだと感じる高齢者もいる。人の力を借りなくてはならないことに，屈辱感や罪悪感を抱いてしまうのである (Lustbader, 1991)。あるソーシャルワーカーは，高齢者が自立できるよう，その代弁者となろうと思っているのに，「私がプロとしてそのクライエントの生活に関わっているということ自体が原因で，金融機関などから，彼女には社会生活をうまく営む能力がないのだと判断されてしまい，融資を受けられないといったことも多い」と悩みを語っている (Rojiani, 1994, p.149)。ナイト (Knight, 1996) はまた，高齢者が陥りやすい転移の一形態として，セラピストのことを，きわめて大きな力をもった権威者であると思いこんでしまう場合も多いことを指摘している。そうした転移の結果，高齢者の自立性が損なわれてしまう心配もあるわけだ。ケアマネジャーやセラピストは，高齢者の役に立とうと思うあまり，かえってその自立性を妨げてしまうことのないよう，十分に注意しなければならない。いったんセラピストとのあいだに信頼関係ができると，クライエントはその結びつきに，強い愛着を感じることが多い。そのような場合，ことに他に親しい人がほとんどいない高齢者のケースでは，サービスの終結を耐えがたいものに感じがちである。セラピストとの別れもまた，自分の人生における大きな喪失であると思えてしまうのである (Edinberg, 1985)。サービスの終結に際してセラピストは，クライエントが心の準備をするための時間を十分にとり，セラピスト以外の人たちとの人間関係を結べるよう手助けすべきだと，エディンバーグは指摘する。さらには，サービス終結後も時には（たとえば友人

としての訪問などといった形で）セラピストがクライエントと会えるような手だてを考えておくほうがいいと，エディンバーグは勧めている。

　高齢者と接することは専門家の側にとっても，得るものが大きい。年をとって心身が不自由になり，死に近づきつつあるクライエントと親しく接することで，セラピストのほうも多大な影響を受ける（Katz, 1990）。高齢者と接する際に自分の内部に沸き起こる感情を見つめ，恐怖心を乗り越えることを通じて，自分自身に対する理解を深めることができるのである。高齢のクライエントを前に感じる気持ちをじっくり見つめるよう勧めて，カーツはこう書いている。「あまり恐れすぎずに，自分のなかに起こる強烈な気持ちを見つめ，その意味を考えていけば，クライエントとの関係を通じて，人間としても専門家としても成長できる」（Katz, 1990, p.19）。高齢のクライエントはまた，専門家にとって，さまざまな老いかたの役割モデルを提供してくれる存在でもある。高齢者たちが困難をどう乗り越えてきたかに耳を傾けることで，加齢を受け入れるのに必要な強さの，さまざまなありかたを学ぶことができる（Levine, 1996）。高齢者の在宅ケアを手がける人たちの調査を行ったイーベンスタイン（Ebenstein, 1998）は，彼らがクライエントからどのようなことを学べたと考えているかについて記している。またウィリアムズ（Williams, 1990）も，死を目前にした一人のクライエントのケアマネジメントを行った際に，どのように死と向きあったらいいかを教えられたと述べている。ウィリアムズは自分自身の母親を，長く苦しい闘病生活の末に亡くしており，その痛手からまだ立ち直っていなかった。問題の女性クライエントが母親のように思えてしまったウィリアムズは，その逆転移の気持ちから，当初はむしろ，彼女と深く接するのを避けていた。だがついに，彼女の病気について詳しく説明し，どのような治療の選択肢があるかを説明しなければならなくなった。するとクライエントは，これ以上の延命治療は受けたくないと言い，夫との絆を深めて，尊厳ある死を迎えたいと望んだ。「死の直前の彼女は，人をどのように看取るべきかを私に教える，最良の師となってくれた。私は彼女を看取ることを通じて，亡くなった自分の母親を心のなかで看取り直し，その死を受け入れることができたのだと思う」と，ウィリアムズは書いている（p.140）。高齢のクライエントと接することはセラピストに，自分の老いのモデルとなる人を探し，心身が衰えることや死ぬことに対する気持ちと折りあいをつけるチャンス

を与えてくれるわけである。

　だがその反面，専門家が大きな困難に遭遇することもめずらしくない。セラピストの大多数はまだ若いため，老いや死についての自分の気持ちを把握しきれるだけの準備が整っていないことも多い。ごく若いセラピストの場合には，死についてまだあまり深く考えたことがないし，中年のセラピストたちは，年をとることに抵抗する気持ちが強いと，ナイト（Knight, 1996）は述べている。クライエントを前にしたセラピストに否定的な逆転移の気持ちが強く起こってしまうと，クライエント自身が死に対する恐怖心に立ち向かうのを，十分に助けることができなくなる。さらには，陽性の逆転移でさえマイナスに働くことがあると，ウィリアムズ（Williams, 1990）は指摘する。ある老夫婦にケアマネジメントが必要かどうかのアセスメントを自分が行ったときの例を，ウィリアムズは紹介している。彼女はその老夫婦にたいへん好感をもったので，初回の面接をぜひとも気持ちのよい雰囲気で終わらせたいと考えた。そしてその結果，配偶者虐待の可能性を見逃してしまったのである。クライエントの良いところにばかり目を奪われて判断力が鈍り，サービスの必要性について誤った判断をくだすことのないよう，セラピストは十分に注意しなければならないことを，この例は物語っている。

　サービスの終結も，セラピストにとって難しい局面になることがある。クライエントよりもセラピストのほうがむしろ，別れを告げることに困難を感じると，ナイト（Knight, 1996）は指摘している。見捨てられたという寂しい思いをクライエントが感じるのではないかと，気になることが多いからだ。クライエントとの関係に個人的な愛着を感じ，専門家としての微妙な境界を越えて，友人としてつきあいたくなるのである。したがってサービスの終結が近づいたらセラピストはスーパーバイズを受け，セラピストのニーズではなくクライエントのニーズが十分に満たされるよう，気をつけたほうがいい。

6．この事例の教訓は？

　高齢者のケアにまつわることがらの多くは，ひとことでは言いあらわせない多面性をもっている。本章で見てきたように，メンタルヘルスの専門家たちの

あいだでさえ，どのようなアプローチが高齢者に最適かについて，意見が食い違うこともある。たとえばエディンバーグ（Edinberg, 1985）は，サービスの終結後はセラピストから友人へと立場を変えて高齢者と接しつづけることを勧めるのに対し，ナイト（Knight, 1996）は，そのようなアプローチは避けたほうがいいと助言している。どうすればいいか迷ったときには，過去の文献にあたったり，優れた同僚の助言を求めたりするといい。さまざまな事例からの教訓を寄せ集めることで，臨床家はいっそう高齢者の役に立てるようになる。

　次章からは，経験豊かな実践家たちが，高齢者のケアを通じて体験したことを語ってくれる。これまで本章で紹介してきた各テーマに従って事例を分析し，最後に，そこから得られた教訓を述べてもらうことになっている。それは必ずや，高齢者やその家族の力になりたいと願う専門家たちの指針となってくれるはずである。

（ベリット・インガソル=デイトン）

文献

Aneshensel, C.S., Pearlin, L.L., Mullan, J.T., Zarit, S.H., & Whitlatch, C.J. (1995). *Profiles in caregiving: The unexpected career.* San Diego: Academic Press.

Antonucci, T., & Jackson, J. (1990). The role of reciprocity in social support. In I.G. Sarason, B.R. Sarason, & G.R. Pierce (Eds.), *Social support: An interactional view* (pp. 173–198). New York: John Wiley & Sons.

Aronson, J. (1999). Conflicting images of older people receiving care. In S.M. Neysmith (Ed.), *Critical issues for future social work practice with aging persons* (pp. 47–69). New York: Columbia University Press.

Baltes, P.G., Smith, J., Staudinger, U.M., & Sowarka, D. (1990). Wisdom: One facet of successful aging? In H.R. Moody (Ed.), *Aging concepts and controversies* (pp. 427–431). Thousand Oaks, CA: Pine Forge Press.

Barber, C.E., & Iwai, M. (1996). Role conflict and role ambiguity as predictors of burnout among staff caring for elderly dementia patients. *Journal of Gerontological Social Work, 26,* 101–115.

Blazer, D. (1998). *Emotional problems in later life.* New York: Springer Publishing.

Butler, R.N. (1963). The life review: An interpretation of reminiscence in the aged. *Psychiatry, 26,* 65–76.

Butler, R.N., Lewis, M.I., & Sunderland, T. (1998). *Aging and mental health: Positive psychosocial and biomedical approaches.* New York: Macmillan.

Cohen, S., & Wills, T. (1985). Stress, social support, and the buffering hypothesis. *Psychological Bulletin, 98,* 310–357.

Ebenstein, H. (1998). They were once like us: Learning from home health workers who care for the elderly. *Journal of Gerontological Social Work*, 30, 191–201.
Edinberg, A. (1985). *Mental health practice with the elderly.* Englewood Cliffs, NJ: Prentice-Hall.
Erikson, E.H., Erikson, J.M., & Kivnick, H.Q. (1987). *Vital involvement in old age.* New York: W.W. Norton.
George, L.K. (1998). Dignity and quality of life in old age. *Journal of Gerontological Social Work*, 29, 39–52.
Gilgun, J.F. (1996). Human development and adversity in ecological perspective: Part 1. A conceptual framework. *Families in Society*, 77, 395–402.
Haight, B.K., Michel, Y., & Hendrix, S. (1998). Life review: Preventing despair in newly relocated nursing home residents, short- and long-term effects. *International Journal of Aging and Human Development*, 47, 119–142.
Hansson, R.O., & Carpenter, B.N. (1994). *Relationships in old age.* New York: The Guilford Press.
Herr, J.J., & Weakland, J.H. (1979). *Counseling elders and their families. Practical techniques for applied gerontology.* New York: Springer Publishing.
Ingersoll-Dayton, B., & Antonucci, T. (1988). Reciprocal and nonreciprocal social support: Contrasting sides of intimate relationships. *Journal of Gerontology*, 43, 65–73.
Katz, R.S. (1990). Using our emotional reactions to older clients: A working theory. In B. Genevay & R.S. Katz (Eds.), *Countertransference and older clients* (pp. 17–25). Thousand Oaks, CA: Sage Publications.
Knight, B.G. (1996). *Psychotherapy with older adults.* Thousand Oaks, CA: Sage Publications.
Krause, N., & Borawski-Clark, E. (1994). Clarifying the functions of social support in later life. *Research on Aging*, 16, 251–279.
Levine, L. (1996). "Things were different then": Countertransference issues for younger female therapists working with older female clients. *Social Work in Health Care*, 22(4), 73–87.
Lustbader, W. (1991). *Counting on kindness.* New York: The Free Press.
McQuaide, S., & Ehrenreich, J.H. (1997). Assessing client strengths. *Families in Society*, 78, 201–212.
Mellor, M.J., & Lindeman, D. (1998). The role of the social worker in interdisciplinary geriatric teams. *Journal of Gerontological Social Work*, 30, 3–7.
Moody, H.R. (1998). Why dignity in old age matters. *Journal of Gerontological Social Work*, 29, 13–38.
Neeman, L. (1995). Using the therapeutic relationship to promote an internal locus of control in elderly mental health clients. *Journal of Gerontological Social Work*, 23, 161–176.
Pearlin, L.I., & Skaff, M.M. (1995). Stressors and adaptation in later life. In M. Gatz (Ed.), *Emerging issues in mental health and aging* (pp. 97–123). Washington, DC: American Psychiatric Association.
Rojiani, R. (1994). Disparities in the social construction of long-term care. In C.K. Riessman (Ed.), *Qualitative studies in social work research* (pp. 139–152). Thousand Oaks, CA: Sage Publications.
Rutter, M. (1987). Psychosocial resilience and protective mechanisms. *American Journal of Orthopsychiatry*, 57, 316–331.

Ryan, D., & Doubleday, E. (1995). Group work: A lifeline for isolated elderly. *Social Work with Groups*, 18, 65–78.

Saleebey, D. (1996). The strengths perspective in social work practice: Extensions and cautions. *Social Work*, 41, 296–305.

Schaie, K.W. (1993). Ageist language in psychological research. *American Psychologist*, 48, 49–51.

Snyder, W., & McCollum, E.E. (1999). Their home is their castle: Learning to do in-home family therapy. *Family Process*, 38, 229–242.

Sullivan, W.P., & Fisher, B.J. (1994). Intervening for success: Strengths-based case management and successful aging. *Journal of Gerontological Social Work*, 22, 61–71.

Tice, C.J., & Perkins, K. (1996). *Mental health issues and aging: Building on the strengths of older persons*. Pacific Grove, CA: Brooks/Cole Publishing.

Wacker, R., Roberto, K., & Piper, L. (1998). *Community resources for older adults: Programs and services in an era of change*. Thousand Oaks, CA: Pine Forge Press.

Williams, I. (1990). Case management: Awareness of feelings. In B. Genevay & R.S. Katz (Eds.), *Countertransference and older clients* (pp. 136–147). Thousand Oaks, CA: Sage Publications.

Wong, P.T. (1995). The processes of adaptive reminiscence. In B.K. Haight & J.D. Webster (Eds.), *The art and science of reminiscing: Theory, research, methods, and applications* (pp. 23–35). Washington, DC: Taylor & Francis.

第 I 部

個人や夫婦における実践

第 1 章
拒絶よりも孤独を選んで*

1. クライエントの背景

　ある金曜日の午後，地域にある民間高齢者サービス機関から当クリニックに電話があった。70歳代後半の女性，ヘレンに連絡をとってくれ，という依頼であった。その機関のスタッフの話では，ヘレンはアパート暮らしの独居老人で，かなり落ちこんでおり，どうやら自殺を考えているらしかった。ヘレンは，その機関に雑用サービスの援助を何回か頼んでおり，顔見知りになっていた。この老婦人は，慢性肺疾患，関節炎，心臓病，骨粗しょう症などの持病があり，最近では，体重増加やからだに水がたまるなどの症状にも悩んでいた。呼吸困難や足腰の痛みから，急激な体力の衰えが見られたのだが，ヘレンは他人の手を借りるのをいやがっていた。
　ヘレンは厳格なキリスト教徒の家で，五人きょうだいの一番上の子として育てられた。亡くなった両親のことを敬愛し，なつかしく回想している。ヘレンの記憶のなかの母は，娘のあこがれの，気品高い社交夫人であった。ヘレンは母を思い出すたびに，そのような社交技量をもちあわせず，またその努力もしない自分を，落第生のように感じていた。母はヘレンに，学校では教師たちの権威を疑わない，従順な「とてもよいクリスチャンの女の子」になってほしいと願った。ヘレンの記憶には，厳しすぎる教師たちの罰から弟や妹を守りぬいた自分があり，彼女はそれを誇りに思うと同時に，敬愛する母の望むような，礼儀正しい子女になれなかったことに，罪悪感を感じていた。父は，頑固だが公平な人物で，自分の感情をあまり語らない人だった，と彼女は語っている。

　＊　本章に限っては，日本人である執筆者自身によって訳出されている。

そして，自分もそんな父に似ている，と付け加えた。

　成人したのち，ヘレンは学校の教師として，50代後半，体の不調で退職するまで働いた。身体の問題を抱えつつも，家族の介護者としての役割は，果たしつづけた。妹や弟たちが病気になれば，どんなに遠くても，ヘレンは看病の手伝いに行った。介護をし，また弟妹がきちんと扱われていないと思ったときは，病院のスタッフとの交渉にも自ら当たった。筆者がヘレンに出会う数年前，経済難の妹を助けるため，ヘレンはクレジット会社からの借金までしている。その後数年，そのローンの利子を払うため，他社でもローンを組むなど，借金は雪だるま式に増えていった。ヘレンはこの状態に悩んでいたが，恥の気持ちから誰にも相談できずにいた。

　親しい友がほしくはあったが，ヘレンはその生涯を通じて，ほとんど孤立していた。他の人たちが自分を友達にしたいと思うような，そんないい性格はもちあわせていないと信じていた。また，他者に近づいて拒絶され辱めを受けるよりは，孤独に甘んじるほうがましだとも感じていた。まだ30代前半時，彼女と結婚したいと望んだ男性とのつきあいがあった。半年の交際ののち，結婚したが，新婚旅行から帰ったとき，夫は説明もなく姿を消した。ヘレンは今に至るまで，その理解に苦しんでいる。夕飯の用意をして，いつまでも夫を待っていた光景が，まるで昨日のことのように，生々しく思い出されるヘレンであった。そのときは，恥辱の念から，母親に告げるのも，数週間かかった。この結婚を破棄してくれるよう，教会に願書を出すも，却下され，そのため，彼女は再婚を断念している。職場の同僚たちにも，このことを知られたくないばかりに，彼女は今に至るまで，消えた夫の苗字を使っている。

　ヘレンはパーキンソン病を患った父の看病を単独自宅で，父の死まで11年間した。その後，やはり看病のため同居した病身の妹が，突然の麻痺状態を呈した。病院の手落ちではないかと疑ったヘレンは，他者の反対を押して，州外の著名な病院に妹を診てもらった。その結果，処方されていた薬の副作用であったことがわかり，地域の病院へのヘレンの孤独な戦いははじまった。妹のために，よりよいケアを要求しつつ，日夜介護に没頭する日々がつづいた。4年の献身的な看病ののち，妹が亡くなったとき，医師をはじめ医療従事者へのヘレンの怒りは募り，地元の病院に対して，医療ミス訴訟を起こした。数年後，彼女は訴訟に勝った。それまでのヘレンの精神状態は，危機や緊急状態，

圧倒されるような多忙な介護の日々の連続ではあったが，均衡を保っていた。しかし，そのような状態がすべて終わったとき，うつ状態が表面化したのだった。

2．介入の概要

　当初の依頼が危機状態に根ざしたものだったので，あの金曜日，私はすぐにヘレンに電話を入れた。そして，ほぼ1時間にわたって話した。自殺念慮のアセスメントをし，精神科救急診療所のアウトリーチ・チームに連絡する必要があるかを見極める必要があった。ヘレンは「なぜ生きていなきゃならないのか，わからない」と電話の向こうでつぶやいたが，具体的な自傷行動は考えていなかった。「よきキリスト教徒」でいたかった，と言った。現在のところ自殺のリスクはないというアセスメントをしたあと，私は彼女の痛ましい話をただ傾聴した。ヘレンは，妹の死の悲しみからいまだ立ち直れていないことを語り，将来に向けて絶望的で，「自分が哀れで」「コントロールを失ってしまって」，始終泣き明かしていることを打ち明けてくれた。この対話のつづきをしに，クリニック来訪を勧めたとき，ヘレンはカウンセリングの予約をすることに同意してくれた。当クリニックの医師にかかっていることがわかったので，医師とのアポイントメントの直前に会えるよう，予約を入れた。しかし，数日後，ヘレンは電話をしてきて，予約日の変更を希望した。近くの町に住んでいる義理の妹が，医師の診察に同伴してくれるとのことで，義妹にカウンセリングのことは知られたくないと言った。よく泣きはらしているのだが，弟妹たちには，そんな自分のみじめな気持ちを知られたくない，と話してくれた。みんなに心配をかけたくないし，昔からの，独立精神に富んだ，誇り高く強い姉というイメージを維持していたい，と語った。

　電話での緊急応対からはじまった出会いというきっかけが，ヘレンをカウンセリングに来やすくしたのかもしれない。あとでわかったことなのだが，ヘレンの主治医は，何度もカウンセリングを受けるよう，薦めていたのだった。ヘレンはそれを拒否し，一度は試みたが，1回きりであとがつづいていなかった。抗うつ剤も処方されたが，これも彼女は飲むのを拒否していた。

元の予約日の1週間後，初回面接にヘレンは来院した。簡素な服装であったが，色のセンスがよく，おしゃれな雰囲気さえ，かもし出していた。笑顔がチャーミングで，話し振りは快活とさえ映った。初回のセッションの焦点は，妹の病気と死についてだった。妹の受けた医療ケアについて，かなり詳細に語り，医療機関への怒りをぶちまけた。妹の死に至る数年の話をするヘレンは，あたかもそのなかに埋没したように，熱をこめてしゃべった。聞き手がいることを感謝しているようだった。劇的に，生き生きとその状況を描き，そして，泣き崩れた。「私はいつもは，こんなんじゃないの。普段は，コントロールを失わないんだけれど」と言いながら。ここで，ヘレンは，もうかなりのあいだ落ちこんでおり，ベッドから出るのも容易ではないことを認めた。「人生をやめる」ことを密かに欲しているが，積極的に自殺を考えているわけではないと語った。抗うつ剤の服薬は拒否したが，毎週のカウンセリングをつづけることには同意した。

　現在ヘレンとの関わりは約3年になる。そのあいだ，平均月2回面接を重ねてきた。当初のカウンセリングへのためらいにもかかわらず，ヘレンは約束の時間に遅れることは一度もなかった。心理面とケアマネジメントのさまざまな問題にあたってきたが，整理すると，つぎの三つの課題に分けられよう。対人関係，住宅と金銭面，自己評価である。

対人関係

　当初の数回のセッションでは，亡くなった妹の病気とその医療ケアを，非常に詳細にヘレンは話しつづけた。自分の話を裏づける，きめ細かに記録した看病日誌までも持参したりした。病状の悪化が，処方薬へのアレルギー反応によるものだということに気づかなかった医療従事者たちに，ヘレンは憤りを感じていた。また，病気の父や妹の看病を手伝わなかった他の弟妹たちにも，彼女は腹を立てていた。病気の父や妹をナーシングホームに入所させなかったヘレンを，他の弟妹たちは批判した，という。医師たちも，ナーシングホームを勧め，自宅で介護しようとするヘレンに同情的ではなかった。ヘレンは，自宅で最後まで看取ることへの自分の信念と献身を，誰も理解してくれなかったと確信している。そしてその結果，ヘレンは，自分が一人ぼっちであることを感じ

ていた。起きている全時間を介護に没頭し、それが、ますます彼女を外の世界から隔離していった。

　数回のセッションののちにヘレンは、父と妹の看病に費やした合計15年のあいだ、どんなに自分が孤独であったかを、語りはじめた。この段階での私の仕事は、ヘレンの話を傾聴し、その怒りを認め、そして、その底辺に流れる彼女のやるせなさ、悲しみ、傷心を理解していくことだった。妹の病気の話をするとき、ヘレンは力を取り戻すようだった。何度も同じ話を繰り返し語った。妹の病気を盾に使って、痛々しい現在を見ようとしていないのではないか、と時々私を疑わせるほどであった。しかし私は、自分の仮説を追う前に、この関係のなかでの信頼を築くため、ゆっくりと前進することにした。

　ヘレンは自らに腹を立てていた。なぜ妹のためにもっと、医療への抗議をしなかったのだろう、と。もし、もっと抗議をしたならば、妹を死から救ってやれたかもしれない、と。私は、ヘレンが自らの罪悪感を理解し、姉として、そして介護者としての限界を受け入れることができるように援助した。ヘレンがもつ自身への非合理な期待を理解してもらうため、認知療法の技法を使った。彼女に次のような質問を投げかけた。「もし、あなたが、同じような境遇の他の女性が同じように家族の介護をしているのを見たら、その人のことをどう思うかしら」。ヘレンは、少し考えたあと、「よくやっている、と思うでしょうね」と答えた。このようなやりとりをとおして、自分が非常に高い自己期待をもっていること、そしてそれは非現実的なものであることに、ヘレンが気づくように援助した。数カ月かかったが、やっとヘレンは、その当時の自分としては、できる限りを尽くしたのだ、と思えるようになった。

　看病中は、どんなに孤独でも、父や妹との絆があった。二人が亡くなったあと、ヘレンは、もう誰もいないと感じた。「からっぽの穴を抱えているんです」「生きがいが何もない」「使命を失った」と語っている。あるとき、彼女はこうも言っている。「水中の深いところを泳いでいるような感じ、どっちの方向に行っていいのかまるでわからないで」。ヘレンは両親や弟妹に囲まれ幸せだった子ども時代を思い出していた。それが、今のヘレンに、目に見えない力を与えているようだった。私は聴きながら、彼女の言う「完璧な」家族像の質を問うことはしなかった。ヘレンが私を信頼できるようになり、打ち明けることをもっと安全だと感じるようになるにつれ、きっと家族の他の側面も話してくれ

るだろうと思ったからである。愛する家族を失ったこと，そして，自分の新しい家族を築いていくという夢の喪失を，ヘレンは悲嘆していった。彼女の家族の歴史，幸福な思い出，落胆，絶望の思いに私は聞き入り，それらを肯定していった。

　3ヵ月ほど過ぎたとき，ヘレンは「自分の生活に目を向けたい」と言い出した。でも「することも何もないし，行くところもないし，訪れる友達もいない」と呟いた。「人に来てもらいたいけれど，招待できる人は誰もいない」と話した。この時点で，私は，この人は自分の生活を立て直しする用意ができた，と判断した。ヘレンが言うには，一杯のコーヒーを一緒に楽しめるような仲間がほしいとのことだった。私たちのクリニックのピア・ボランティア（同年齢層のボランティア）の一人と会ってみるか，という私の提案に，彼女が同意してくれたので，私はピア・ボランティアの友愛訪問の依頼をした。しかし，ヘレンはこのボランティアを，すぐには受け入れなかった。ボランティアの女性が訪問の時間を決めようと何回か電話をしたとき，ヘレンはいつも何らかの事情で都合が悪いと断ったのである。ボランティアはあまり歓迎されていないように感じた，という。2，3回の電話での試みののち，その人からの電話が途切れたとき，ヘレンは，「あの人は，やっぱり私にはあまり興味がなかったんだわ」と判断を下した。このように他者との接触がうまくいかない一例も，ヘレンにとっては自分が人の注意に値するような人間ではないことの証拠に見えるのだった。

　ヘレンが他者とどのように関わるかを検討するための一例として，このボランティアとの接触を，私たちは話しあってみた。彼女は，断固として，自分はたまたま忙しかったのであって，ボランティアの人がまた電話をかけてくることになっていたのに，かけてくれなかったと主張した。望ましくない結果を招くうえで，自分の言動が影響したかもしれないとは，考えようともしなかった。つぎのボランティア候補を探してくれていたボランティア・コーディネーターは，ヘレンの非協力さに不安を感じ，ピア・ボランティアを探す前に，もう少し私がヘレンと対人関係について，カウンセリングをしたほうがよいのではないか，と提案し，ボランティア探しを中断した。

　三人ものボランティアとの初回コンタクトがうまく取れなかったので，私はもっと積極的に関わることにした。まず，ヘレンとうまくやっていけそうな，

まだ若い30代のボランティア女性を自分で選んだ。出会いかたも，私たちのカウンセリングのセッションのすぐあとに，この女性に当クリニックに来てもらい，三人で会うことにした。この方法では，前もって，出会いへの準備をヘレンとすることができ，また，はじめての見知らぬ人との対面に，私も同席することで，ヘレンにも安心感を与えることができた。初対面の難関を通り越したあと，ヘレンはこの婦人とつきあいはじめた。コーヒーを飲みながらの会話を楽しみ，お昼も一緒に食べに出かけたりした。他の雑用の手伝いもこの若い婦人はしてくれた。私はのちに，大学生のボランティア数名にもヘレンのアパートの整理，荷造りの手伝いをしに来てもらったが，発見したことは，ヘレンは若い人や学生とのほうがうまく接触できるということだった。前教師として，ヘレンは，若者の教育に自分が貢献できるということを嬉しく思ったのであった。そのうえ，もし拒絶されても，年齢の距離があるだけに傷もつきにくいと感じるようだった。

　どのようなことに興味や関心があるかを発見するために，ヘレンと私は，この町の行事が数多く記載されている月刊雑誌を見ることにした。ヘレンが自分の興味を開拓し，楽しめるかもしれない活動を見つけてほしかったのである。そんなある日，ヘレンは自分が30代のとき出版した，教会の儀式について研究した著書を持ってきた。私はその緻密な研究業績にすっかり感心した。そして，もしかしたらヘレンは物書きを楽しむかもしれない，と気がついた。私たちのクリニックでは，いくつかの作文グループがあり，それはサポート・グループの役割も果たしていた（作文グループの詳細については，第7章を参照されたい）。ヘレンもやってみたい，と言ったので，そんなグループの一つに参加できるよう，取り計らった。第1日目，ヘレンは作文グループの前半1時間参加したが，休憩のときに部屋を出，二度と戻らなかった。あとでヘレンが言うには，このグループに，「カントリークラブに出入りしているような」上流階級を装った鼻持ちならぬ女性が二人いて，同席するのが耐えられなかった，とのことだった。ヘレンは，彼女たちがヘレンを見くだし，グループに加わるのを好まなかった，と主張した。私が，このグループのリーダーをしていたソーシャルワーカーにそのときの様子を聞いたところ，ヘレンが拒絶されたように感じるような出来事は何も思い出せない，との返事であった。私は，気に入ったグループメンバーもいたのではないかとヘレンに尋ね，もしヘレンが

望むならば，このグループに十分馴染めるであろうことを彼女が理解できるよう援助した。次週，グループリーダーもヘレンに電話して出席を勧めたが，彼女は戻らなかった。

このように，意義ある関係づくりのきっかけをつくることができないのを見て，私は彼女の過去の人間関係を探っていく必要があることを悟った。過去に遡り，ヘレンはいつも，妹や弟たちの世話をしたことを話した。学校では，不当に厳しい教師たちから弟妹を守ることに忙しかったという。自分はそんな学校にふさわしくなかったし，教師たちも自分を理解してくれなかった，と彼女は確信していた。その「確信」をもう少し掘り下げてみていくことにした。高校の学芸会でのミュージカルで，ヘレンは主役を演じることになっていた。何度も繰り返し練習をし，もうじきリハーサルというとき，先生はなんの説明もなく，その役を他の生徒に与えた。ヘレンは違う役をもらったが，教師の不公平さに小さな心は傷つき，もう何もしたくなかった。リハーサルのときも，彼女は演じるのを拒否しつづけた。そのとき，教師はヘレンの母を呼び，学校に飛んできた母は，ヘレンに演じるよう嘆願した。敬愛する母の願いとあって，屈辱のなかにヘレンは演じた，という。この出来事は，教師からの拒絶と，母にも理解してもらえなかった，という傷心を彼女のなかに残した。

さまざまの人間関係を振り返り，明白に浮かび上がってきたことは，社交の場で，ヘレンは拒絶される恐怖心から，他者とのあいだに距離を置いてきた，ということだった。「私のことは誰も気にかけていない」「私は人から好かれるような人間ではない」「どこにもあてはまらない，ふさわしくない人間」と自分に言い聞かせた。彼女の否定的な物の考え方や攻撃的な対応の仕方は，じつは傷つきやすい心を守る「壁」のような役割をしていることを，私は彼女と一緒に検討していった。友人から拒絶されたように感じたときの状況を思い起こしてもらい，彼女の現実解釈に歪みはなかったかを，一緒に検討していった。ヘレンの信じる価値観にそぐわない行動をしたように見える他人をヘレンは受け入れることができず，ここで彼女のもつ批判的傾向が表面化してきた。ヘレンは，自分が容認できない行動をした人間を咎める必要があると信じ，そんな人を受け入れ許すことは，自らの道徳的価値観の妥協になると考えていた。どうして人びとが，同じ出来事にでも，多様に反応するのだろう，それは過去に皆それぞれ異なった体験をしてきているからではないだろうかということを，

少しでもヘレンに考えてもらおうと，私はつとめた。また，その批判的傾向ゆえに，彼女の人間関係を築く能力が損なわれていることをヘレンに気づいてもらえるように援助した。ヘレンは自分の批判的傾向とその難を理解することはできたが，自分の行動を変えようとはしなかった。もし自分の接し方のせいで孤立するならば，それもよし，と彼女は言い切った。

　ヘレンの物の見方，状況の解釈に，あまりにも認知的歪みが頻繁に見られるので，私は10週間の認知療法グループ（このグループ療法の詳細は，第6章を参照されたい）をヘレンに勧めた。私はヘレンがこの提案に従うかどうか疑問であったが，彼女は，「うつ状態に落ちこんでいることに，もう耐えられなくなった」ので，この提案に応じた。また，私がそのグループ療法のリーダーの一人であったこともヘレンに安心感を与えた。グループ内では，他のメンバーとの話しあいに，彼女はあまり参加しなかった。自分の番が来たときに話せなかったのは，他の人たちに自分の問題や弱さを見られるのがいやだったからだと，あとで私に語ってくれた。自分の番が来る，これから話そう，というときに，高校時代のミュージカルの事件が頭に浮かんだ，という。その苦い思い出は，自分の気持ちを表現したとき，どうなるかを彼女に改めて思い起こさせた。「口を結んでいたほうがいい。そうでないと，面倒なことになる」と。不安で，こわくて，自分の守りの盾を取りはずせなかった。自分の気持ちを，ヘレンはこう表現している。「私は壁をこしらえた。そして，その壁のうしろに隠れているの。そしたら，誰も私の気持ちはわからないわ。恥をかかなくてすむ」。あまり発言しなかったが，ヘレンは，自分が「批判された」と感じやすいこと，そうして，それに対して，自分の殻にとじこもるか，怒るという極度の反応をする，という自分の傾向への洞察を深めた。

　グループ療法の期間も，私たちは個人カウンセリングをつづけた。私は，ヘレンがグループを続行するための支援が必要だと考え，またグループでの体験を個人セッションで振り返るのも役立つと思ったからだ。自らのうつ症状を語る他のメンバーたちとの意義ある交流もヘレンは経験することができた。グループのセッション終了後，その人たちと話すのを楽しんでいるようだった。しかし，自分の問題を分かちあうことは決してなかった。あとで，私に打ち明けたところでは，社交的にしよう，そして助けの手をさしのべようと努力したので，すっかり疲れてしまった，とのことだった。ある一定のメンバーとの肯

定的な体験が，他人一般に対して彼女のもつ否定的な見方に，影響を及ぼしたようには見えなかった。敵対するような攻撃的な自らの対応の仕方を変えようともしなかった。一般的なコメントを聞いても，ヘレンは自分のことを批判されたように感じ，またそれを自分への拒絶と取り，彼女の反応は，黙るか，相手に怒りをぶちまけるかであった。

経済面と住宅問題

　カウンセリングをはじめて数カ月たってから，ヘレンは自分の経済状況への不安を語るようになった。お金のことが心配で夜も何時間も眠れない，と話した。月々の収入の約半分を，ベッドルームが２室ある広いアパートの家賃に支払っていた。どんな住居の選択があるのかを，地域の高齢者住宅相談所のスタッフに相談してはどうか，と私はヘレンに提案した。私は，ヘレンに地域資源を学ぶことを奨励し，ひそかに，高齢者専用アパートに移れば，もっと他の人びととの交流もできるのではないか，と願った。ヘレンは住宅相談室のスタッフと２回ほどの面接の機会をもった。私は，もっと自然に人との接触のできる高齢者アパートへの引っ越しの利点を彼女が納得できるよう，援助した。ヘレンは友達がほしかった。そのうえ，補助のある高齢者アパートに移ることは，金銭面でも助かることがヘレンにはよく理解できた。まず高齢者アパートをいくつか見に行くことを勧めた。ヘレンもそれに同意した。しかし，いくつかの選択肢を考えながらも，「引っ越し」を思い浮かべることは，ヘレンを不安にかりたて，精神的に圧倒した。「時々，もうすべてあきらめてしまいたいような気持ちになるの」「神様が天国に呼んでくださるのを待っているんです」と，語っている。

　自らの不安から，アパートの見学ができなくなっているヘレンを観察し，私は同行を申し出た。はじめヘレンは，「あなたは多忙でそんなことをする時間はないだろうから」，そして「そんなにまでしてもらうには申し訳ないから」と断った。そんな心配はする必要がないことを私から保証され，はじめてヘレンは私の申し出に応じた。当クリニックに来る患者さんで，高齢者アパートに住んでいる数人を訪問した。ヘレンはそんな訪問をとても楽しんだように見えた。私はヘレンに，自分と同じような境遇の他の高齢者に出会ってほしかった

のだった。この人びとは，自分たちも引っ越しを生きのびて新しい環境に適応している，貴重な生の姿を提供してくれた。

　ヘレンは高齢者アパートの部屋が自分のアパートの部屋より，かなり狭いのを見て，がっかりした。気に入っている家具を置く場所があるかどうかと心配した。そんな不安をいだきながらも，私からの勧めもあって，ヘレンは，あとで取り消しもできることがわかると，高齢者専用アパートの希望者待機リストに申しこんだ。ヘレンはこの引っ越しをするかどうかの選択に迷った。大好きな家具を手放したくなかったからだ。私たちは，繰り返し，彼女のおのおのの選択肢の長所短所を話しあった。また，こんな大きな決断を下すことへの恐怖心についても語った。恐れる最悪の状態は何かについても話し，私は，たとえそんな最悪の状況になったとしても，それを乗り越えていける方法があることを，ヘレンに理解してもらおうと努めた。この期間，この引っ越し時も，またその前後も私がヘレンのそばにいることを伝え，彼女の不安感を和らげようと試みた。

　この期間に，私の使ったケアマネジメントの技術を次にあげたい。①注意深く彼女の状況のアセスメントをした。②可能な地域資源を活用できるように，ヘレンをエンパワーメントした。③自分のもつ選択肢が何かを理解するのを援助した。④意思決定のプロセスでの援助を提供した。⑤自らの不安感に対処できるように，情緒的に支えた。ヘレンは高齢者アパート入居の順番がまわってきたことを入居可能日の1カ月前に知らされ，荷造りをはじめた。ヘレンの承認を得て，私は大学生のボランティア二人に荷造りの手伝いを頼み，また地域の高齢者サービス機関に引っ越し荷物運搬を依頼した。そんなとき，彼女の甥が運搬を手伝おうと申し出た。ヘレンは親類が自分のことを気にかけてくれていると感じ，非常に喜んだ。そして，自分で高齢者機関の運送サービスをキャンセルし，甥に手伝ってもらうことにした。お礼にヘレンは甥に自分の家具をいくつかあげた。しかし，あとでわかったことだが，甥は少々無責任な人物で，何回も引っ越しの日を延期した。ヘレンは甥とのいい関係を維持したくて，辛抱強く彼の都合を待った。現在住んでいるアパートの契約期間最終日が近づくにつれ，ヘレンの不安は極度に達した。ヘレンは打ちひしがれ，不確かな未来への恐怖におののいた。私は，この時点で介入することにした。ヘレンの許可を得て甥に電話をし，いつトラックを運転してヘレンのアパートに姿を

現すかを確認し，私の高校生の息子を含める三人のボランティアを誘導して，期限の日までに引っ越しをどうにか完了したのであった。

　引っ越しの少し前に，ヘレンはクレジットカード会社にかなりの額の借金があることを打ち明けた。彼女はそれを大変な恥だと思っていたので，誰にも秘密にして，話していなかった。「すべての家具や貴重品を売って，アパートを出て，YMCA の小さな部屋を借りるしかないわ。誰にもそんな私を見せたくないの」と彼女は言った。まず第一に，私は，ヘレンを固く縛っている恥を取り除く手伝いをしようと試みた。借金をしたことを恥じていたが，借金をした原因については，ヘレンはそれを誇りに思っていた。弟妹の一人の経済難を助けようとしての借金だったからだ。私は，お金を借りた当時のヘレンの，姉としてのやさしい意図を思い起こしてもらおうと試みた。また，クレジットカード業者の精力的なマーケッティング戦略を説明し，ヘレンのように，最低返済額を支払うために，他のクレジットカード会社に借金し，借金するクレジットカード会社の数がふえ，借金額も雪だるま式に増えていく，ということが，現在の社会ではいかに起こりやすい現象かを，ヘレンに教育した。第二にしたことは，ヘレンの選択肢には何があるかを見つけていく手伝いをした。その結果ヘレンは無料のクレジット相談所に行くことに決めた。しかし相談日の予約を取りつけては，それをキャンセルした。ヘレンが言うには，不安度が非常に高く，相談所に足を運べなかったとのことだった。クレジット相談によって得られる特典を，何回もヘレンに思い出させたが，彼女はなおも行けなかった。私は，危機が起こらないと，ヘレンはリスクを取ることはないだろう，と思った。そうして，今回の状況は命に関わるものではないので，私は見守り待つことにした。ヘレンがクレジット相談所に行って，自分の担当ワーカー（筆者）以外の他人に経済状態を話すことができるようになるには，あと 1 年の経過が必要だった。

　クレジット相談の予約日が近づくにつれ，自分の経済状態への不安は募り，ヘレンはますます絶望的になった。そして，ぼんやりした自殺企図をいだくようになった。私は彼女にこう聞いた。「もしあなたが死んだら，どうなるのかしら」。ヘレンは，「私の借金の屈辱を見なくて済む」と答えた。そこで私は，「あなたの妹さんや，弟さんはどうかしら」と聞いた。「私が死んだら，悲しむでしょうね」とヘレンは言った。私は再び聞いた。「借金はどうなるの」と。

ヘレンはためらいながら,「妹や弟はきっと,借金のことを見つけ,ショックを受けると思うわ」と言った。私は,「そんなふうになってほしいの?」と重ねて聞いた。もし弟妹が借金のことを知ったときの,彼女の感じる恥を想像することが,相談予約日を取り消さない動機づけとなった。少しでも不安と不快を和らげるため,私は同行した。相談員は,コンピュータで家計簿と収入,年齢,将来の収入見積もりなどをはじいたうえで,彼女が一生かかっても借金の返済は無理だと告げ,破産宣告をすることを勧めた。ここでもまた,破産の手続きに行くことができるまで,そのあと数カ月かかった。私は繰り返し,彼女の罪悪感と屈辱の気持ちを軽減するよう試み,彼女の選択肢について話しあった。私たちは,破産宣告の手続きをしてくれる弁護士探しをし,同情的で,最低の費用でしてくれる弁護士を見つけた。この間(かん),ヘレンは,破産宣告をするのだとの思いから,非常に落ちこみ,屈辱を感じ,恐れをなし,再び自殺を考えるようになった。ヘレンは,自殺が「ただ一つの残された道だ」と信じるようになった。亡くなった妹に処方された痛み止め兼精神安定剤の瓶が手元にあり,それを多量に飲むことを考えている,と打ち明けてくれた。だが,私がていねいに,彼女の自殺思考のアセスメントをしたところ,ヘレンは,この衝動に身を委ねて行動に移すことはしない,と語った。もし,その衝動がもっと強力になり,魅力的になったとき,必ず私に連絡することを約束してくれるよう,私はヘレンに頼んだ。ヘレンは,借金の催促者が,アパートの玄関をたたきに来る光景を想像して,怯えた。私はヘレンに,その恐怖が妥当なものか,弁護士に問いあわせるよう,勧めた。彼女は弁護士に問いあわせ,そのようなことは起こらないことを知らされた。私はヘレンに,こわくなったら,このことを思い出すようにと告げた。この期間のあいだじゅう,私は彼女の恐怖に共感し,この困難に彼女が対処できる能力を支援した。私は,ヘレンがはじめて弁護士事務所に行くとき,そして,破産宣告の法廷に出頭するとき,同伴した。ヘレンは大変信心深い女性だったので,旧約聖書のなかに記されている,「負債は7年目ごとに免除される」(申命記15章1節)という節はヘレンを勇気づけた。私はヘレンに,不安になったらこの節を思い出すよう,励ました。ヘレンは,聖書の言葉を思い出して気持ちが穏やかになった,と語っている。

自己評価

　私がヘレンに会った当初，彼女はすべての問題を，最近増えた体重のせいにしていた。過去5年に18キロも増えた，とこぼした。毎日，体重を計り，減量に関する書物を読み，ウエイト・ウオッチャーズ（全米にネットワークをもつ減量教室）に通い，運動をし，ダイエットもした。しかし体重は減らず，ヘレンはかなりいらいらした。主治医が体重にあまり関心をもってくれない，と腹を立てた。自分の体重問題を話すことがきっかけで，妹の病気のとき，医療機関に感じた怒りが，再度表面化したようだった。「私のからだ全体が，破裂しそうに膨れ上がっているみたい。もうこのままではやっていけないわ」と言いながら私とのセッションをはじめることは，よくあった。「私は太っていて，みっともない。体重に関してはもう絶望的だわ」とヘレンはつづけた。私は彼女の持参した減量に関する文献に目を通し，彼女の話に耳を傾けた。私は彼女の服装の色合いの良さをほめ，彼女のファッションのセンスに感心した。より深く話すにつれ，ヘレンは，自分のうつ状態，体重増加，乏しい自己評価が互いに関連しているかもしれないことに，気づいた。

　強く，誇り高い外観の下には，ヘレンの傷つきやすい内面の自己があった。ヘレンは，自分が好ましいとも，役に立つ人間であるとも思っていなかった。この課題は，私たちのカウンセリング全体を通して一貫したものであった。私は，ヘレンに自我像を再検討してもらおうと思った。あるとき次のような質問を投げかけて，彼女に挑戦した。「誰も，まったく誰も，あなたのことを好きじゃないの？」「あなたは，誰にも役に立たない人なの？」。またあるときは，宿題を出したり，一緒にブレーンストーミング〔集団で思いつくことを言いあって，インスピレーションを得る方法〕をしたりした。宿題の一つは，自分の長所を書き出すことだった。セッションのあいだには，ヘレンは自分のいいところを一つも見つけることができなかったが，次のセッションまでには，リストをつくって持参した。リストには，「信仰，慈愛，親切」と記されてあった。私たちは，その一つひとつの言葉が代表するものはどんなものであったのかを，掘り起こしていった。自分の妹や弟たちが病気だったとき，困っていたときの話に，また教え子への献身的援助に，ヘレンはこれらの言葉の象徴する

ものを見つけていった。私はヘレンが自分のいい側面に気づくよう，励ましていった。

ヘレンは失敗した結婚にもふれて，「私が，もっと知っておくべきだった」と言って，自分を責めた。自分のすべての「誇りと自己尊厳が流されてしまった」とも語った。私は，彼女の結婚が間違いなく心的外傷であったことを認め，非常に痛ましい出来事であったという彼女の考えをもっともなことだと肯定した。私は，ヘレンが自分のもがきを理解し，自分を受容するのを，援助した。私たちはまた，結婚においては，変化をもたらすには二人の力が必要だということを話しあい，ヘレンのもつ，自分だけが結果を変え得ただろうという非現実的な思考を，再検討していった。そして，彼女の焦点を，自分を責めることから，夫の問題が結婚に終止符を打ったかもしれない，という側面も検討する方向に移せるよう，もっていった。ヘレンは自分の非合理的な思考を検討することができ，夫にも問題があったのかもしれないと考えるようになった。

この間（かん）に，ヘレンはいくつかの意味ある人間関係を尊重するようになった。妹や弟たちとの親密な関係を維持し，ボランティアとの友人関係を楽しんだのである。また，同じ高齢者アパートの住人の何人かともおしゃべりをするようになった。このような良い変化があったにもかかわらず，引き続き，他人との接触はヘレンには困難であった。アパートのなかでも，あまり人に会わずにすむように，たいていの住人が夕食をとりに食堂に上がっている時間に，階下に郵便を取りに行くのだった。

3．介入の分析

私のヘレンとの治療的作業は，カウンセリングとケアマネジメントを重ねあわせたものであった。この二つの役割を統合したのには，二つの理由があった。一つには，資源を確保する援助が，ヘレンには必要だったこと，二つには，ヘレンは聡明だが，自分の心の内を深く掘り下げて考える女性ではなかったことである。もし，私がカウンセリングのみを使ったならば，危機に対処するために必要な技術を獲得する前に，ヘレンはカウンセリングから去ったであろうと，私は思う。また，ヘレンが，うつや不安の薬を服薬することを拒否し

たことも，さらに彼女の対処能力を低くしていた。

クライエントへの敬意を，どのようにあらわしたか

　私は，ヘレンの怒り，絶望，フラストレーションに耳を傾け，そんな気持ちを確認していった。ヘレンのペースに合わせて私は動き，彼女が非常な恥と感じているような課題（例：経済面の問題）に挑戦する心の準備ができるのを待った。それは変化への彼女のペースを尊重することであった。ヘレンの言語および非言語的表現を注意深く観察することを通して，敏感に彼女のペースを見守った。そして，状況をコントロールしたいという彼女の望みを尊重した。これは，つぎの二つのシーンにも現れている。一つは，ヘレンが甥に引っ越しの手伝いを頼む計画をしたとき，私は甥が頼れる人物かどうか定かではなかったが，自分の提案を破棄して，彼女のプランを支援した。親戚が手伝ってくれようとしたことは，それだけ自分のことを気にかけてくれているしるしだと受け止め，ヘレンは嬉しかった。それは大切なことだと私は思い，リスクを取る価値がある，と読んだのだった。

　二つ目として，私は，あるときは彼女の選択肢に同意できなかったが，どの医師にかかるかについてのヘレンの選択を尊重した。それぞれのオプションの長所短所をヘレンに伝えたが，一定の提案を受け入れさせるような圧力はかけなかったのである。また，彼女の価値観は，困難を乗り越えていくうえで，あまり実用的なものではないこともあったが，私はそれを尊重した。たとえば，亡き両親の墓のまわりを掃除し，花を植えることは，そのおかげで数日からだの節々の痛みに悩まされることになるのを私たち二人とも知っていたが，ヘレンにとって，自分の老体に鞭打ってでも，なすに値することだった。私は，彼女が選んだこと，そしてその結果どうなるかを，ヘレンがしっかり理解するのを援助はしたが，その決断は，ヘレンに任せた。

　私は，ヘレンの自立への願望を尊重した。また，援助を受けると自分が役に立たない人間であるかのように感じてためらう気持ちも大事にした。日本製のシルバーカーの見本を当クリニックがもらったとき，ヘレンは喜んでそれを試用した。そこで私たちは，それを彼女にプレゼントして，借りがある，恩を受けていると思わせるのではなく，彼女にその新しいシルバーカーの試験者に

なってもらい，使い心地を記録してくれるよう，頼んだのである。ヘレンは新製品のモニターになったことを誇らしく感じた。

クライエント自身の力を，どのように活用したか

　ヘレンとのカウンセリングの主な作業の一つは，彼女の生涯を通じてのさまざまな逸話に見られる彼女の強さ，長所を掘り起こし，認めていくことであった。ヘレンは，自立して生きようという確固とした信念をもった聡明な女性で，自分の人生のコントロールは自分で維持したかった。ヘレンは，法律，政治，時事に興味があった。人びとはよく，その独立心を頑固さと解釈したが，その粘り強さ，不屈さがあったからこそ，彼女はここまで生きてこられたのである。私は，ヘレンにそんな自分の粘り強さを貴重なものと感じてほしかった。そしてその強さから，うつに立ち向かうエネルギーが生まれることを願った。
　ヘレンは自分の生まれ育った家族を尊敬し宝とした。彼女は家族には極度に献身的だった。また家族も，限られた範囲内ではあったが，そんな彼女に応えた。ヘレンが股関節整復で入院したとき，義妹が付き添ってくれた。ヘレンはそんな支えを非常に喜んだ。クレジット相談に行く前にヘレンが自殺を考えていたとき，私は，彼女の家族愛を指摘している。自殺したら，家族が彼女のこと，そしてその借金をどんなに感じるかを想像してもらった。この質問がもたらした思いは，彼女に自殺を思いとどまらせるほどに強力なものだった。
　ヘレンはまた，ユーモアのセンスもあった。学生時代に問題を起こし教師に叱られたときのこと，また権威ある医師たちに刃向かったときのことを思い出しながら，自分を笑うことができた。そして彼女が手こずらせた人たちが，いかに反応していいか戸惑っている様子などを演じるのもうまかった。私たちはおかしくて，吹き出した。それがいかに短いあいだであったにしろ，彼女の沈んだ心を軽くするのに，役立ったようだった。
　ヘレンは，インテリアデザイン，家具のペイント塗り，物書きなど，さまざまな才能ももちあわせていた。私は，彼女が自分の興味あることをするよう励ました。私はヘレンに，今も彼女が，その人生で多くのことをなしとげた，その同じ人だということを覚えていてほしかった。新しいアパートに引っ越した

とき，また破産宣告を完了したとき，彼女のもちあわせていた資源すべてを活用して彼女がやりとげたことを，私は伝えた。そして，そんな達成を誇りに思ってほしいと願った。

ヘレンは，朝晩神様にお祈りしている，と打ち明けてくれた。神様と良い関係にあることは，ヘレンにとって，大切なことであった。私は，彼女の信仰の言葉に，また，教会の儀式が時代とともに変わってしまったことへの彼女の憤りと失望に，耳を傾けた。ヘレンはよく，私と私の家族のために，毎朝お祈りしている，と語ってくれた。私は，どんなにそのお祈りに感謝をしているかを，しっかりと彼女に伝えるのだった。

立場は曖昧になったか

ヘレンとの関わりを通して，私は彼女にとってのかけがえのない支えになっていた。アパートを見に連れて行き，彼女の計画がうまく運ばなかったときその引っ越しの手伝いをし，息子やボランティアを動員して荷物を運んだ。クレジット相談や弁護士のところへ，そうして破産宣告法廷へと，同行した。

なぜ私はヘレンの援助に，こんなにまで積極的に関わったのだろう。持続するうつのほかに，ヘレンは，未知の所へ行ったり，知らない人に会いに行くとき，また不確かな状況に遭遇したとき，かなりの不安状態を提示した。不安が彼女を凍結させ，信頼できる人と一緒でないかぎり，そのような場所に出向くことができなくなっていた。残念なことに，彼女が信頼できる人はまわりにあまりいなかった。この地域には手伝う気持ちのある弟夫婦がおり，また他州に緊急時駆けつけてくれる妹たちがいた。ところが，ヘレンは強く誇り高い姉のイメージを崩したくなく，弟や妹たちには，衰弱させるような不安やうつ，それに経済問題のことも，いっさい打ち明けてはいなかった。このような事情から，他に誰もいなかったとき，私がその役を担うことになった。

担当ワーカーが自分の息子に，クライエントの家具を運ぶ手伝いを頼むことは，これも，境界の不明瞭な例のひとつであろう。甥や地域サービス機関に連絡を取り，その援助がすぐには得られないことがわかったうえで，思いついた手段ではあった。これは，私にとっては比較的容易なことであった。私は，高校生の息子にとって，これは地域ボランティアの良い機会だと信じたし，若者

の助けならばヘレンも受け入れてくれるだろうと，思ったからだ。そのうえ，緊急事態でもあった。住んでいたアパートの借用契約期間が切れる前に引っ越さなければならず，余す日はなかった。自分の家族を活用することは，少々風変わりではあったが，私は，見知らぬ人よりも自分の息子のほうが柔軟に使えたし，自分のコントロールも効いた。

　ある面では，境界は曖昧に見えたが，他の面では明白であった。たとえば，私は，ヘレンに自宅の電話番号は渡していなかった。また病気でないかぎりクリニックに来院してカウンセリングを受ける，という点も，ヘレンと私は了解していた。ヘレンの体調が悪いときは家庭訪問をした。ヘレンは私が同じ町に住んでいることも電話番号が電話帳に載っていることも知っていた。ヘレンは簡単に私の電話番号を手に入れることができたであろう。しかし，彼女もまた私個人の生活を尊重してくれ，極力邪魔しないようつとめた。カウンセリング開始当時は，ヘレンがどのようにそれを利用するか悪用するかを私も知らなかったので，明白な境界線を引いたように思う。ヘレンが，ある種の境界を尊重しつつ，専門的関係を保持できることがわかってくるに従い，私は彼女の判断を信頼し，よりリラックスした姿勢で，さまざまな援助を提供できるようになった。ヘレンの人柄は，私や私の身内のそれとはかなり異なっていたので，私にとって，専門性をもった援助者の立場を貫くことは，比較的容易であった。

時間の経過とともに，セラピー関係にどのような変化があったか

　ヘレンが妹の死に関する自分の気持ちを完全に処理し得るようになることはないかもしれない。しかし今ヘレンは，その当時の自分ができるかぎりの最善を尽くしたと思えるようになった。この理解は，ヘレンの罪悪感や自責の念を緩和した。破産宣告をして以来，自殺念慮はない。うつ状態も，身体面の健康を害して，他者に依存しなくてはならないとき，悪化するが，全般的には，その深刻さは軽減してきている。病気で，他人に依存せねばならない状況に陥ると，今も，自分を「役立たず」と感じ，生きていく意味がないと思いがちである。

　高齢者専用アパートに引っ越し，その環境は前より効果的にヘレンのニーズを充たした。そして破産宣告手続きをきちんと完了したので，借金もなくなっ

た。この新たなスタートは，ストレスや絶望感を減らしてくれたし，感謝したい他人や自分にプレゼントを買うことも可能にしてくれた。

　彼女は，ボランティアの女性やアパートの隣人との友人関係も築いた。ときどき葛藤もあるようだが，基本的にはこの二人の女性との友情を楽しんでいる。まだ他のほとんどの人との交流は避けているものの，この二人の友人との関係ができたことは，大きな進歩だと言えよう。妹や弟との親しいきょうだい関係は持続している。ヘレンはケアを受ける側ではなく，与える側にまわりたい女性だが，それでも入院中に義妹が介護してくれたときは，優雅にそれを受け入れ，感謝の意を表した。しかし，いまだ，うつや不安などの自分の問題を家族と話しあうのは躊躇している。

　治療関係の変化に関しては，当初ヘレンは私を，「またもう一人の」医療従事者として，半信半疑で見ていた。ヘレンが私を信頼するにつれ，自分のことを理解してくれ，自分のために代弁擁護してくれる人として見るようになった。また私のほうが年齢もかなり若いので，私のことを，自分には恵まれなかった理想化された娘としても見たかもしれない。今，彼女は私のことを「ベストフレンド」と呼んでいる。それでいながら，他の医療専門家に払うと同様の尊敬と感謝を，私にもひきつづき示してくれている。

セラピー関係はクライエントとセラピストに，どのようなメリットやデメリットをもたらしたか

　ヘレンは他人を信用していなかったので，自分のジレンマを打ち明けることのできた私のような存在は，彼女にとってよかった。この人間関係を失う心配をすることなく，自分の怒りをぶちまけることができた。私との絆を通して，ヘレンは肯定的な人間関係の良さを，また自らも人との関係を維持でき得るのだという気持ちを味わうことができた。経済面や住居などの具体的な問題を解決することもできた。ヘレンが私に頼るようになり，私が旅行する折は，私の安全を気遣ってくれた。たとえば，飛行機が安全に着陸するように，と祈ってくれた。

　ヘレンの抱く，まったく欠点のない母親像に挑戦するのを，私はためらった。彼女は両親を台座の上に掲げ，どんな批判もその魂への侮辱と受け取ったからであった。異なった視点からも母親を見ることができるという提案はした

のだが，ヘレンは一貫して，そのように見ようとはしなかった。さらに，この課題をヘレンに直面させたならば，私たちの治療関係にひびが入る恐れがあると，私は思った。

　私たちの人種の違いもプラスの役割を果たしたようである。私はアジア系で，ヘレンはヨーロッパ系である。自分と同じ人種の人びととの否定的な人間関係の長い歴史を持つヘレンにとって，私が「異なって」いることは，新鮮なスタートを彼女に与えたのかもしれない。私たちが一緒に関わるようになったあと，ヘレンは新たに良い関係を，お気に入りの研修医とボランティアの女性と築いたが，二人ともアジア系であった。あるときヘレンは，「アジアの人びとは老人を敬う文化をもっている」ので自分は好きだ，と言った。セラピストの文化的背景が影響している具体例としては，ヘレンの介護の仕方を私が理解できた点があげられる。ヘレンは亡父と亡妹の介護を日夜献身的にした。それは，医療従事者や他の弟妹からは，不健康だと咎められた。私はそのような介護を美徳とする文化的伝統をもつので，それをあまり意味のないものと解釈するかもしれない他の援助者よりは，ヘレンの介護の仕方を理解しやすかったと思われる。

　ヘレンとの仕事は私にとって，チャレンジは多いが充足感ある経験であった。信頼できる関係を築くことができたことは嬉しく思う。そのような関係は，ヘレンの人生において少なかったからである。他の援助者はヘレンを頑固で困難だと見ていたのだが，私は彼女の良い資質を見つけることができた。ヘレンを通して，私の視野の地平線も広がった。破産宣告の手続きといった具体的なサービスを学べたし，さらに大事なことでは，援助を受けることを躊躇するクライエントをいかに援助するかについて，学んだ。ヘレンは自分のことを役に立たない人間だと感じたくなかった。受けるばかりではなく，自分からも与えたかった。私と家族のために祈ってくれたヘレンに，それが貴重な贈り物であることを私は告げ，感謝した。

この事例の教訓は？

　ときには，クライエントが変わるためには，危機が起きる必要がある。ヘレンにとっては，自殺したいほどに自分の精神状態が耐えられなくなったときに

ようやく，リスクをとることができた。はじめの危機を通して，彼女はカウンセリングを受け，私との治療関係をスタートさせることができたのである。のちに，自分がホームレスになる恐れが現実的になったとき，彼女はアパートを移り，破産宣告をするというリスクを受け入れた。私の存在が，彼女の安全と安定，そして希望の象徴となって，このようなリスクをとっても生きのびることができるだろうということを，彼女は感じることができたのだった。

　私も，ヘレンが自分の問題に直面するのを避けつづけていれば，いつかは危機状態になることを感知していた。しかし，私は彼女自身のペースを尊重し，変化の時期が彼女のなかで熟するのを辛抱強く待った。私は彼女がその問題を理解し，どんな選択肢があるかをわかるための援助は惜しまなかったが，もしヘレンが抗うつ剤を拒否したり，自分の経済面を何の手立ても打たずに心配しつづけるならば，それは彼女が選んだことなのだ，と私は自分に言い聞かせることができた。言葉を変えて言うならば，私は援助者としての自らの限界を了解していた。ここでもう一つ付け加えておくに値することを指摘したい。私は職場の同僚のサポートがあることを知っていたし，もし私の留守中に危機が生じたならば，信頼できる同僚がヘレンに対応してくれるだろうことも疑わなかった。これらすべての要素が存在したので，私は，ヘレンの変化を待つ，というリスクをとることができたのであった。このおかげで，私はヘレンのことを頑固でフラストレーションのたまる相手だと思わなかったのだと考える。

　前にも述べたが，私はヘレンのもつ完璧な母親像に挑戦するのを躊躇した。しかしながら，将来いつかヘレンが，自分が母の期待に添えず失敗したのではなく，母親が，ヘレンをあるがままに受け入れることができなかったのだ，ということに気づくことができるならば，自分を「不適格」者，「門外」者と感じている彼女の自己イメージを緩和することができるかもしれない。母親の欠点を受け入れることができたとき，そんな母を許すことができるよう彼女を援助することも可能であろう。このような母親への理解と許容が，ヘレンの自他への批判的な目を緩めるのではないか，と私は考える。現在もヘレンと関わっているので，実にこれは私たちの将来への課題の一つになろう。

　今後も，ヘレンの人生に生じる変化に対応すべく，支援とカウンセリングを提供していく柔軟性が，ターナー・クリニックという職場にはある。傷つきやすく，他の支援や資源のあまりない，ヘレンのようなクライエントには，カウ

ンセラーまたはケアマネジャーとの関わりは,クライエントの安定期には会う頻度は少なくても,長期に渡る場合が多い。ヘレンとの関わりをつづけていくにあたって,彼女の身体的障害がいかに今後の生活に影響していくかを考慮するよう,援助していく必要がある。死を近くに感じはじめたとき,果たせなかった夢への失望感が,より表面化してくるかもしれない。私は,ヘレンが弟妹の世話をいつもする必要はなく,彼らから世話を受けてもかまわないのだということを,彼女がわかるよう援助したい。そのような世話を受け入れても,自分の人間としての,そして誇り高い姉としての価値を維持できるのだ。そのような過程を経て,いつか自立した生活ができなくなった日々にも備えることができるであろう。

(マリコ・アベ・フォーク)

文献

Burns, D. (1980). *Feeling good: The new mood therapy*. New York: New American Library.
Delon, M., & Wenston, S.R. (1989). An integrated theoretical guide to intervention with depressed elderly clients. *Journal of Gerontological Social Work*, 14, 131–145.
Kahana, R. (1987). Geriatric psychotherapy: Beyond crisis management. In J. Sadavoy & M. Leszcz (Eds.), *Treating the elderly with psychotherapy* (pp. 233–263). Madison, WI: International University Press.
Klausner, E.J., & Alexopoulos, G.S. (1999). The future of psychosocial treatments for elderly patients. *Psychiatric Services*, 50, 1198–1204.
Knight, B.G. (1996). *Psychotherapy with older adults*. Thousand Oaks, CA: Sage Publications.
Long, S.O. (1996). Nurturing and femininity: The ideal of caregiving in postwar Japan. In A.E. Imamura (Ed.), *Re-imaging Japanese women* (pp. 156–176). Los Angeles: University of California Press.
Tice, C.J., & Perkins, K. (1996). *Mental health issues and aging: Building on the strengths of older persons*. Pacific Grove, CA: Brooks/Cole Publishing.
Worden, W. (1991). *Grief counseling and grief therapy*. New York: Springer Publishing.

第2章
犠牲者意識から抜け出す

1．クライエントの背景

　70代半ばの男性であるダグラス・トンプソンは，友人の紹介でクリニックにやってきた。その友人はクリニックで医療ケアを受けており，ソーシャルワーク部門があることを知っていたのである。「気持ちがふさいでしかたがない。自分は人生のいろんな場面で，いつも犠牲になってきた。最近，仕事から一部退いたせいと，長いことつづいている妻との不仲のせいで，眠れないことが多い」というのが，ダグラスの訴えだった。健康面にこれといった問題はなく，人生をもっと楽しめるようになりたいと望んでいた。

　これまで50年間というもの，砂利の採取運搬業者として，ほとんど休みもとらずに働き続けてきた彼は，1年のうち一時期とはいえ，長期にわたって仕事から離れねばならなくなったのを，不本意に思っていた。これまでずっと，自営業者として，楽しんで仕事をしてきたからだ。からだをこわして以前から静養していた妻が，1年のうち冬の何カ月かは暖かい土地ですごさねばならなくなったのが，彼の部分的引退の理由だった。ダグラスは仕事を離れたくなかったが，かといって，妻と離れて暮らすのもいやだったのである。「休暇中は何もやることがないし，だいいち俺が何カ月も留守したら，仕事のほうはどうなるんだよ？」と，彼は嘆いた。

　現在の妻とは再婚であり，先妻とのあいだに二人の子がいた。まだ子どもたちが小さいうちに先妻が亡くなったので，すぐに再婚したのである。35年間にわたる彼の再婚生活は，幸せなものとはいえなかった。自分と妻がほんとうの意味で結婚生活のパートナーだったことはないと，彼は感じていた。妻はかなりの遺産を相続していたのに，それを自分だけのものにしてしまい，生活費

はすべて彼が稼ぐのが当然と考えている様子だったからだ。彼はまた，先妻とのあいだの二人の子どもたちの家には，妻の連れ子である息子に会うほど頻繁には会いに行けないと不満をもっており，それは今の妻が邪魔しているからだと考えていた。先妻の子どもたちと自分がつきあうのを，妻が喜ばないというのだ。自分が望むほどには実子たちに会えないというのが，かねてからの彼の憤慨のたねだった。実子たちもまた，この継母を恨んでいるにちがいないと，彼は言った。

2．介入の概要

　私は3年間にわたって，ダグラスのセラピーを行った。彼がアリゾナですごす冬の何カ月かを除き，毎週1度，彼と会いつづけたのである。カウンセリングでどのようなことを目指したいかを，私は尋ねた。彼の希望は二つあった。第一に，よく眠れるようになって，うつ状態から解放されること。そして第二に，妻との争いを減らすこと。要するに彼は，自分の人生をもっと楽しめるようになりたかったのである。そこで私たちは，つぎの二つの目標を設定した──①うつ状態と不眠を軽減する。②妻との関係を改善する。
　最初の数カ月は，セラピーはなかなかうまく進まなかった。ダグラスは自分の考えをはっきり述べようとせず，「先生はどう思う？」と尋ねてばかりいた。「このあいだ女房が，俺のことを口汚くののしったんだが，先生はなぜだと思う？」といった具合に尋ねてくるのである。そんなときには，「ダグラスさんは，なぜだと思うんですか？」と尋ね返すことにしていたのだが，「俺にはさっぱりわからないよ」という答えが返ってくるばかりだった。だが，しかたなく私のほうから，「もしかしたら，こういうことなんじゃないかしら？」と推測を述べると，今度は必ず，「ああ，でも……」という，曖昧な否定の返事が返ってくる。「あなたはいつも，そうやって，私に言わせておいてから否定するんですね」と指摘したときにも，返ってきた答えはやはり，「ああ，でも……」だった。そこで私は結局，彼が納得できるような答えに突き当たるまで，いろいろな可能性を私のほうで列挙していくという方法をとることにした。たとえば，「あんたは私のことなんか，どうでもいいと思っている」と妻

がしょっちゅう不平を言うとダグラスから聞いていたので、「またそういう気がして、奥さんは腹を立てたんじゃないかしら？」というように、私のほうから尋ねていくのだ。もし私の解釈や提案が彼の納得できるものであれば、たとえ最初は否定しても、いずれはそれを受け入れてくれるだろうと思ったのである。

その他にもダグラスの言動には、私を戸惑わせる部分があった。たとえば、しょっちゅう私の容姿のことを口にして、「先生はいい女だね」といったことを言うのだ。最初のうちは、そのような言葉はわざと無視していたのだが、いっこうにやめる気配がない。そこで、こういう場でそんなことを言うのは不適切だとたしなめたのだが、彼はにやにや笑って、「だって、ほんとうにいい女なんだから、しかたないだろう？」と繰り返すばかりだ。結局私は、彼がそういう発言をしたときには、きっぱりとこう答えることにした。「私とあなたとの関係で大切なのは、あなたが私のことを、味方だと感じられるかどうかなんです。私のことを、このカウンセリングの目的を実現するための助けになる人だと思えるかどうかが、大事なんですよ」。すると、セクシュアルな発言は、完全になくなることはなかったものの、大幅に減った。

彼の怒りの爆発も、私をおびえさせた。ある日、彼が椅子にひっかけたままにしてあったコートを、私はハンガーに掛けようと思い、「これ、掛けておきますね」と言った。彼は断りの言葉を口にしかけたが、それでも私がコートを持ちあげようとすると、大声で怒鳴った。「掛けなくていいって言ってるだろう！」。私はすぐに謝ったが、その怒りの激しさは尋常ではないと思わずにはいられなかった。しかしその場では、おびえの気持ちが先に立ち、それ以上そのことを話題にはしなかった。だが時がたち、ダグラスという人物を理解できるようになってくると、戸惑いやおびえの気持ちは薄れた。彼はどんな人間関係においても主導権をとりたがるタイプであり、私との関係も、その例外ではなかったのだ。ダグラスがそのように振る舞うのは、自分の傷つきやすさを隠すためだと気づいた私は、いかにも彼に主導権があるかのように感じさせながら、うまくセラピーを進められるようになっていった。

最初のころのダグラスはまた、「先生に時間を割いてもらうお礼に」と言って、しきりにプレゼントをくれたがった。毎回、市場で買った果物や、地元のベーカリーのパンを携えてあらわれるのだ。私は礼儀正しくお礼を言ったうえ

で，そのようなプレゼントは必要ないと説明した。「あなたとはセラピーのためにお会いしているのですし，その代金は，ちゃんと頂いているんですから」ということを強調しつづけた結果，通常のセラピーのときのプレゼントはやんだ。だが冬の休暇のあとだけは，相変わらずお土産をもってやってきた。それについては，私は受け取ることに決めた。何かを私に贈る力が自分にあると思えることが，彼にとっては重要なのだろうと判断したからである。

うつと不眠

　自分は犠牲者であり，誰からも顧みられない孤独な存在だというのが，ダグラスの身の上話の骨子だった。父親はアルコール依存症だったし，最初の妻は肝臓癌で死んでしまった。ビジネス・パートナーも急死したし，今の妻の健康状態もすぐれず，そのせいで部分的引退を余儀なくされている。ダグラスの子ども時代の思い出は，酔っ払った父親の影に色濃く染まっていた。自分たちきょうだいも母親も，父親の言葉や暴力による虐待の犠牲者だったと，ダグラスは考えていた。父親がしょっちゅう夜中に酔って暴れ，母親といさかいになるので，子どもたちもみんな目をさましてしまう。そのせいで8，9歳ごろのダグラスは，学校でも勉強に集中できなかった。最初の妻が10歳と12歳の子どもを残して早死にしてしまったことでも，彼は自分が犠牲者だと感じていた。現在の妻とはお見合いで知りあい，最初の妻が死んだ4カ月後には再婚した。あまりに早すぎる再婚だということは自分でもわかっていたが，片親で子どもを育てながら仕事をつづけていけるとは，どうしても思えなかったのだ。「子どもたちには母親が必要だったんだ」と彼は説明した。
　先妻の死後10年ほどして，ビジネス・パートナーが食中毒で急死した。その結果，ダグラスは一人で仕事を切り盛りしなければならなくなった。仕事について相談する相手がいなくなったことは，彼にとって大きな打撃だった。自分は孤独だという思いが，彼を打ちのめした。
　現在の妻であるメアリがからだをこわして静養しなければならなくなり，冬のあいだは暖かい土地ですごさねばならなくなったことで，ダグラスはいっそう，自分は犠牲者だという思いを強めていた。「女房は結婚生活に失望してすっかり〈冷たく〉なり，俺の生活全部をコントロールしようとしてるんだ」

とダグラスは言い張った。妻が性的な関係を拒むせいで何もかもうまくいかないと，彼は思いこむようになっていた。自分のうつと不眠の原因はひとえに妻の行動にあると信じており，子ども時代に犠牲にされたという気持ちとの関係には，まったく気づいていなかったのである。

　というわけでセラピーではまず，自分は犠牲者だという気持ちがもともとどこから生まれているのかをダグラスが理解するのを助け，彼が大人として自分の振る舞いをコントロールできるようにすることを目標にした。子ども時代の記憶のなかでも特に，両親の夫婦喧嘩のせいで眠れない晩の多かったころの思い出を振り返ることからはじめたのだ。そのときにどんな気持ちだったかを思い出して話してほしいと，私はダグラスに言った。「とにかく恐かった。なんとか母親を守りたいと思ったんだが，かといって，父親をもっと怒らせてしまうのも恐い。だからどうにもできず，ずっとベッドにもぐっていたんだ」と彼は答えた。なんとか喧嘩がおさまったあとも，彼はなかなか寝つけなかった。そんな翌日，自分が学校でどんなにぐったり疲れていたかを，彼はありありと思い出した。

　そのようなセラピーを重ねるうちにダグラスは，不眠がじつは子ども時代からはじまっていたことに気づいた。大人になってからも，夜中に寝つけずにいると彼はいつも，なぜかひどくおびえた気持ちになった。だが，子ども時代の体験にその原因があるとは，意識していなかった。そこで今度は，静かな自宅のベッドにいるのに眠れないという，大人になってからの不眠について，一緒に考えていくことにした。静かな夜なのに，なぜそんなにおびえた気持ちになるのだろうと，私は問いかけた。「子どものころの気持ちにそっくりなんだ」と答えたダクラスは，おびえが子ども時代の出来事に端を発していることを理解したようだった。自分はもう大人で，何も恐がるようなことはないのに寝つけないのは，理にかなった反応とはいえないことがわかったのである。

　アルコール依存症の親をもつ子どもにはよくあることだが，ダグラスもまた，自分は誰にも顧みられない孤独な存在だという思いをつねにかかえていた。そこで，これまでの人生において，何が自分自身で選び取ったことであり，何がどうにもならない運命によって起こったことかを，ぜひともはっきり区別する必要があると思われた。私はダグラスに力を貸して，もはや彼が，自分の身に起こることをコントロールできない子どもではないということに気づ

かせていった。これまでに起きた出来事について話しあい、運命によってもたらされたこと（たとえば、先妻やビジネス・パートナーの死）と、彼が自分で選び取った結果生じたこと（たとえば、現在の妻とのいさかいや、実子たちにあまり会えないこと）とを区別していったのである。

こうしたやりかたは、「何もかも自分のせいだったんだ」という悲嘆を生むのではないかと思えるかもしれないが、ダグラスの場合には幸い、「自分が選び取ったことは、やむを得ない正しい判断だった」と考えて受け入れることができた。「子どもたちには会いたかったが、それを言うとまた妻と喧嘩になりそうで、なかなか口に出せなかったんだ」といったことを、彼はセラピーで話せるようになった。現在の妻の怒りをかうことを彼自身が恐れた結果、望むほど頻繁には実子に会うことができず、そのせいで不満をためこんでいたわけだ。実子となかなか会えない裏には自分自身の選択も大きく働いていたことに、ダグラスははじめて気づいた。そして、自分の選択が自分の気持ちに大きな影響を与えていることがわかってくるにつれて、日常の振る舞いをコントロールする力も、しだいにそなわっていった。

妻との関係

ついで私たちは、ダグラスと妻メアリとの関係を改善することを目指した。夫婦がお互いにもっと率直に気持ちを話しあう必要があるということで、ダグラスと私の意見は一致した。だがそれは、彼にとってもメアリにとっても、実際にはなかなか難しいことだった。なぜ妻が腹を立てたのかをダグラスは一生懸命に推し量るようにはなったが、当人に直接尋ねることはなかった。なぜ自分が腹を立てたかのほうは、いくぶんうまく妻に伝えることができた。そんな自分を彼は、「前よりはっきり考えを言えるようになった」と評した。彼はまた、自分の気持ちが傷ついたときにも、それを妻に言えるようになっていった。ダグラスとメアリは互いに主導権をとろうとして争い、いさかいの最中には、しばしば離婚を口にしていた。「気に入った相手と好きなことをやっているほうが、女房といるよりずっと楽しいよ」とダグラスは言った。

妻も一緒に面接を受けたほうがいいだろうと、ダグラスと私は話しあったのだが、彼が誘っても、妻は絶対に来ようとはしなかった。ところがある日、誘

いもしないのに自発的に，ダグラスとの面接の最中に，彼女がやってきた。その朝，特別ひどい喧嘩を夫としたばかりの彼女は，夫とは別に，予告なくクリニックの待合室にあらわれたのだ。妻が来てくれたことで，ダグラスは驚き，喜んだ。一緒に面接を受けた妻は，彼女の側から見た夫婦の関係を述べて，夫の理解を助けてくれた。「夫は私のことなんか，どうでもいいと思っている」というのが，彼女の言い分だった。私は彼女に，具体的に夫がどんなことを言ったりやったりしたからそう思うのかを，ダグラスに教えてやってほしいと言った。また，夫がどんなふうにしてくれたら彼女は大切にされていると感じられるのかも，話してほしいと頼んだ。「夫はすぐ怒鳴るから，私もいらいらするんです」とメアリは答えた。そして，折りにふれて「愛してるよ」と言ってくれたら，大切にされていると思えるのにと語った。その他，どんなことをしてほしいかを妻が述べているあいだ，ダグラスはじっとそれを聞いていた。彼はこのときはじめて，自分に対する妻の怒りがどこから来ているのかを，本当に理解したのだ。妻が話した内容に彼は驚き，彼女を大切に思っていないなんてとんでもないと断言した。そして，今後はできるかぎり，彼女が望むように行動すると約束した。実際，ともにカウンセリングを受けたその週から，ダグラスは妻に対する態度を改めはじめた。だが残念なことに，夫も誘い，私も電話で勧めつづけたにもかかわらず，メアリはその後は1度も，面接に同席しようとはしなかった。面接に来たとき，夫は自分の気持ちをもっと口に出すべきだと話したのに，そう言ったメアリ自身のほうは，それ以上気持ちを伝えようとはしなかったのである。

　夫婦のもめごとの主な原因は，ダグラスの実子たちのことだった。思春期以降，メアリに育ててもらったにもかかわらず，子どもたちは二人とも継母に心を開いてはいないと，ダグラスは感じていた。生みの親に対する敬慕の気持ちがそうさせるのだと考えていた彼は，「誰も，実の母親の代わりにはなれないよ」と言うのだった。先妻が生きてさえいたら，自分は実子たちともっと親しくつきあえたはずだと，彼は思っていた。どんなつきあいになっていたと思うかと尋ねると，「子どもや孫たちと，もっといろいろなことを一緒にやれただろう。今よりもっと，絆が強くなっていたはずだ」と答えた。ではなぜ，あまり実子たちの家に行かないのかと問うと，妻の機嫌が悪くなるからだという。二人で子どもたちの家を訪ねたあとには，妻が「冷たく」なる——つまり，よ

そよそしい態度になって，セックスにも応じてくれなくなるというのだ。では，妻は連れずに彼一人で子どもたちの家を訪ねたらどうかと，私は提案した。面接を重ね，妻とのもめごとの様子を振り返ることでダグラスはしだいに，メアリの側もこれまでずっと，彼に対する怒りを我慢してきたことに気づいた。そして，孫のスポーツの試合や誕生パーティに，妻を連れずにでかけるようになった。帰宅後の「冷たい反応」に悩まされることも減って，このほうがずっといいと，彼は報告してくれた。妻が喜ばないことと自分自身を分けて考え，行動できるようになったことで，自分で自分の幸せをコントロールできるのだという彼の気持ちは強まったのである。

　夫婦の不仲の原因は，経済的なことにもあった。一つは，子どもたちの相続権の問題だ。ダグラスは，先妻とのあいだの二人の子どもたちこそが，財産の正当な後継者だと考えていた。だが妻のほうは，結婚して35年にもなるのだから，自分の連れ子にも当然，正当な相続の権利があると思っていた。そのような意見の相違から，ダグラスは妻に内緒で銀行口座をつくり，そのお金で実子たちに物を買ってやったり，保険の掛け金を払ってやったりしていた。そうすることで，妻が納得するよりたくさんの財産を，実子たちに譲ってやろうとしていたのだ。そのような隠し事は夫婦関係をまずくするだけだと私は言い，自分がやっていることを奥さんに正直に打ち明けたほうがいいと勧めた。だが彼は勧めに従おうとはせず，妻が秘密を見つけてしまう危険を放置していた。自分のお金をどう使おうと，いちいち妻にそれを説明する必要はないと，彼は考えていたのである。

　やがてだんだん，実子たちの経済状態をダグラスがなぜそれほど気にかけるのかが，明らかになってきた。「飲んだくれの親父のせいで，俺は子ども時代，ひどく貧乏だった。子どもたちには絶対に，そんな思いはさせたくないんだ」と彼は説明した。「女房の連れ子が金に困ってるっていうんなら，俺だってもっと財産を分けてやるけどな」と彼が言うので，「でも実のお子さんたちだって，べつにお金に困ってなどいないじゃありませんか」と私は指摘した。すると彼は，「二人の子にとっては，実の親は俺しか残っていないんだし，もともとうちの財産は，前の女房と俺がその基礎をつくったんだから，あいつら二人に渡してやりたいんだ」と言う。そこで私は，つぎのような可能性を指摘した。「もしかしてあなたは，そうすることで，子どもさんたちと実のお母さ

んとの絆を保てると思っているんじゃないかしら？　ずっと前に奥さんを，そして母親を亡くした父子三人の痛手を，そうやって癒やそうとしているんじゃありませんか？　前の奥さんを亡くしてすぐに再婚したことへの罪の意識を少しでも軽くしたくて，そうしているんじゃないでしょうか？」。ダグラスは，自分の行動にそのような意味があるかもしれないという解釈は，それまでまったく思いついたことがなかった。そして，そのようなやりとりがあったあとは，最初の妻について彼が面接で話す時間がぐっと増えた。もし妻が生きていたら，自分の人生も実子たちの人生も全然違うものになっていただろうと，彼は繰り返し語った。二人の子どもたちは実の母親を今でも強く慕っており，そのせいもあって後妻のメアリは，一家にとけこめないという思いを抱きつづけているらしく思われた。「女房のほうだって，その連れ子と同じで，死んだ前の亭主を忘れかねているのさ」とダグラスは言い張った。結局のところ彼の家には，じつは３つの家族が同居していたのだ――ダグラスと先妻，メアリと前夫，そしてダグラスとメアリの夫婦の３組である。

　経済的なことについてのダグラスの過度の心配癖は，メアリとの日常生活にも影を落としていた。妻と一緒にアリゾナですごさねばならない冬のあいだずっと，彼は残してきた仕事のことをひどく気にしつづけた。そしてそのせいで，ふだんにも増してお金のことにうるさくなった。メアリが家を買いたいと言ったときにも，「そんな金はない」とつっぱねたが，じつはそのぐらいの余裕は十分にあることを，彼自身も認めていた。

　そこで面接でもその点をとりあげ，現実の経済状態と，貧乏に対する彼の恐怖心とを分けて考えられるよう手助けしていくことにした。「だって，将来どのぐらい金が必要になるか，わからないじゃないか」と彼は言った。妻のメアリは金食い虫だとダグラスは考えており，自分がそれを制限しなければと思っていた。また，今後自分がどれだけ生きるかわからないから，医療費も蓄えなければと考えていた。自分の姉や弟も，お金のことにはひどく神経質だと，ダグラスは言った。そして，そのどちらもが，実際にはまったくお金に困っていないことも認めた。姉や弟が，金銭的なことでいらぬ心配をして，自分自身を締めつけて苦しんでいるのに気づいたダグラスは，彼らのようにはなりたくないと考えはじめた。金銭的な面でも，楽しめるうちに人生を楽しんで暮らしたいと思うようになったのだ。ダグラスは，自分や姉や弟が，子ども時代の貧乏

から大きな影響を受けていることを悟った。子ども時代の不安定な生活のせいで，三人全員が，過度の貧乏恐怖症に陥っていることに気づいたのである。

　面接で私はたびたび，彼の人生でラッキーだと思う点を述べてみてほしいと求めた。それに対して彼はたいてい，健康に恵まれていることをあげた。そこで私は，友人や親戚の不幸な出来事が話題になったあとには特に，彼の良好な健康状態のことを思い出させるようにつとめた。身近な友が病気になったり死んだりすることが重なるにつれてダグラスは，自分が健康であることのありがたみを実感するようになっていった。そして，不平ばかり言って暮らしているのはエネルギーと時間の無駄だと思いはじめた。それにつれて，人生の優先順位を考え直すようになり，金銭面での取り越し苦労も減っていった。

　カウンセリング全般を通じて，ダグラスやその家族をどこか他の機関に紹介する手続きをとらなければならないような場面は，ほとんどなかった。必要とあらばダグラスは，自分でどんな手続きも行えたからだ。たとえば白内障の手術を受ける必要が生じたときも，その不安について私に相談はしたが，医師を探したり予約をとったりといったことは，全部自分でやれたのである。1度だけ私は，「最近どうも，セックスのときに立たないことが多い」とこぼすダグラスに，泌尿器科を受診するよう勧めた。調子のいいときと悪いときがあるのは身体的な原因か精神的な原因かと，彼が悩んでいたからだ。そのときは結局，両方の原因が重なっているのではないかということで落ち着いた。「いいときも悪いときもあって，いつでも思いどおりになるってわけじゃない」と彼は言っていた。

　3年にわたるセラピーのあいだには，ダグラスが比較的うまく人生の舵取りをしていけるようになったと思える時期が，何度かあった。そのたびに私は，「そろそろセラピーを打ち切ったらどうか」と勧めたのだが，ダグラスはそれをいやがった。眠れないことも，憂うつな気分になることも減ったが，まだ一人でやっていく自信はないし，日ごろの不安を面接で話すことで自分は大いに助けられているというのである。

　3年目になるとメアリの健康状態は悪化し，記憶障害も出はじめた。そのせいでダグラスの不安感が増すのではないかと私は心配したが，事態はむしろ逆の方向に進んだ。ダグラスは以前よりも理性的になり，メアリがしっかりしていたころよりも自分の人生をコントロールできているという気持ちが強まった

のだ。彼は夫婦の日常生活を取り仕切り，それを楽しんでいた。

　メアリの症状が進み，友人知人の死が相次ぐにつれて，自分が元気で生きていられることへのダグラスの感謝の念は深まっていった。うつ状態は，もはやほとんど見られなかった。3年目の冬には，アリゾナでの休暇をいつもより長めにとった。そして結局，その休暇が明けてから2度目の面接が，最後のカウンセリングになったのである。それまでの2年間は，休暇中にも何度もアリゾナから手紙をよこして，「こちらはひどい生活だ」と訴えたり，途中で仕事の様子を見に戻った折りに面接を受けたりしていたのだが，その年にははじめて，彼は冬じゅう何も言ってこなかった。休暇明けの最初の面接で彼は，冬のあいだの出来事をかいつまんで話し，家族の集まりのために途中1度，自宅に戻ってきたとも語った。だが，いつものように自分から次回の面接の予約をとりたいとは言い出さなかった。「めずらしいですね」と私が言うと，「このところずっと，とても具合がいいんだ」と彼は答えた。私はうなずき，「そろそろセラピーを打ち切る時期かしら？」とたずねた。だがダグラスは笑って，「やっぱり予約を頼みますよ」とだけ言った。次回の面接にやってきた彼はまた，最近ずっと調子がいいと繰り返した。そして最後に自分のほうから，「セラピーを打ち切る時期が来たと思うんだが」と切り出したのである。「今まで力になってくれてありがとう」と彼は言い，私は，「たいへんな努力をして自信を勝ち取ったあなたは，本当に立派だと思いますよ」と答えた。

　もうカウンセリングなしでも自分の人生をコントロールできるという自信が，このときのダグラスには生まれていたのだと思う。それまでの3年間も，当初は拒絶した私の解釈や提案を，彼はやがて受け入れ，変わっていった。セラピーを打ち切ったらという提案も，それと同じ道をたどったわけだ。終わり近くの何カ月かのセラピーでは，どのような点に気をつければ順調にやっていけるかというポイントを洗い出す作業を，彼は私とつづけていた。そして，そのポイントをしっかりのみこめたとき，彼は自力でやっていけると判断したのである。

3．介入の分析

　3年にわたるカウンセリングの終了時には，ダグラスの不眠もうつも，大いに改善された。自分の人生を自分でコントロールできると感じられるようになったし，自分の考えをきちんと述べることもできるようになった。家庭においても，友人関係でも，仕事においても，犠牲者意識が軽減された。感情を無理に抑えこんで，あとになってそれを爆発させるのではなく，その場その場で言葉に出して伝えることも上手になった。

　妻のメアリとの関係も，はるかに穏やかなものになった。おそらく，健康状態が悪化し記憶もおぼつかなくなったメアリが夫を頼るようになったことが，ダグラスにとっては良かったのだろう。妻の不機嫌を恐れる必要がなくなり，経済的なことをどうするかも，思いどおりに決めやすくなったからだ。さらに，メアリの病状からその死が近いことを察知したダグラスは，最初の妻について改めて考え，その死を悼むチャンスを与えられたようだった。なぜ自分が先妻の死後，十分に喪に服する期間もとらずに再婚する必要があったかを，それまでの彼は必死に述べたてていた。そして，子どもたちにとってその死がどんなに痛手だったかということしか，語ろうとしなかった。今，再び妻を失いかけていることで，はじめて彼は，先妻の死が自分自身にとっても大きな痛手だったことを認め，2番目の妻をも失うかもしれないという現実への，心の準備をはじめることができたのである。

クライエントへの敬意を，どのようにあらわしたか

　セラピーを成功させるうえで，クライエントへの敬意は不可欠だ。当初はダグラスの（「ああ，でも……」といった言いかたや，頻繁なプレゼント，私の容姿についてのセクハラめいた発言などの）振る舞いに，戸惑いやおびえの気持ちを感じることも少なくなかったが，私はカウンセリングを通じて，彼がどうしてそのような行動をせずにいられないかを理解するようにつとめた。彼への敬意をあらわす努力の一つとして，私は，当初感じていた怒りの気持ちを，

おもてには出さないようにしていた。カウンセリングの場にそのような振る舞いはふさわしくないし、彼の悩みを解決するのを私が助ける妨げになることを、できるだけ穏やかに説明したのである。

また、彼のペースにあわせてセラピーを進めることによっても、私は敬意をあらわした。彼が納得して受け入れられるまで待つようにつとめ、私の解釈や提案を性急に押しつけることは避けたのである。たとえば、最初の妻の死などいくつかの事柄については、彼は当初、話したがらなかったり、話すことができなかったりした。そのような場合には彼の気持ちを尊重し、心の準備が整うまで待った。私の解釈を納得してもらうためには、彼自身の体験から例を引いて説明するのが比較的有効だった。そしてその例は、抽象的でない、具体性のあるものでなければならなかった。

ダグラスの生活習慣には、今後新たな問題を引き起こしそうに思われることもあったが、それについてあまり口やかましく制限しないことによっても、私は彼への敬意をあらわした。たとえば、妻には内緒で経済的なことを決めたがるせいで、そのうちにトラブルが起こるかもしれないと、私は考えていた。だが、私がそう考えていることは包まずに伝えたものの、彼がどうしてもそうせずにはいられない理由も、私はよく理解していた。私のなすべきことは、彼の判断に伴うリスクを指摘するところまでだったのである。

そしてまた、ダグラスがどのような人間であるかをありのままに受け入れ、セラピーの目的をどこに置くかも彼自身に決めてもらうことで、私は彼への敬意を示した。彼はもっと楽しい気持ちで暮らせることを望み、妻とのいさかいを減らしたいと思っていた。心の通ったあたたかい関係を妻と築きたいとまでは望んでいなかったが、妻の不満に耳を傾けようという気持ちはもっていた。私がダグラスの人となりをそのまま受け入れ、彼の恐れや心配についての話をじっくり聞いたことで、彼は自分の目指す目的を達成できたのである。

クライエント自身の力を、どのように活用したか

毎週の面接でダグラスは、前回の面接からその日までに起こった出来事を語り、家族や友人との人間関係で失敗したと思うことを話した。自分は考えをはっきり伝えることができず、そのために状況をうまくコントロールできない

と，彼は考えていた。そこで私は時間をかけて，相手が彼をコントロールしていると思われる場合でも，じつはそういう状況を彼自身が選び取っているのだということを理解させていった。たとえば彼は弟について，「あいつは金持ちなのに，一緒にでかけるといつも，俺に勘定を払わせるんだ」と不平を言っていた。だがやがて，弟とレストランに行くのではなく，自宅に呼んで一緒にすごせば，自分のほうが状況をコントロールしていると感じ，一方的に損をしているという気持ちをもたなくてすむことを学んだ。

　面接の際，私はあらゆる機会をとらえて，彼の人生でうまくいっている事柄を強調した。「仕事も立派に発展させてきたし，２度の結婚生活もちゃんと維持してきたじゃありませんか」と話したのだ。経済的なことをひどく心配し，２度目の結婚について不平ばかり言っていた彼だが，だからといって妻と別れてしまうようなことはなかった。また，子どもや孫たちにも深い愛情をもっていた。親戚づきあいのわずらわしさも厭わず，親身につきあってもいた。

　ダグラスは今後の人生を，もっと気持ちよく送りたいと考えていた。それまでの人生は，先妻やビジネス・パートナーの死など悲しくて苦しいことが多く，その影響をいまだにひきずっていたからだ。長時間，働きづめに働くことで，それまでの彼は自分の感情を抑えつけてきた。だが，１年のうち数カ月を仕事から離れて暮らさねばならなくなったことで，いやでも自分の気持ちと向きあわなければならなくなり，混乱してしまった。だが彼は，そこから抜け出して人生を楽しもうと決心し，見事にそれをなしとげたのである。

　ダグラスは成功した自営業者であり，良い父親で，誠実な夫だった。信頼できる友だちもたくさんいたし，子どもや孫，きょうだいにも心配りを忘れず，経済的な援助もしていた。そうしたつながりは彼の強みだということを，私は何度も強調した。

　ダグラスはしょっちゅう妻のメアリに腹を立てていたが，そのいっぽうで妻をほめることも少なくなかった。「なかなか立派な人間だし，なんといっても正直者だ」と評していたのだ。妻とのこれまでの生活を通じて自分は成長できたとも，彼は考えていた。自分の人生に彼女がさまざまな面で貢献してくれたことにも，ちゃんと気づいていたのだ。メアリには良いところがたくさんあり，古くからの友達も大勢いて，趣味も多かった。結婚生活を通じてそんな彼女から学ぶことも多かったと，ダグラスは語った。そのように妻を評価できる

あなたは素晴らしいと，私はダグラスに繰り返し言った。

　ダグラス夫妻には，定期的に会う共通の友人も多かった。そのなかには，ダグラスやメアリが前の結婚時代からつきあっている人たちもいた。「奥さんの昔からの友達を受け入れることもでき，夫婦二人で新しい友人もつくれるというのは，あなたの人間性が深い証拠ですね」と，私は大いにほめた。

立場は曖昧になったか

　セラピストとしての立場と友人としての立場がいちばん曖昧になりかけたのは，贈り物に関してだろう。最初のうちダグラスは，なんとか私に好意をもってもらいたくて，しきりに贈り物をくれたがった。私は同僚セラピストのアドバイスを受けつつ，贈り物などなくてもちゃんと彼を受け入れることをダグラスに納得してもらえるよう，努力を続けた。そうした彼の贈り物癖は，子どもにお金を与えたり，孫にプレゼントを買ってやったりするという形でもあらわれていた。家族に対しても私に対しても，好かれたいという気持ちが贈り物癖となってあらわれるのだということを彼が理解できるように，私は援助していった。

　私への毎週の贈り物は数週間続き，そのあいだ私はずっと，それを断りつづけるという自分の一見無作法な振る舞いに，いやな気持ちを味わっていた。こうしたケースでは，クリニックの同僚セラピストに相談し，そのアドバイスを受けるのがとても役に立つことを，私は実感した。特に，いくら言ってもプレゼントをやめようとしないダグラスに怒りの気持ちがわいたときには，同僚が，「腹が立つのも当然よ」と言ってくれ，ダグラスにどう説明すればいいか一緒に考えてくれたことで，大いに救われた。

　ダグラスの贈り物癖には，単純に断っただけではすまされない心理が隠されていた。カウンセリングを受けるお礼に贈り物をすることで，彼は私との関係を強固なものにしたいと願っていたのだ。セラピストとクライエントの関係にはプレゼントは必要ないということを理解して贈り物をやめてくれるように，私はダグラスへの説明を続けた。やがて毎週の贈り物はやんだが，冬の休暇のあとにはお土産をもってきた。このお土産は，セラピーにおいて彼が私と対等な立場であると感じるためにどうしても必要なのだろうと私は考え，それは受

け取ることにした。しかしながらセラピーにおいては，セラピストの好意をかうためにプレゼントが用いられたり，プレゼントをもらったせいでセラピストの側に遠慮が生じ，変化をもたらすための苦しい努力をクライエントに勧めるのをためらう事態が生じたりしないよう，十分に注意しなければならない。セラピストとクライエントという，これまでにあまり経験したことのない関係に馴染めない高齢者は往々にして，もっと自然だと思われる人間関係の雰囲気を，セラピーに持ちこみたがる。尊敬する相手，手助けしてくれる相手に贈り物をすることで，雰囲気が和らぐように思いやすいのである。

時間の経過とともに，セラピー関係にどのような変化があったか

　メアリの健康状態が悪化し，記憶障害もあらわれたことが，ダグラスの精神状態にはプラスの作用をもたらした。状況をコントロールする力が，自分に戻ってきたと感じたからである。メアリの物忘れが激しくなったことが，特に大きな影響を与えていた。メアリの健康状態が悪くなったとき，私はむしろ，その世話や経費のことでダグラスが頭を悩まし，さらに状況が悪化するのではないかと心配した。だが実際にはダグラスは，以前より冷静にものごとを処理できるようになった。もしかすると，それまでは喧嘩のたびに妻が，「もう離婚だわ！」とわめくので，また見捨てられてひとりぼっちになってしまうのではないかと不安だったのだが，もう彼女が離れていってしまう心配がなくなって，ほっとしたのかもしれない。また，おそらくはメアリの不調のせいでダグラスは，最初の妻の死を悼む気持ちとはじめてじっくり向きあえたのだろう。それまでの彼は，すぐに再婚することで，その気持ちを抑えつけてしまっていたからである。最初の妻は発病後ほどなくして亡くなったが，それまでのあいだダグラスは，一生懸命に看病した。だが当時は子どもたちも幼かったから，その世話も大変だった。病気の先妻を親身に看取れたという満足感もあったものの，自分自身と子どもたちが今後どう暮らしていけばいいのかという不安のほうが，それにまさっていたのである。

　冬のあいだアリゾナですごし，毎週の面接を休んだことは，もう自力でやっていけるというダグラスの自信をはぐくむのに役立ったと思われる。ダグラスと妻がアリゾナですごす日数は，年々長くなっていった。そのあいだに彼は，

毎週の面接なしでも大丈夫だということに気づいていったのだろう。

セラピー関係はクライエントとセラピストに，どのようなメリットやデメリットをもたらしたか

　この事例の反省点としては，私がもう少し毅然とした態度で，てきぱきとことを運んでいれば，セラピー終了までにこんなに時間をかけずにすんだのではないかということがあげられる。このクライエントの場合，洞察することが困難だったので，じっくりと話しあって，一歩一歩着実に理解を進めてもらうという方法をとった。その週に何があったか，そのときにどう振る舞ったかをダグラスに話してもらい，それを聞いた私が，それまでに面接で出た話題のなかから，関連があると思われる事例を挙げる。そして，それについて二人で考えていくのだ。ダグラスはいつも，「先生はよく，そんなに細かなところまで，俺が前に話したことを覚えているなあ！」と感心していたが，私に言わせてもらえるなら，彼のほうがあまりにも，前に起きたことと関連づけて，自分の人生の意味をそこから学ぶということが少なかったのだ。ダグラスはまた，大人になってからの不眠の原因が父親の飲酒癖にあったことを洞察してからは，それまで説明のつかなかった自分の気持ちを，なにもかもその洞察と関連づけようとした。

　このセラピーのあいだには，とても大きな変化が起きた。最初のうち私は，彼の力になれるかどうか，自信がなかった。ダグラスはセラピーの場でも主導権を握りたがり，私はそんな彼に，おびえを感じていたからだ。私の側の，当初のそうしたおびえの気持ちが，セラピーを長引かせる一因になったことは間違いない。彼の怒りが爆発しないようにと用心深くなった私は，もっとなんでも話せる関係を築こうと時間をかけた。本当なら，彼の怒りそのものをセラピーで取りあげるべきだったのに，おびえの気持ちが先立ってしまい，それができなかったのだ。だが，彼のことがわかってきて，その振る舞いの底にあるものが見えてくると，彼が自分を変えようと一生懸命なこと，人をおびえさせるような行動をとるのは自分の傷つきやすさを隠すためだということに，私は気づいた。今後はもう犠牲者意識に苦しみたくない，自分で状況をコントロールできるという自信をもって老後を楽しみたいと，彼は心から願っていたの

だ。3年目には妻メアリの病状が悪化し，記憶障害もあらわれた。そして，そうした妻にダグラスは，これまでより穏やかな気持ちで接することができるようになった。妻がきついことを言ったり喧嘩腰になったりしても，それにあまり腹を立てず，具合が悪いのだからしかたがないと思えるようになったのだ。妻がいろいろなことを忘れてしまっても，ダグラスは辛抱強く相手をし，必要とあらば何度でも同じことを言って聞かせた。

この事例の教訓は？

　セラピストとクライエントの年齢差や性差がもたらす影響を，軽く考えすぎてはいけない。ダグラスと私には40歳という年齢差があり，育った時代もまったく違っていた。そんな相手のセラピーを受けることに，はじめのうちダグラスは，大きな違和感を感じているようだった。私をおびえさせるような行動をとったり，やたらに贈り物をくれたりしたがったのは，若い女性セラピストに対して主導権をとろうとする気持ちが強かったからだろう。だが幸いにもこの事例では，通常の友達関係を結ぶときのようなそうした振る舞いはやがて減り，プロのセラピストとクライエントとしての関係を築くことができた。もしそのようにうまくことが運ばない場合には，セラピストとクライエントの年齢差や性差について，きちんと取りあげて話しあう必要がある。セラピーの場でそのことを直接話題にするところからはじめるのだ。クライエントがそのような行動をとるのは育ってきた時代背景の影響が大きいという言いかたをすれば，自分の人格が非難されたという気持ちを，クライエントにあまり与えないですむ。こうした話しあいはあくまでもクライエントに対する教育の一つであって，けっして責めたり罰したりするのが目的ではないことを，セラピストは忘れてはならない。もしそれでも改善が見られなければ，もっと年長の男性セラピストに交代してもらうほうがいいだろう。交代するかどうかは，セラピーの目的がどこにおかれているかも考えながら決める必要がある。

　現在の自分に起きていることと，過去の出来事とを結びつけて考えられるようになるまでには，どのようなクライエントの場合にも時間がかかる。そうした考えかたに慣れていないクライエントの場合には，なおさらだ。なかでも高齢の男性クライエントにとっては，セラピストとのあいだに信頼関係を築い

て，自分の感情をよく吟味し，それを言葉であらわすことが，とりわけ難しいようである。

　セラピー関係につきものの転移と逆転移についても，十分な配慮を払う必要がある。当初に私が抱いた，おびえやためらいの気持ちは，父親的なものへの典型的な逆転移だといえる。ダグラスの直接的で攻撃的なやりかたが，私自身の父親の振る舞いと重なって見えたために，親を前にした子どものような気持ちになってしまったのである。これに類する逆転移が起きた場合には，その気持ちのままに行動せず，セラピストとクライエントという関係に立ち返って考えることが大切だ。逆転移が起きていることをきちんと意識していれば，同僚や先輩などといったスーパーバイザーに相談することができ，自分の感情を冷静に見られるようになる。そうなればその逆転移の気持ちを，クライエントの役に立つ形で利用することも可能になるのだ。もしどうしても逆転移がセラピーの妨げになるようなら，クライエントを他のセラピストに任せる必要が出てくるだろう。

　ダグラスのほうでは私のことを，同じぐらいの年齢で亡くなった先妻のように感じている様子だった。そのような転移を起こすことで，罪の意識を和らげ，自分が人生をコントロールできると感じていた時代に戻れるような気がしたのだろう。

（ルース・E・ダンクル）

文献

Knight, B. (1996). *Psychotherapy with older adults*. Thousand Oaks, CA: Sage Publications.
Lebowitz, B. (1996). Diagnosis and treatment of depression in late life: An overview of the NIH consensus statement. *Journal of Geriatric Psychiatry* 4(Suppl. 4), S3–S6.
Levine, L. (1996). "Things were different then": Countertransference issues for younger female therapists working with older female clients. *Social Work in Health Care*, 22(4), 73–87.
Muslin, H.L. (1992). *The psychotherapy of the elderly self*. New York: Brunner/Mazel.
Unutzer, J., Katon, W., Sullivan, M., & Miranda, J. (1999). Treating depressed older adults in primary care: Narrowing the gap between efficacy and effectiveness. *The Milbank Quarterly*, 77(2), 225–256.

第3章
プロとしてどこまで介入すべきかをわきまえる

1. クライエントの背景

　マリー・スミスは，知的で独立心旺盛で意志の強い，74歳のアフリカ系アメリカ人の女性だった。三人の子どもを育てあげ，慢性関節リウマチのために退職するまでは，大病院で働いていた。病状は15年ほど前から思わしくなかったが，ある時期までは，身のまわりのことは，なんとか自分でやれた。だがついに寝たきりになり，介助なしでは動けなくなってしまった。失禁，糖尿病，高血圧もあった。動けないせいと糖尿病のせいで，足や脛(すね)がしょっちゅうむくみ，潰瘍ができていた。
　未亡人のミセス・スミスには息子さんが一人と娘さんが二人いたが，どの子もあてにはできなかった。娘さんは二人とも別の州で暮らしており，息子さんは同じ家の地下室に住んでいたものの，外出がちなのでほとんど手は借りられなかったからだ。週に何度か訪問看護師が来て，血圧と血糖値を測定し，傷の手当てをしていた。食事の準備や入浴介助，家事援助などのために，ヘルパーも通っていた。大学生が一人，ミセス・スミス宅に下宿しており，夜間はその人が手助けしてくれた。
　ミセス・スミスは一般ケア用の保険給付金を限度近くまで使いきってしまったため，最近，保険会社のほうから，在宅ケアサービスへの支払い額を大幅に減額されていた。しかも困ったことに，「専門ケアの保険給付対象には，ミセス・スミスは該当しない」という判定が，保険会社から下されていた。在宅ケアサービスへの1日の支払い額が8時間ぶんから4時間ぶんへと減額されたせいで，かねてから頼んでいた在宅ケア機関から受けられるサービスは，ごく限られたものになってしまった。これまでどおりのケアを受けなければとても

やっていけないとミセス・スミスは考えていたが、自力で支払いをする経済力はなかった。さらに悪いことに、下宿していた大学生も引っ越してしまった。

　困ったミセス・スミスは、委託先を別の在宅ケア機関に変えたらどうかと、あれこれ探してみた。現在の給付額で、もっとたくさんのケアを引き受けてくれる機関があるのではないかと考えたからである。だが、答えはどこも同じだった。専門ケアの保険給付対象ではないと判定されており、一般ケアの保険給付額をほぼ使いきってしまっている以上、どの機関も引き受けてはくれなかったのだ。彼女はメディケイド［州と連邦政府が共同で行う、低所得者や身体障害者のための医療扶助制度］の受給資格者だったが、それだけでは、必要と思われるケアを十分に受けられないことは明らかだった。保険会社2社と契約していたのだが、そのどちらもが、追加ケアへの保険給付は認めてくれなかった。それ以上のケアが必要なら、老人ホームへの入所を考えるべきだというのだ。それまで頼んでいた在宅ケア機関も、同意見だった。自分で身のまわりのことができず、家族の手助けも得られず、経済的にも苦しい以上、しかたがないだろうというのである。だがミセス・スミス自身は、老人ホームにはどうしても入りたくないと考えていた。

　彼女が在宅ケア担当のソーシャルワーカーに、「最近、気持ちが沈んで全然元気が出ない」と訴えたことで、自宅でのカウンセリングが開始されることになった。

2．介入の概要

　私は4カ月近くにわたって、ミセス・スミスの訪問カウンセリングを担当した。最初のうちは週1回、1カ月半ほど経過してからは月2回のペースで、訪問を行った。何回かは、福祉サービス機関に連絡をとったり、訪問ヘルパーたちとの打ちあわせをしたりする必要も生じたが、私が訪問した時間の大半は、ミセス・スミスとの一対一でのカウンセリングにあてられた。この介入の目的は、彼女がうつ状態から抜け出すのを助け、現在の状態で何が可能かを明確にして、老人ホームに移る必要がはっきりすれば、その手助けをすることだった。

多くのセラピストが直面しやすい課題のいくつかが，ミセス・スミスのケースでも浮上してきた。たとえば，訪問カウンセリングならではの難しさ，ケアマネジメントとカウンセリングの一体化，クライエント自身が自分のケアマネジャーになりたがる傾向，などがそれだ。だが最終的にはこのケースは，文化的な共通点や信仰が，介入をうまく進めるうえで大いに役立つことを示す事例になったといえると思う。

　第一の課題である，訪問カウンセリングならではの難しさについて述べてみよう。高齢で健康状態のすぐれないクライエントへの訪問カウンセリングは，なにかと難しい面が多い。たとえば，親戚および（あるいは）介護者がそばにいるせいで，クライエントとセラピストが信頼して話しあえる関係を結びにくいことが少なくない。また，カウンセリング時に訪問看護師やヘルパーも来ているせいで，セラピストとクライエントが集中的に向きあえず，カウンセリングがうまく進まないこともある。ミセス・スミス宅への初回の訪問の様子を述べれば，訪問カウンセリングにはいかに邪魔が入りやすいかを理解してもらえるだろう。セラピストの側もクライエントの側も，こうした状況下でカウンセリングに気持ちを集中するのは容易なことではない。

　初回訪問の直前に私はミセス・スミスに電話を入れて，「これから伺いたいのですが」と都合を尋ね，「どうぞ，来てください」という返事をもらっていた。だが，いざ到着してみると，家のなかはてんやわんやだった。ひっきりなしに電話が鳴り，訪問看護師やヘルパーたちも，仕事の真っ最中だったのだ。私が寝室に入っていったとき，ミセス・スミスは，ヘルパーの一人に仕事の指示を出しつつ，看護師のケアを受け終えるところだった。

　寝室のしつらえは，なかなかきちんとしていた。ベッドの枕元のテーブルには，スピーカーホン［マイクロホンとスピーカーが一つになった送受話器］や，重要な書類を入れた青いプラスチックのかごが載っている。ベッドから少し離れたところには，ポータブルトイレと箪笥が置かれていた。壁には，低血糖時および高血糖時の諸症状を列挙した表が貼られている。病院用ベッドに横向きに腰掛けている初対面のミセス・スミスは，小さくて弱々しく見えた。両脚は，ベッドにぴったりくっつけて置かれた，背もたれがまっすぐの椅子の座面に投げ出されている。ベッドの反対側の少し離れたところにも，同じような椅子があった。その後，訪問のたびに私が座ることになる椅子だった。

10分ほどで看護師が帰ると，室内はようやく少し落ち着いた。ヘルパーたちは台所で，ミセス・スミスの昼食の用意をしている。だが，いざ一対一で話をはじめようとすると，二人のヘルパーが代わる代わる何度も，昼食についての指図を聞きにあらわれた。その合い間の，ごく短い時間をとらえて私は，「前にあなたの担当だったソーシャルワーカーから，あなたがかなり沈んでいらっしゃると聞いて伺いました」と説明した。「最近も，ご気分がすぐれないことが多いですか？」と尋ねると，よく事情がのみこめない様子で，「まあ，あんまり調子がいいとはいえないけど……」と答える。「少しでも明るい気持ちになれるように訪問カウンセリングをしたらということで，私が伺ったんです」と言うと，ミセス・スミスはようやく思い出したという表情で言った。「ああ，あなたが来るって，前のソーシャルワーカーさんが言ってたわよね」。
　それからミセス・スミスは，二人のヘルパーに私を引きあわせた。互いに名乗りあったところで，ミセス・スミスが私に言った。「ええと，あなた，どこから派遣されて来たんでしたっけ？　この人たちに教えてあげてちょうだいな」。かたほうのヘルパーが，「私がここに来られるのは今回が最後なので，もう一人が引き継ぎのために一緒に来てるんです」と私に説明した。「この人が来られなくなるのは寂しいわ」とミセス・スミスは言い，「やっと仕事に慣れたころに，みんな交代しちゃうのよね」とぼやいた。そのヘルパーはさらに，そばにいる幼い女の子は自分の娘だと説明した。「毎日，一緒に連れて来てたんですか？」と尋ねてみると，そういうわけではないという。するとミセス・スミスが口をはさんだ。「私，子どもは大好きだから，連れてきたってちっともかまわないのよ」。
　最初のうちミセス・スミスは私に対して，いちおう礼儀正しく友好的だったものの，あまり心を許してはいなかった。私のいる前でもひっきりなしに電話をかけたり受けたりして，ケアを引き受けてくれるところを探している。その様子からは，電話を通じてなんでも自分でやれそうな感じだったが，観察しているうちに，じつは不安そうで少々ぼんやりしているのがわかってきた。私がどこの機関から派遣されたのかを彼女は何度も何度も尋ね，私はそのたびに，詳しい説明を繰り返した。彼女はまた，私の勤務先であるターナー・クリニックが，ミシガン大学病院の付属組織なのかも知りたがった。「そのとおりです」と答えると，彼女は言った。「私は何年も，あの大学病院で働いていたのよ。

それなのにあの病院は，私のケアサービスを打ち切るっていうの」。かつての勤務先が大学病院だったことから，ケアの打ち切りを決めたのも同じところだと，彼女は思いこんでいたのである。

　第二の課題も，初回の訪問時からすでに顔をのぞかせていた。高齢のクライエントのケアを手がけるセラピストは，ケアマネジャーとカウンセラーという二つの役割を，同時に果たさねばならないことが多い。訪問カウンセリングを行っている私たちは，クライエントの日常生活を知り，そのクライエントが日々の問題にどう対処しているかを観察する，またとない機会を与えられている。ミセス・スミスのケースでは，もっと十分なケアを受けたいという身体的ニーズが満たされないことが原因で，うつという精神的症状があらわれているのは明らかだった。そこでうつ状態改善のためにはどうしても，ケアマネジメントとカウンセリングの両方を行っていく必要があったのである。通常のケースで私がケアマネジメントも手がける場合，その仕事はかなり多岐にわたることが多い。だがミセス・スミスの場合には，あちこちの在宅ケア機関や保険会社に電話して交渉することと，同居して面倒を見てくれる人を探すために，これまたあちこちに電話をかけることが，ケアマネジャーとしての仕事のほとんどすべてだったといっていい。

　ミセス・スミスを支えるサポート・ネットワークがどの程度のものかを知り，誰か力になってくれる人はいないか探すために，私は彼女に，親類や友人，教会仲間などに助けを求めたらどうかと提案した。「友達は何人かいるけれど，いちばんの親友は，私と同じでからだの具合が悪いの」というのが，彼女の答えだった。教会仲間も，ときには立ち寄ってくれることなどはあったものの，彼女によれば，「私みたいに長いこと病気だと，みんなから忘れられちゃうのよ」ということだった。「誰か助けてくれそうな人の心当たりがスミスさんにあれば，私から電話して頼んでみましょうか？」と尋ねると，切り口上で，「さしあたっては結構よ」とつっぱねる返事が返ってきた。

　こうしたやりとりからも明らかなように，自分がどのような援助を受けるかの決定については自分自身が主導権をもちつづけたいというミセス・スミスの強烈な気持ちが，第三の課題だった。彼女のようなタイプのクライエントたちは，援助が必要な場合にも，自分の生活をなかなか人任せにはできず，強い主導権を行使しようとしつづける。いわば，自分が自分のケアマネジャーになろ

うとするのだ。初回訪問時から，その傾向ははっきりと見てとれた。私がいるあいだにも自分であちこちに電話して，ケアサービスを受ける交渉をしていたからだ。ヘルパーたちにもひっきりなしに中断されながら 30 分ほど話した時点で，私はついにあきらめた。もっと落ち着いて話しあえるときに出直そうと決め，「また今度，あらためてお邪魔します。1 時間ぐらい時間をとっていただくことになると思います」と言ったのだ。するとミセス・スミスは，「ところで，今日お話ししたことは，他の人には言わないでおいてもらえるわよね？」と聞く。「もちろん，カウンセリングでのお話はすべて，他にはもらしません」と答えると，彼女は満足げにうなずいた。つづいて次回の日取りを決めるやいなや，また電話が鳴る。子機のボタンを押した彼女は私のほうに向き直り，「これからちょっと，この人と話さなくちゃならないの」と言う。「それでは，来週また来ます」と言う私に，いかにも主人然とした答えが返ってきた。「ええ，いいわよ。またそのときに，お話ししましょ」。

　家を出る前に，私はヘルパーたちに挨拶をした。先任のほうのヘルパーが，戸口まで見送ってくれながら言った。「また来てくださるのね。よかった。だって，このところスミスさん，ほんとうに沈みこんでるんですもの」。「この家で働くのは，とても楽しかった」とも，そのヘルパーは話していた。帰りの道すがら，私は考えた。自分がどんなにせっぱつまった状況かをミセス・スミスは素直に認めることができず，現実を否定しようとしているのだ。今度のことで彼女が自分の限界に気づき，現実をありのままに見つめて老人ホームへの入所を受け入れる気持ちになってくれればいいのだがと，私は思った。だが，彼女の自尊心や自立心をそこなわずにそれを勧めるのは，難しい仕事になりそうだった。

　ケアマネジメントの仕事の一つとして，私は 2 回目の訪問前にミセス・スミス本人に頼まれて，委託先の在宅ケア機関に何度か連絡をとり，彼女の窮状を説明して，ケアを中止しないでほしいと頼みこんだ。私なら在宅ケア機関を説得できるかもしれないと考えて，ミセス・スミスが頼んできたのだ。前任のソーシャルワーカーとも再度話しあったところ，「気持ちが沈む」という訴えがミセス・スミス本人からあったことも確かだが，じつはそれ以上に在宅ケア機関のほうから，ぜひとも老人ホームへの入所を納得させてほしいということで，訪問カウンセリング実施の依頼があったのだという。「ものすごくたくさ

んのケアを受けられないかぎり、自分は長くは家にとどまっていられないことに、スミスさんは気づきはじめてるんだと思うわ。だからこそうつ状態になってるのよ」というのが、前任のソーシャルワーカーの意見だった。ミセス・スミスの子どもたちのうち誰の顔も見たことがないと、ソーシャルワーカーは強調した。同居している息子さんはたぶんアルコール依存症で、そのためにミセス・スミスは息子さんを頼れないのではないかと、ソーシャルワーカーは推測していた。私は、在宅ケア機関から派遣されている看護師の意見も聞いた。「スミスさんには特別のケアが必要ですが、もし息子さんなり他の家族のかたなりが引き受けてくれるのであれば、その方法を私たちが指導することは可能です。傷の手当てをし、血圧や血糖値を測れるよう、トレーニングしますよ」と看護師は言った。ことわっておくが、ミセス・スミスのケースについて、こんなふうにさまざまな相手と話しあったり交渉したりしたからといって、「あなたに話したことは内密にしてほしい」という彼女の希望にそむいたわけではない。なぜならミセス・スミス本人が、自分の代理として、私にそうしてほしいと望んでいたからだ。それに私は、ミセス・スミスについての不必要な情報まで相手にもらさないよう、十分に気をつけた。

　だが、そのようにして情報収集していくうちに私は、「これは無理だ」という気分に打ちのめされていった。今以上の援助を確保するのは絶望的に思えたからだ。ミセス・スミスのことがとても気の毒に思われたし、それ以上に、「いちばん緊急の問題を少しも解決してあげられない自分は、なんて力不足なんだろう」と滅入ってしまった。十分なケアが受けられるようにして、彼女が自宅にとどまっていられるようにできない自分が、とても情けなかった。2回目の訪問をする予定になっていた日、私はまた、クリニックを出る前にミセス・スミスに確認の電話をした。すると、「今日は私、忙しいから、またにしてくれない？」と言う。「早くあなたに来てもらって、憂うつな気分について話したいとは思ってるのよ。でもまず、助けてくれるところを探す問題のほうを、なんとかしないとね。2週間後だったら、たぶんお会いできるわ」というのである。

　必要なケアを十分に確保できないことからくるいらいらを言葉に出せる場をつくることがこの訪問カウンセリングの目的だということは、前回のミセス・スミスとの話しあいで、いちおうの確認ができていた。できるだけ早い時期に

信頼関係を築き，うつ状態の原因がどこにあるのかをはっきりさせることがソーシャルワーカーとしての私の仕事だということは，よくわかっていた。だが，そのいっぽうで私は，この訪問カウンセリングに関してはあまり焦らずに，ミセス・スミスの自発性を尊重するのが大事だろうとも思っていた。なにしろ，あれだけいろいろな人が家に出入りしているのだから，予定どおりに進むはずがない。そこで，訪問時の厳密なスケジュールは，あえて立てないことに決めた。理由は二つある。第一に，そうすることで私自身が，カリカリと進行具合を気にしないですむ。そして第二に，私のほうがゆったりしていれば，ミセス・スミスも落ち着いて，リラックスした気分になれるはずだからだ。

　だが，特に最初の何回かの訪問では，焦らずにミセス・スミスの自発性を尊重していくのは，至難の業に思えた。あまりにたくさんの機関と連絡をとっていたミセス・スミスは，私が何の目的でどこから来ているのかを，しょっちゅう忘れていた。したがって当然，私を信頼する気になどなれず，気持ちを打ち明けるなど，もってのほかだった。訪問してみると，いらいらしながら保険会社や在宅ケア機関に電話している最中であることも，めずらしくなかった。また，事前によく相談して訪問する日や時刻を決めているのに，いざ行ってみると，必ず看護師やヘルパーの邪魔が入るのだった。そうした邪魔に平静に対処し，ミセス・スミスの信頼を得るためにも，訪問時のスケジュールを細かく決めないことは，ぜひとも必要だった。話の流れはミセス・スミスに任せ，私は静かにそれを聞いた。最初のうちは，老人ホーム入所の話題には，いっさいふれなかった。その選択肢は絶対に受け入れられないと，ミセス・スミス本人が言っていたからである。

　はじめの何週間か，私は鍵のかかっていない玄関から入って寝室に行き，「スミスさん，シャーリーです」と声をかけた。「ブラインドを開けてくれるかしら？」などと，ミセス・スミスはさっそく私に用事を頼むことが多かった。そうした用事をすませてから私は椅子に腰を下ろし，彼女の心配事についての話を聞いた。途中で誰かの邪魔が入ったときにも，カウンセリングの終了予定時刻まではそのまま腰かけていて，その後，いとまを告げるようにしていた。

　私はつねに，到着時刻と訪問を切りあげる時刻は，きちんと守りつづけた。そうすることで，私に割り当てられた時間をきちんと印象づけたいと思ったからだ。そのかわり，その時間内にどんなことが起きてカウンセリングを中断さ

れても，気にしないようにした。たとえばあるときには，ミセス・スミスは私に，例の青いかごのなかのたくさんの書類のなかから，二つの保険会社の電話番号を探してくれと言いだした。それはべつだん，難しい仕事ではなかった。ミセス・スミスはヘルパーに頼んで，全部の手紙に日づけをメモし，差出人のアルファベット順に並べてもらってあったからだ。通常は，訪問カウンセリングの最中にはそのような仕事は引き受けないのは百も承知だったが，私はあえて，ミセス・スミスのスピーカーホンを使って，保険会社に問いあわせの電話もした。それには，いくつかの目的があった。まず，そうすることで，保険会社が実際にはミセス・スミスにどんなことを言っているのかがわかる。また，ミセス・スミスの代弁者としての役割も果たすことができるし，彼女に理解しにくい部分があれば，説明することもできる。このように，普通の形式にとらわれない接しかたをつづけていけば，ミセス・スミスも私の訪問時刻をちゃんと覚えているようになり，終了予定時刻が来なければ私が帰らないことを理解するようになるのではないかと，私は期待していた。そして実際，ミセス・スミスの態度はしだいに変わっていった。カウンセリングの時間中は他の人に邪魔させないようになり，自分のつらさについて話しはじめたのである。

　ミセス・スミスの信頼を得るために，私は自分自身のことについても積極的に自己開示するようにしていた。彼女に向かって自分のことをいろいろ話すのは，他のクライエントに対してそうするより，比較的やりやすかった。私たち二人には，アフリカ系アメリカ人だという共通点があったからだ。クライエントとのあいだに，同じ人種などといった共通点があると，心の壁を低くしてもらいやすい。言葉や文化が似通ったクライエントとは，セラピーに役立つような信頼関係も，比較的短期間のうちにつくりやすい。ミセス・スミスのケースも，まさにそれだった。たとえばごく初期の訪問の際にミセス・スミスは，「あなた，どこに住んでるの？」「どのぐらい前から，そこで暮らしてるの？」「高齢者ケアの仕事は，いつからやってるの？」といったことを尋ねてきた。そこで私は，大学院に通うことになったので，この土地に引っ越してきたのだと説明した。「あら，あなたすごいわね」と，ミセス・スミスは感心してくれた。「それじゃまだ，知りあいが少ないでしょう？」と聞くので，このあたりには親戚がたくさんいると答えると，「じゃ，もしかしたら私の知りあいのなかに，あなたの親戚の人もいるかもしれないわね」と言う。具体的な共通の知

人の名は出なかったものの，そのようなやりとりがあったおかげで信頼関係が深まり，親しみも増したことは間違いない。そしてその結果，私の訪問中，ミセス・スミスが前よりリラックスしていられるようになったと思う。

　ミセス・スミスは，子どもたちのことはほとんど話そうとはしなかったが，私は息子さんの姿を，ちらりと見かけたことがあった。訪問カウンセリングの際に，「息子はあてにできない」という言葉が何度か出たが，外出がちだということ以外，ミセス・スミスはその理由をはっきり述べようとはしなかった。だがしばらくたってから，「息子が夜，勤めに出るようになったのよ。仕事が見つかってよかったわ」とだけ話してくれた。末の娘さんとは，音信が途絶えていた。この娘さんの夫は軍隊におり，最後に連絡があったときには，娘さんはノースカロライナで暮らしていたという。娘さんとのあいだに何があったのか，どうして音信不通になってしまったのかを，ミセス・スミスは話そうとしなかった。「とりかえしのつかない出来事が起きることってあるのよ」と，ふとした折りにもらしただけである。

　あるとき，私は，「スミスさんのいちばんの望みは，上の娘さんにここで一緒に暮らしてもらうことじゃないんですか」と尋ねてみた。「私と14歳しか違わない上の娘とは，とても仲がいいのよ。でも，電話ではしょっちゅう話すけど，直接は会えないので寂しいわ」という話を，ミセス・スミスから以前，聞いていたからだ。だが，私が同居の話をもちだすと，「それは無理よ。あの子も病気なんだから」と，にべもない。どんな病気なのかと尋ねると，「私と同じよ」と言う。「それじゃ，娘さんのことがご心配でしょう？」と，私は重ねて言った。同居すれば娘さんの具合もよくわかって好都合だと，ミセス・スミスが考えてくれないかと思ったからだ。だが，それに対してミセス・スミスは，「娘のことを心配しない母親はいないし，母親のことを心配しない娘はいないわ」と答えただけだった。「お母さんが今，とても困っているってこと，娘さんはご存じなんですか」と尋ねると，知っているという。だが，「私から娘さんに電話してみましょうか」という提案には，きっぱりした断りの返事が返ってきた。別の折りにも私は何度か，上の娘さんの電話番号を尋ねたのだが，ミセス・スミスは教えてはくれなかった。もっとも，むげに拒否されたわけではなく，「いずれ，そのうちにね」という言いかただった。こうしたやりとりもまた，ミセス・スミスが自分の生活についての決定権を失いたくないと考え

つづけており，その気持ちを私が尊重していたことのあらわれの一つだといえるだろう。

　この訪問カウンセリングの最大の目的は，病状が重いのに十分な助けを得られないことへの不満感やつらい気持ちをミセス・スミスに話してもらって，その支えとなることだった。カウンセリングを進めていくうちに，彼女が頭のいい，物言いのしっかりした女性であることがわかってきた。病気のケアについても日常生活についても，彼女はちゃんと実質的な主導権を握りつづけていた。そのことから考えても，うつ状態は精神疾患からきているのではなく，あまりにも厳しい状況のせいで一時的にあらわれただけなのは明らかだった。「いろいろと制約があるのに，ご自分でこれだけできるなんて，すごいですね」と，私はたびたび言葉に出して彼女をほめた。それに対するミセス・スミスの答えは，「他に方法がないからよ。だから諦めるわけにはいかないの」というものだった。

　訪問カウンセリングを通じて私はミセス・スミスに，彼女のうつ状態の最大の原因は，病状が悪化したせいで自分に必要なことを自分でやれなくなってきたために，「私は無力だ」と感じている点にあることを気づかせようとしていった。だがミセス・スミスは，「そうしょっちゅう暗い気持ちになるわけではないし，信仰が私を支えてくれてるわ」と言って，なかなかそれを認めようとしない。そこで私は，どんなことがあると暗い気持ちになるのかを尋ねた。「ケアを受けつづけられるように，あっちこっちと言い争ってるうちに，だんだん暗くなっちゃうのよ」というのが答えだった。私はゆっくりと時間をかけて，どんなときに憂うつな気分がはじまるかを，詳しく尋ねていった。そのことに考えを集中するのは，ミセス・スミスにとって，なかなか難しいことだった。だが，つきつめて考えていくと，彼女の思いはいつも，重い慢性疾患があるのに十分な助力を得られないことへの苛立ちに行き着くのだった。ところが，カウンセリング開始から数週間たったころ，不安感や怒りが大幅に軽減され，気分がずいぶん明るくなった。その最大の理由は，新しい女性の下宿人が見つかったことだった。保険会社からは相変わらず1日に4時間のケアしか認められていなかったが，その下宿人のおかげで彼女は，だいぶ楽観的になれたのである。

　しかし私はまだ，彼女の身の安全が気がかりだった。1日のうち長い時間

を，玄関の鍵を開けたまま，一人ですごしていたからである。私の訪問日には1日3時間，そうでない日には1日4時間ほどを，ミセス・スミスはそうやってすごしていた。やってくるヘルパーが家に入れるように，玄関の鍵は開けておかなくてはならなかった。ミセス・スミス自身が，ヘルパーに鍵をもたせたがらなかったからだ。ヘルパーの来る時刻がはっきりしないため，ことはいっそう厄介だった。ヘルパーたちは予定時刻に到着しないことが多く，突然都合がつかなくなったときの交代にも時間がかかるし，結局手配がつかなくて，誰も来ないままになることさえあった。そのようなときにはミセス・スミスはずっと体位交換をしてもらえず，同じ姿勢のままでいなければならなかった。私は，訪問カウンセリングのあとには必ず，ミセス・スミスができるだけ楽にすごせるように世話をしてから，家を出るようにしていた。たとえば，ミセス・スミスに頼まれたとおりに医療用手袋をはめ，椅子に載っていた彼女の足を床におろしてから帰ったこともある。ずっとその姿勢でいるのが，つらくなっていたからだ（手袋をはめたのは，ミセス・スミスの足や脛に水泡や傷ができていたからである）。

　さまざまな周辺状況が変化すれば，当然，セラピーの最終目標も変わってくるが，クライエントのニーズが新たに明確になることで，セラピーの最終目標が変わることも少なくない。ミセス・スミスのケースが，まさにそれだった。自宅にとどまりたいという強い願いを聞かされつづけた私は，「彼女が老人ホームに移る手助けをする」ということを最終目標にするのは間違いではないかと思うようになった。彼女のケアを請け負っている在宅ケア機関から私宛てに，「あんなに要求の多い，うるさいお客は困る」という苦情電話が何度もかかってきたこともあって，最初のうちは私も，老人ホームへの入所を勧めることをいちばんの目標としていた。そのうえ，新しくミセス・スミスの担当になったヘルパーたちが何人も，「あの人の世話はいやだ」と言いだして，やめてしまっていた。私が事情を尋ねるとミセス・スミスは，「だって，新しく派遣されてきた人たちは，ちゃんと訓練を受けてなかったのよ」と言う。ミセス・スミスはその在宅ケア機関の宣伝と実情の違いを自分の弁護士に訴え，依頼するケア機関を変えた。そして私に，「そうするべきときが来れば必ず老人ホームへ行くけど，今はまだ，そのときじゃないわ」と言いきった。

　そこで私は，「ケアサービスを受けつづけるために，こんなに大変な思いを

しているのに，どうしてまだ，老人ホームへ行こうとは思わないんですか？」と尋ねてみた。ミセス・スミスの答えは，こうだった。「だって，老人ホームに入ってる人たちが受けてるケアがどんなものか，よく知ってるもの。だから，戦う力が残ってるかぎり，私は家に居つづけるつもりよ」。そこで私は再び，気にかかっている彼女の身の安全のことを持ち出した。「スミスさんが一人だけのときが心配なんです。夜もたまに下宿人のかたが留守のときがあるし，昼間はしょっちゅう，玄関の鍵を開けたまま一人だけでいなければならないでしょう？」。だが，「これまでもずっとそうやってきたけど，なんの問題も起こらなかったんだから，そんな心配は無用よ」というのが彼女の返事だった。「それに，私だって警察への電話のしかたぐらい知ってるわ」。そこまで彼女が言うのを聞いた私は，「新しい下宿人も見つかったことだし，現時点ではミセス・スミスにとって，自宅でこのまま暮らすのが最善なのだ」と思い直した。そこで，「どうしてもここに残りたいというお気持ちは，よくわかりました。私にできるお手伝いがあれば，なんでもさせていただきます」と話した。だが内心では，「私にできることは，ほとんどなさそうだわ」という気がしていた。

　私は経験から，アフリカ系アメリカ人の社会，なかでも特にお年寄りにとっては，信仰心が大きな心の支えであることを知っていた。ミセス・スミスにとっても信仰心は大きな柱であることがそれまでのやりとりのなかでわかっていたので，それをカウンセリングに織りこんでみることにした。彼女がどんな宗教上の信念をもっているのかを聞き出して，それを，うつ状態軽減という目標達成のために利用しようと考えたのだ。とても信仰心のあついミセス・スミスは，悲しく沈んだ気持ちになることに罪の意識を抱いており，そうした罪の意識が心の底にあるせいで，うつ状態がいっそうひどくなっているのではないかと，私は推測していた。

　私がそう考えるようになったのは，「悲しい気持ちについて話してください」といくら勧めてもミセス・スミスがなかなかその気になれないという状態が，何週間もつづいたからだ。私が彼女に求めたのは，日々の生活のなかに「悲しむ時間」をつくってみてほしいということだった。意識的にそのような時間をつくって，泣いたり，祈ったり，どんなことが起きてほしいかを思い描いたり，悔やまれる出来事について考えたりしてみてほしいと話したのである。だ

が、「悲しむ時間」をどんなふうにすごしたか、カウンセリングで振り返って みようとしても、なかなかうまくいかなかった。そのうちにミセス・スミス は、首を横に振って笑い、「無理だわ」と言いだした。「だって、神様が私を見 守ってくださっているおかげで、結局今のところ、老人ホームに行かなくてす んでいるのよ。それなのに悲しく思ったりしたら、神様に申し訳ないわ」。「そ れじゃスミスさんは、自分の考えていることすべてを神様はご存じだと思うん ですね？」。「そうよ」。「それじゃ、スミスさんがもうすでに悲しい気持ちに なっているってことも、神様は知っていらっしゃるんじゃないかしら？」。「そ ういえば、そうだわね」と、ミセス・スミスはまた笑いだした。そこで私は、 「スミスさんが悲しい気持ちだってこと、神様はもうご存じなんだから、それ を神様に隠す必要なんてありませんよね」と話し、「生きていくうえで欠かせ ない要求が満たされないときには、誰だって〈信仰心を保つ〉のが難しくなる ものですよ」という言いかたで、悲しい気持ちになるのはちっともかまわない のだということを、ミセス・スミスに納得させていった。だが大切なのは、そ こからさらに一歩進んで、ふさいだ気持ちからミセス・スミスが脱するのを手 助けする方法を見つけることだった。そこで、「あんまり調子がよくない」と きに、彼女が気持ちを明るくするためにやれそうなことを、二人で探していっ た。私がいくつか提案を出し、彼女も（本の朗読テープを聞く、友達に電話す る、祈るなどといった）案を出した。

　最初のころ、なかなかうまく気持ちが通いあわず、カウンセリングが進まな かった時期に、ミセス・スミスと私の双方を助けてくれたのは、ユーモアだっ たと思う。訪問カウンセリングのあいだじゅう、ミセス・スミスも私も、本当 によく笑った。悲しい気持ちになることへの罪の意識についてつっこんだ話が できてからは、カウンセリングの進みは順調になっていった。ミセス・スミス は、悲しむべきではない理由をあれこれ述べたてることをやめ、ついには私 に、「時々だったら私、悲しい気持ちになってもいいことにするわ。しょっ ちゅうっていうのはまずいけどね」と譲歩してくれた。

　この時点でミセス・スミスと私は、訪問カウンセリングの回数を、毎週１回 から月２回に減らすことにした。そして、彼女が上の娘さんの電話番号を教え てくれて、私が電話してみてもいいと言いだしたのも、この時期だった。娘さ んを迎える心の準備ができたから電話番号を教えてくれたのだろうと考えた私

は,「それじゃ，今度の訪問カウンセリングのとき，娘さんに電話をしてみましょうね」と話して，ミセス・スミス宅をあとにした。ところがつぎに行ってみると，すでにその娘さんが同居していた。ミセス・スミスは,「私が自分で電話したのよ。娘が帰ってきてくれて嬉しいし，安心したわ」と説明した。ミセス・スミスが娘さんに与えられるものはごくかぎられていたが，それでも彼女は今でも母親だった。「娘は私を必要としているから戻ってきたんだわ」と，ミセス・スミスは信じていた。助けを必要としているクライエント自身が他の人の助けにもなり得ることが，このことからもわかるだろう。

　ナオミという名のその娘さんの病状は重く，私がミセス・スミスの訪問カウンセリングに行っても，ほとんど話しかけてこなかった。クリニックが実施している各種のサービスについて娘さんに説明し,「何か私にできることはありませんか？」と尋ねてみたが,「私のことはかまいませんから母をよろしく」という返事だった。私が訪問しているのは母親のためであり，自分のためではないと，娘さんが考えているのは明らかだった。娘さんが同居するようになってからは，私の訪問は，いっそう間遠になった。ミセス・スミスの病状がさらに悪化して，入院していることが多くなったからだ。娘さんによれば，両脚に感染が起きて，それが広がっているのに，ミセス・スミスは,「どうしても切断手術は受けたくない」と頑張っているとのことだった。

　もっとも私は，訪問カウンセリングを完全に打ち切ってしまったわけではない。入院中のミセス・スミスを見舞った私に彼女は,「用事があったら電話するから」と言っていた。そしてその言葉どおり，時々電話で,「また，サービスがちゃんと受けられていないの。私の代わりに交渉してくれない？」とか,「住みこみで手伝ってくれる人を，また探してくれない？」などと頼んできたので，そのたびに私は,「状況確認訪問」を行った。入院と入院のあいだの自宅ですごせる期間は短かったが，訪問するたびに彼女が，在宅ケア機関から前回以上のサービスを獲得していることに私は気づき，彼女の手腕に感心した。

　ミセス・スミスは，自分のケアについてはあくまでも自分が主導権をとりたいという強烈な気持ちを抱いていた。そしてそのためには，自宅にとどまるのが最善の道だった。彼女にはそれをやり抜く手腕があったし，自分が選んだことの結果を引き受けるだけの強さももっていたので，私は最終的に，彼女の選択に賛成した。ミセス・スミスに後悔はなく,「また同じ運命に出会ったら，

同じ選択をするわね」と言うのだった。

3．介入の分析

　このケースを手がけることになったとき，私は，「自分をケアしたり家事をしたりする能力は，ミセス・スミスにはない」と思いこんでいた。彼女のケアを請け負う各機関からの情報も，その思いこみを助長していた。というわけでこのケースは，高齢のクライエント自身の望むことは何なのかを，私たち実践家は先入観にとらわれずに敏感に察知しなければならないということを，あらためて思い出させてくれる好例となったと思う。クライエント自身が，ケアに関することをすべて自分で取り仕切るのには限界がある。それとまったく同じように私たちの側にも，プロとして手助けすべき範囲には限界があるのだ。高齢のクライエントのケアにあたる場合には，そうした限界をしっかり認識しておくことが基本となる。

　高齢者は，手助けしてくれる人が身近におらず，ケア・サービスも不十分だと，自分の基本的なニーズが満たされていないと感じやすい。私がこれまでたくさん出会ってきた，もはや自力で行動する気力も失いがちだったクライエントたちにくらべれば，ミセス・スミスはずっと行動的であり，あちこちに自分で働きかけて，助けを得ようと奮闘していた。だが，その彼女に対する介入を振り返ってみてさえ，なかなか助力を得にくい高齢者は精神面での健康を害しがちであり，その結果，本来ならまだ必要がないはずの時期に老人ホームに送りこまれることが少なくないことがうかがえる。短期間の介入ではあったもののこのケースは私に，訪問カウンセリングについてたくさんのことを教えてくれた。いくつもの機関と連携して働くときの注意点，クライエントの文化的背景に即した働きかけの工夫などがそれである。

クライエントへの敬意を，どのようにあらわしたか

　当初は，自分の生活を維持していく能力がミセス・スミスにはないだろうと考えていた私だったが，それでも初回訪問のときから彼女は，私に尊敬の念を

起こさせた。そして私はその尊敬の気持ちを，自分の人生はあくまで自分でコントロールしようとする彼女の態度に理解を示すことによってあらわした。また，カウンセリングの場が彼女の自宅であることをつねにわきまえて，途中で誰を部屋に入れても文句を言わなかったし，次回の訪問をいつにするかも，彼女の意向にあわせて決めた。

　また，彼女がアフリカ系アメリカ人であることから考えて，ファーストネームでは呼ばず，「スミスさん」と呼びかけるほうがいいだろうと判断した。同様の理由で，「あれをしなさい」「こうするべきです」というような指図口調も避けた。「私にはなんでもわかっているのよ」と考えていると彼女に受け取られるような言動はつつしんだのだ。こうした敬意のあらわしかたはどんな高齢者に対しても大切だろうが，クライエントがアフリカ系アメリカ人である場合には，とりわけ重要だと思う。あからさまなものから陰湿なものまでさまざまな人種差別を経験してきた彼らは，以前，医療機関にかかった際に不愉快な思いをしたことが忘れられず，今度もまた敬意を欠いた扱いを受けるのではないかと警戒していることが多い。自分自身がアフリカ系アメリカ人である私であっても，アフリカ系アメリカ人を差別してきた過去をもつ米国ヘルスケア機関の一員であることには変わりがないので，そのような歴史的経緯を十分に理解して行動する必要がある。

クライエント自身の力を，どのように活用したか

　ミセス・スミスには大きな身体的制約があったが，そうした制約をものともしない強さをもっていた。病状もすぐれず，頼れる人もいないのに，なんとか家事を進行させ，ケアサービスが受けられるよう奮闘する彼女の能力に，私は感服した。つらいときには彼女は，信仰心に頼って自分をつなぎとめていた。ケアサービスのことでどこかと喧嘩していないときの彼女は，頭の回転が早くてユーモアのセンスに富んだ，優しい心の持ち主だった。また，自分の助けになってくれる人は誰かをよく知っていて，必要だと思うときには，ためらわずにその人に助けを求めた。また，互いに相手を必要とするようになったと思ったときにはじめて娘さんを呼び寄せたことからもわかるように，何が自分自身にとって最善かも判断できたし，自分の限界点も，しっかりわきまえていた。

慢性関節リウマチという進行性疾患におかされ，何年間もさまざまな困難に立ち向かってきた彼女は，本当に強い人だと思う。深い信仰心と，自分の人生は自分が決めるという強い信念が彼女にあったからこそ，うつ状態の最もひどい時期を乗り越えるのを，私も手助けできたのである。

　クライエントは，「状況がどんなに難しくても自分なりの目標を達成する能力があることを，人に認めてもらいたい」という強い願望を抱いていることが多い。ミセス・スミスにとっての目標は，できるかぎり自宅にとどまりつづけることだった。私は，これまでもケアサービスをなんとか勝ち得て困難を乗り切ってきたことを，たえず彼女に思い出させるように努めた。そうすることで，「今度もまた事態を打開できる」という気持ちを引き出していったのである。また，ときには悲しい気持ちになっても，それはけっして信仰にそむくものではないと説明し，彼女の信仰心をうつ状態軽減のために役立てた。そして何より，彼女自身に力があることを強く認識していたおかげで，私はためらうことなく，彼女の目標達成を支援できたのである。

立場は曖昧になったか

　ミセス・スミスのケースでは，立場や境界線の曖昧化が，たびたび起きた。たとえば，この地域での私のクライエントはたいてい高齢のアフリカ系アメリカ人であり，クライエントどうしが知りあいである場合も多い。ミセス・スミスも例外ではなく，その結果として，彼女のプライバシーを守るのが若干難しい場合もあった。他のクライエントと話している最中に，ミセス・スミスのことが話題にのぼるのもめずらしくなかった。皆，ミセス・スミスのことを心配していて，「あの人がもっとケアを受けられるようにしてあげてちょうだい」と私に頼んだ。そんなときには，「ご存じのとおりミセス・スミスは，重病にもかかわらず，これまで長いこと自宅で暮らしてこられたのですから，おそらく必要最低限のケアは受けているのだと思いますよ」と，さりげなくかわすようにしていた。ときには，思わずミセス・スミス本人に確かめたくなるような情報が，他の人から私の耳に入ってくることもあった。だがミセス・スミスが私にそのことを言わない以上，こちらからそれを話題にするのは不適切だと思われた。たとえば，かつてミセス・スミスのヘルパーをしていた人に会ったと

きも，「スミスさんは，子どもたちが役に立たないとこぼしていましたよ」と話してくれたのだが，私はさりげなく話題を変えた。ミセス・スミスについての情報をこちらから漏らさないように気をつけながら，「訪問ケアもいろいろ利用できますからね」といったふうに，もっと一般的な話題に切り替えたのである。

　もう一つ，境界線が曖昧になったと感じたのは，クライエントの自己決定と，クライエントのニーズに関するセラピストの判断の食い違いの問題である。ミセス・スミスは，うつ状態の原因は必要なケアを得られないことにあると固く信じており，その他の要因についてカウンセリングで取りあげることを望まなかった。たとえば，子どもたちのことはほとんど話題にしようとせず，私が尋ねたときしか話さなかったのである。息子さんや，音信の途絶えている下の娘さんとの関係をもっと深く掘りさげて考えてみようと，私は何度もミセス・スミスに勧めた。そうすることで，彼らに母親の力になってもらう道はないか探れないかと考えたからだ。だがミセス・スミスは，そのことについては語りたがらず，無理に勧めても効果がないことがわかった。それでも私は時々，「子どもたちのことを話してくれれば，私が仲立ちしてあげられるのに」と思い，ミセス・スミスがその点に協力的でないことでいらいらした。ミセス・スミス自身の自己決定と，セラピストとしての私の判断が食い違い，そのどこに線を引いて考えればいいかが曖昧になったために生じたいらいらだったと思う。

　クライエントは誰かという点でも，立場の曖昧化は起きた。私は確かにミセス・スミスのソーシャルワーカーだったが，娘さんであるナオミの力にもなりたいと思った。だが娘さんのほうでは，私の助けを受けようとは考えていなかった。私がミセス・スミスを訪ねるたびに娘さんは，苦しそうに長椅子に横たわっていた。「娘の力になってやってちょうだい」と，ミセス・スミスからも頼まれていたが，「何か私にできることはありませんか？」と申し出る私に娘さんは，「結構よ」とだけ答えるのだった。何度かそのようなやりとりを繰り返したのちに私は，これ以上無理に勧めるのは彼女の自己決定権を尊重しないことになると判断した。私たちの提供するサービスについては説明してあり，もし娘さん本人が望めば，いつでも助けを求めることができたのだから。

時間の経過とともに，セラピー関係にどのような変化があったか

　多くの場合，アフリカ系アメリカ人は，世話をしてくれる人のことを家族の一員のような存在だと思うようになる。ミセス・スミスのケースでも，私に対する気持ちにそのような変化が生まれていった。私に対してリラックスした態度をとるようになり，信頼も増していったのだ。私を「よそ者」だとは考えなくなり，仲間の一人だとみなすようになった。私が誰なのかを思い出してもらうために何度も名乗らなくてよくなったし，訪問カウンセリングの途中に誰彼かまわず部屋に入れるようなこともなくなった。最初のうちは名前さえ覚えてもらえなかった私のことを，ミセス・スミスはやがて，近所の人や親しい友人たちに向かって，「あの人にはほんとうに助けてもらってるのよ」と話すようになった。そしてまた，当初は娘さんの電話番号も教えてくれなかったのが，娘さんとの同居後には，「あの子の力にもなってやってちょうだい」と言うまでになったのである。

　このケースでは，セラピーの目標はほぼ達成できたのではないかと，私は考えている。ミセス・スミスは自分の悲しい気持ちについて理解できるようになり，そのような気持ちに陥っても，以前のように動揺することはなくなった。罪悪感を感じることなしに，悲しい気持ちについて語れるようにもなった。保険会社の決定を相変わらず不服に思ってはいたものの，いくぶんはそれを受け入れる気持ちになっており，セラピー開始当初のように，怒りを爆発させることはなくなった。老人ホームへの入所については，何度か話題には出たものの，結局ミセス・スミスは，それには同意しなかった。「ミセス・スミスは自分のからだと心の限界点をちゃんとわきまえており，本当に必要な時期が来れば，老人ホームへの入所を自分で決断するにちがいない」と，最終的に私は判断した。このような変化はすべて，セラピーにおける私とミセス・スミスの関係が変化したから生じたものだ。カウンセリングを通じてともに話しあうなかで，私たち双方の考えも変わっていった。ミセス・スミスの側では，自分を取り巻く状況，なかでも特に保険会社への考えかたが変化した。また私の側では，いつ老人ホームへ移るかを彼女自身の決定に任せてよいかどうかについての考えが変わった。そして，そのように双方の考え方が変化したせいで，セラ

ピーにおける私たちの関係もさらに深まった。いっそう心を開いて，深く踏みこんだ会話ができるようになったのである。

セラピー関係はクライエントとセラピストに，どのようなメリットやデメリットをもたらしたか

　思いどおりのケアを受けられないことについての苦しさや不満を吐露する相手を必要としていたミセス・スミスにとって，この訪問カウンセリングは意味のあるものだったと思う。「あなたと話せてよかった」と，彼女は何度も言っていた。彼女が私のことを，口の堅い親友として信頼してくれていたことは間違いない。

　このケースは，私にとっても大きな意味をもつものだった。プロとしての限界点をわきまえ，病気のクライエント自身に，どこが自分の限界点なのかの判断を委ねることを学べたからだ。このケースはまた，アフリカ系アメリカ人の文化には信仰心が欠くべからざるものとしてあり，多くのクライエントにとって，それが力の源になっていることを再確認できた事例でもあった。ミセス・スミスの深い信仰心を私が理解できたことで，彼女がなぜ，多大な困難にもかかわらず自宅に残ることに固執するのかを理解するのも容易になった。最初に会ったときには，私は彼女のことを気の毒に思っていた。彼女は必死で周囲と戦っていたが，自宅に残りたいという望みはかないそうもないと思えた。状況を改善するために手伝えることはほとんどない気がして，私は絶望的な気分になった。だが訪問カウンセリングをつづけていくうちに私は，プロとして自分が関われる範囲の限界を見極められるようになり，クライエント本人の意思決定に耳を傾け，それを受け入れることができるようになっていった。

この事例の教訓は？

　つまるところミセス・スミスのケースは，各種の「限界点」を私に教えてくれたと思う。まずは，クライエントのQOL（生活の質）を上げるために私たちがプロとして提供できるものに関する限界点。また，他の機関やクライエントの家族から，クライエントの意思を覆してほしいという要請があった場合

に，私たちがプロとして関われる範囲の限界点。さらには，あてにしていた保険会社や家族の支援が受けられなくなりはじめたときにどのような事態が生じるかも，このケースはよく示している。また，クライエント本人が自分のケアに関する交渉を行う場合の限界点もわかる。

　私たちソーシャルワーカーは往々にして，「クライエントの自己決定」という大原則を見失いがちだ。似たような問題をかかえている多くのクライエントと接するうちに，「この人に何が最善なのか，私にはわかっている」と思ってしまいやすいのである。最善とまではいわなくても，「こうしたほうが今よりはいいだろう」と思いこむ場合は多い。自分で苦境を乗り越えようとする強い意欲がクライエントにある場合には，ぜひともこのケースの，つぎのようないくつかの教訓を思い出してもらいたい。

　第一の教訓は，私たち実践家は，「クライエントが自分を助けるのを助ける」というソーシャルワークの基本原則を忘れてはならないということだ。重い病気をかかえたクライエントに接する場合は特に，このことが忘れられやすい。この原則に徹するためには，私たちの介入の目的も，クライエント本人の意向に沿うものでなくてはならない。有能な専門家であればあるほど，さまざまな介入の方法を思いつくかもしれない。だがクライエントに頼まれもしないうちに先走ってそれを行えば，余計なおせっかいだと思われて，将来，本当にその介入をクライエント自身が望むようになったときにも，私たちに頼む気持ちを失ってしまうこともある。実践家としての私たちが目標をもつことは大切だが，その目標はつねに，クライエント自身の目標と照合され，両者が同じ方向を目指しているかどうかの確認がなされなければならない。両者が異なっている場合には，私たちの側の目標を修正すべきなのだ。

　第二の教訓は，専門家はサービスの提供に際して，固定観念にとらわれない柔軟な姿勢をもたなくてはならないということである。特に訪問カウンセリングの場合には，従来のセラピーの手法どおりにいかない部分が多い。家々の状況によって，セラピーの進行がさまざまな影響を受けるからだ。たとえば，最初のころのミセス・スミスの振る舞いは，カウンセリングを受けたくないという意思表示ともとれるものだった。だが私は，それも彼女の生活のありかたの一部分だと考え，それを受け入れながら，セラピーを進めていった。カウンセリングに入る前に，「ケアサービスを受けるための戦い」を彼女がすませてし

まうのを許容したのである。

　第三の教訓は，文化的な要素を介入に織りこむなど，クライエントの個別性を尊重すべきだということだ。といってもべつに，わが国のさまざまな文化を専門家がすべて熟知していなければならないということではない。自分には知らないこともあることを認め，それについてはクライエントから学ぶ心がけが大切だということだ。

　最後の教訓は，資源が乏しいと，クライエントは怒りや恨みの気持ちをもちやすいということである。そのような精神状態のときに，さらに追い討ちをかけるように，「あなたには，どうすれば自分にとっていちばんいいのかがわかっていない」といったことを言われれば，クライエントはいっそう混乱する。その結果，自らの望むことを実現するだけの経済力のない高齢者の場合には特に，意に反して施設に収容されてしまうことも多い。そのようなクライエントに対しては，彼らの希望することに耳を傾ける姿勢がこちらにあることを示し，「私たちは力になるつもりがあるし，方針の決定にあたってはあなた自身の希望を十分に考慮する」ということを，つねに伝えていく必要がある。

（シャーリー・A・トーマス）

文献

Belgrave, F.Z. (1998). *Psychosocial aspects of chronic illness and disability among African Americans.* Westport, CT: Auburn House.

Boyd, J. (1990). Ethnic and cultural diversity in feminist therapy: Keys to power. In E.C. White (Ed.), *The black women's health book: Speaking for ourselves* (pp. 226–234). Seattle: Seal Press.

Casio, T. (1998). Incorporating spirituality into social work practice: A review of what to do. *Families in Society, 79*(5), 523–531.

Cox, E., & Parsons, R. (1993). *Empowerment-oriented social work practice with the elderly.* Pacific Grove, CA: Brooks/Cole.

Davis, B.M. (1990). Speaking of grief: Today I feel real low, hope you understand. In E.C. White (Ed.), *The black women's health book: Speaking for ourselves* (pp. 219–225). Seattle: Seal Press.

Fast, B., & Chapin, R. (1997). The strengths model with older adults: Critical practice components. In D. Saleebey (Ed.), *Strengths perspective in social work practice* (2nd ed., pp. 115–131). New York: Longman.

Fast, B., & Chapin, R. (2000). *Strengths-based care management for older adults.* Baltimore: Health Professions Press.

Saleebey, D. (1997). Introduction: Power in the people. In D. Saleebey (Ed.), *Strengths perspective in social work practice* (2nd ed., pp. 3–19). New York: Longman.

Sullivan, W.P., & Fisher, B.J. (1994). Intervening for success: Strengths-based case management and successful aging. *Journal of Gerontological Social Work*, 22(1–2), 61–74.

Wells, S.M. (1998). *A delicate balance: Living successfully with chronic illness.* New York: Insight Publishing.

White, E.C. (Ed.). (1990). *The black women's health book: Speaking for ourselves.* Seattle: Seal Press.

第4章
訪問セラピーで多様な役割を果たす

1．クライエントの背景

　長年，高校の歴史教師として働いたのちに退職したグレイス・リードは，70代半ばの知的な女性だった。二人の子どもは，すでに成人していた。上は息子さんでジョンといい，結婚して，国内の遠いところに住んでいた。下はジュリーという娘さんで，2時間ほどかかる隣の州で暮らしていた。20年ほど前，夫と死に別れてからしばらくのあいだは悲しみに打ち沈んでいたグレイスだったが，その後は友人や家族に支えられながら，元気にすごしてきた。退職後の彼女は，ちょっとした旅行やビンゴ・ゲームなど，さまざまな楽しみ事に積極的に参加していた。芸術を愛していたので，文芸サークルに加わり，創造性豊かなたくさんの物語や，いくつかの回想録も書いていた。
　だが70歳ごろ足が弱って転びやすくなり，筋萎縮性側索硬化症（ALS）と診断された。進行性で，やがては死に至る，神経と筋肉が冒される病気だ。脳と脊髄の神経細胞や神経経路に病変が起き，それが原因で，四肢の筋萎縮，構語・嚥下・呼吸障害などが起きて，ついには，精神面ではなんの異常もないのに全身麻痺状態になってしまう。
　発病後まもなくグレイスは，歩くのが大変になり，杖が必要になった。話し言葉も不明瞭になって，自宅で何度か言語療法や理学療法を受けた。ひどい頭痛に見舞われることも，たびたびだった。息子さんとは深い心の絆で結ばれていたのだが，仕事で一日じゅう家を空ける彼には，母親の面倒をみるのは無理だった。そこでグレイスは，娘さんとその夫が暮らす隣州のマンションに同居することにした。娘さんは外で働いておらず，夫は出張が多かったので，それがいちばんの解決策だと思われたのだ。寝室が二つあるそのマンションに引っ

越したグレイスは，自分専用の部屋とバスルームをもつことができた。だが居間や台所は共有だったので，寝室用の調度とピアノ以外のグレイスの家具は，すべて倉庫にしまいこまれた。娘さん夫妻の車はあったが，誰かの手を借りなければ，グレイスはそれに乗りこむことができなかった。マンション周辺には，公共の交通機関もなかった。

　転居後グレイスは，近くの町の大学病院の高齢者クリニックと神経科に通うようになった。神経科の主治医は，言語療法と理学療法を自宅で受けられるよう，地域の在宅ケア機関に手続きしてくれた。その在宅ケア機関からは2週間に1度，ソーシャルワーカーも派遣されてきた。主治医はグレイスに，抗うつ剤を処方していた。そうこうするうちに，やがて在宅メディケア［主として65歳以上の高齢者を対象とした，政府の医療保障］の給付限度額に達したので，派遣されていた在宅ケア機関のソーシャルワーカーから私たちのクリニックに，ひきつづき訪問カウンセリングを行ってほしいという要請があった。グレイスがまだふさぎがちで，涙を見せることが多かったからだ。そのソーシャルワーカーの話では，娘さんのほうも，母親の世話を負担に感じているとのことだった。

　そこで私が，グレイスの訪問セラピーを担当することになった。この訪問セラピーの費用は，地域内居住者を対象とする，郡の高齢者福祉局が管理する寄付金によってまかなわれていた。そのためクライエントには利用料は請求されず，「お気持ちがあれば，あなたも寄付をなさってください」という呼びかけのみが行われた。グレイスは，私たちのクリニックの母体であるミシガン大学付属老年医学センターの患者でもあったので，いずれクリニック以外の部署と協力してのケアが必要になったときにも，比較的やりやすいだろうと思われた。私はおよそ9カ月にわたって，グレイスの訪問セラピーを行った。

2．介入の概要

　最初のうちは私の訪問時に娘さんのジュリーも在宅していたが，やがて彼女はその時間を利用して，用足しにでかけるようになった。ジュリーの在宅時にはその居場所を避けて，グレイスの寝室や居間で面接を行うようにしていたの

で，実施場所は時によっていろいろだった。人なつこい微笑と鋭いユーモア・センスをそなえた小柄なグレイスは，ティッシュペーパーの箱，水やクロスワードパズルの本が載ったお盆，杖などの必需品に囲まれて，長椅子に横たわっていた。

　初回訪問のときから，ALS のせいですでに，構語はかなり不自由だった。グレイスは大変な努力で話していたのだが，特に最初のころは，私にはその言葉がなかなか聞き取れなかった。幸いグレイスはとても協力的で，私が理解できないと見ると，自分のほうから何度も繰り返して言ってくれた。それに，彼女の住まいの周辺はとても静かで，雑音も少なかった。しかし意思疎通が大変なことに変わりはなかったので，なんとか短い言葉でグレイスが答えられるように，質問を簡略化するのに私は苦労した。やがてグレイスは，自分の考えを筆談で伝えるようになった。彼女はいつも，意思を伝えたいという熱意にあふれており，構語障害がそれを邪魔するのを防ぐためには，労を惜しまなかった。

　このケースでのセラピーのありかたやその目標は，病状の進行具合と密接に結びついていた。グレイスが病気の各段階と向きあい，それを受け入れていくにつれて，セラピーのありかたや目標も変化していったのだ。はじめのころの彼女は，「また元気になって，いろいろなことが自分でできるようになりたい」と目標を述べていた。発病するまで彼女はずっと，きわめて自立した人間だった。同居を受け入れてくれた娘さんにはとても感謝していたが，病気に屈服する気はなく，できるかぎりのことは自力でやりつづけたいと考えていた。反対に娘さんのほうは，なんでも母親のためにしてあげたいと考えており，ときとしてあまりに世話をやきすぎて，母親の自立心とぶつかるきらいがあった。

　グレイスは大の読書好きだったので，私はすぐに，地域の図書館の宅配システムが利用できるように手続きをした。彼女はビンゴ・ゲームも大好きだったが，それが行われているクラブハウスに娘さんのマンションから通うのはむずかしかった。途中に急な階段があったからだ。残念なことに私は，彼女がクラブハウスに通う手だてを見つけられずじまいだった。公共交通機関もなく，介助が必要な彼女を車で送迎してくれる高齢者センターも，近くになかったからだ。グレイスはまた，自分なりに家族に役立つ方法として，料理もいろいろとつくった。もっとも ALS が進行するにつれて，娘さんのジュリーが材料いっ

さいをそろえておかねばならないことも増えていったのだが。

　グレイスは，なんとか自力で歩きつづけたいと望んでいた。セラピーをはじめたころには杖で大丈夫だったのだが，すぐにキャスターつきの歩行補助器が必要になった。補助器を使っても，歩ける距離はごくわずかだった。医師たちからは，機能維持のためにもできるだけ歩いたほうがいいと勧められていたのだが，転ぶのを心配した娘さんは，グレイスに付き添って散歩をするのをしぶった。「もっと良くなるまで歩くのは我慢したほうがいいと，娘は言うのよ」とグレイスは私にこぼしたが，娘さんの意に反することを無理にやらせたいとは思っていなかった。自分のためにならないことでも，娘さんが望むならしかたがないと思っていたのだ。母親のことを心配するあまり娘さんは，どんどん過保護になっていった。

　絶えず訓練していないと機能は急速に衰えてゆき，そのせいで歩けなくなれば，自立の度合も減ってゆく。そのことをいやというほど知っていた私は，娘さんを説得したいと思ったが，娘さんに気をつかっているグレイスの様子を見ると，あまり強くは出られなかった。そこでグレイスの許可を得たうえで，彼女と娘さんの二人に，訓練の重要性と，歩行困難がもたらす悪影響についての指導を行うことにした（グレイス自身はすでに，そのことをよく知っていたのだが）。自分のやりかたを非難されていると娘さんのジュリーが感じてしまわないように，指導時の説明には主観を交えず，事実だけを客観的に述べるよう気をつけた。私はまた，訪問の際には必ず，グレイスをちょっとした散歩に連れ出すことにしていた。訓練になると同時に，歩くことの重要性をジュリーにわかってもらういいチャンスだと思ったからだ。通院のとき以外，ほとんど家にこもりきりだったグレイスは，いつもこの散歩を楽しみにしていた。この試みはいくぶん功を奏し，天気のいい日には，グレイスは自分で散歩に出るようになった。ジュリーは相変わらず，母親が転ぶのではないかとひどく心配していた。そんなことになれば，骨でも折って今以上に動けなくなるのではないかと不安だったし，自分自身が緊急時にはパニックになりやすいことを自覚していたからだ。そんなわけで，ジュリーがグレイスの散歩に付き添うことは稀だった。そうこうするうちに寒い季節になり，グレイスの散歩は間遠になった。そして1，2カ月もしないうちに，病状の進行によって，車椅子なしでは移動できなくなった。

グレイスと私は彼女のうつ状態についても話しあい，どうすればそれを軽減できるか考えた。「忙しくしていること」「うつから抜け出すよう，自分に言い聞かせること」，そして「運動すること」が比較的役立つようだと，グレイスは言った。そこで私は，彼女の言う「忙しくしていること」を，セラピーで試してみようと考えた。彼女の得意なこと，好きなことは何かを尋ね，それをうつ軽減のために利用するように勧めたのである。たとえば，以前好きだったピアノを再開したらどうかと話した。彼女はピアノがとても上手だったが，娘さんのマンションに同居してからは，ほとんど弾かなくなっていた。「娘の旦那さんがいやがるんじゃないかしら。あの人，昼間に寝ていることがあるから」と，グレイスはしぶっていた。だがある日，マンションに私たち二人だけしかいなかったときに，「私のために，ぜひ弾いてくださいよ」と強く勧めると，彼女もその気になった。グレイスが弾くのを楽しんでいるのは明らかだったし，演奏の出来も素晴らしかった。「ピアノを弾くとリラックスできるでしょうし，音楽を通じて自分の気持ちも表現できるんですから，もっとしょっちゅう弾くようにするといいと思いますよ」と私は勧めた。（怒りの気持ちを吐き出すために速くて激しい作品を弾くというように）そのときの気分にふさわしい曲を選んでもいいし，（逆に，そういうときこそ明るく楽しい作品を弾くというように）気分を変えるのに役立つ曲を選んでもいい。「私も，ピアノを弾けなくて寂しいと思っていたの。ピアノを弾くと，ゆったり落ち着くわ」とグレイスも言い，宿題として週に2度はピアノを弾くことにすると約束した。そして，家に誰もいないときを見計らって，その約束を守りつづけた。「ピアノを弾くのは私にとって，とてもいいことみたい。弾いていると，心のなかに閉じこめられていたいろんな気持ちが解放されるわ」と彼女は報告してくれた。ときには，弾きながら泣いてしまうこともあるということだった。

　「泣く」というのは，私たちのカウンセリングのメイン・テーマの一つだった。グレイスは，たくさんのものを失ったせいで深い悲しみを感じており，とても涙もろくなっていた。グレイスは自分の悲しい気持ちについて語ることが多く，その悲しみを表現する方法としては，泣くことも有効だった。だがALSという病気の性質上，涙を流すと唾液も余分に出てしまい，窒息の危険が大きくなった。さらに，ただでさえ発語が不明瞭なのに，泣くとよけいに聞き取りにくかった。娘さんの前ではしゃんとしていたいとグレイスは強く願っ

ており，「あの子には泣き顔は見せたくないのよ」と私に言っていた。この点でも，娘さんにあまり重荷を背負わせたくないと考えていたのだ。母親が悲しんでいるのを知ったら娘さんがあまりに心配するのではないかと，気がかりだったのである。

　グレイスのセラピーを手がけるうえで私はつねに，二つの相反する要素の微妙なバランスをとっていく必要があった。いっぽうでは，グレイスが自分の気持ちをありのままに口にするよう励ましながら，娘さんのことを考えれば，グレイスの望みがあまりに膨らんでしまわないよう，気をつけなければならなかったからだ。遠くに住んでいる息子さんを除けば，グレイスが安心して「本当の気持ちを打ち明けられる」のは，私だけだった。そこで，つっこんだ話をしたいときには娘さんが在宅していない日を選び，いつもより安心して話せるよう気を配った。また，その日にどのようなことを話しあうかについては，前もってグレイスの同意をとりつけるようにしていた。私のためにということではじめてピアノを弾いてくれた日，グレイスは途中で泣きだして演奏を中断し，こう言った。「困ったわ。娘がすぐに帰ってきちゃう。あの子には，泣いているところは見せたくないのに」。

　病状が進むにつれて，「いろいろなことが自分でできるようになりたい」という当初の目標は，現実に合わなくなっていった。「今のままの能力を可能なかぎり維持して，できるだけ長くこのマンションで暮らしたい」という目標に変えざるを得なくなっていったのである。訪問の際に私が行わねばならない，ケアマネジメントの仕事も増えていった。グレイスができるだけ自力で生活しつづけられるようにするためには，いろいろな補助器具が必要だった。トイレの便座を高くする器具や，テレタイプライター（略称TTY。タイプして送信すると，遠隔地で受信して同様の文字を打ち出す印刷電信機）などがそれだ。そうした器具の入手法についての情報を集める手助けを，私は行った。グレイスが調べて調達できるように，いろいろな資料を持参したのだ。娘の家で暮らしつづけたいというグレイスの目標を実現するためにはそうした器具がぜひとも必要だったので，入手の手助けをするのはとても大事な仕事だと，私は考えていた。

　私が訪問するたびにグレイスは，最近の体調について語り，前回からの変化をもれなく報告した。ひどい頭痛に悩まされていた時期もあったし，構語障害

が目立って悪化した時期もあった。あるときは，舌がとても動きにくくなったと気にしていたので，私は主治医に連絡をとり，言語療法を再開してくれないかと頼んだ。「それでは，もう数回やってみましょうか」ということになり，グレイスはとても熱心に訓練に取り組んだ。

　だがその結果，構語障害は今後進みこそすれ，回復の見込みはないことがはっきりした。そこで言語療法は中止し，彼女の創造的なエネルギーを別の方面でいかすことにした。グレイスが文芸サークルなどでこれまでに書いた作品を読み直すという，変則的な回想法を取り入れてみたのだ。彼女が書いたものに私が興味をもち，いろいろ尋ねたことから，この試みははじまった。二人で作品を読み返していくうちにグレイスは，自分の人生にいくつもの輝かしいときがあったことを，ありありと思い出した。彼女の場合にはすでに何篇もの回想録を残していたから，通常の回想法のようにあらためて思い出を語ってもらうのはやめ，すでに書いたものを読み直すなかで，それらがどのような意味をもつ出来事だったかを話してもらうようしむけたのである。この変則的な回想法は，グレイスが自分の値打ちを再確認する，とてもよい方法だった。作品はとても上手に書けており，ユーモアにあふれたものが多かったので，私は大いにほめた。すると彼女はますます張り切って作品を披露してくれ，自分がなしとげてきたこと（たとえば，出版物の著者であることなど）についての誇りを，私と一緒に再確認していった。その結果，一人の人間としての彼女が前面に押し出され，病気はその一部分でしかないと思えるようになっていったのである。

　このような試みを続けていくうちに，グレイスには他の人を教え導きたいという気持ちが強いことが，はっきりとあらわれてきた。何かのおりに私は，6歳になる息子がピアノを習っていることを話した。するとつぎの訪問のときに，「息子さんにあげてちょうだい」と言って，幼い子どものために彼女が以前作曲した練習曲の楽譜をくれた。そして，それを渡されたときの息子の様子やその後の上達ぶりを，楽しそうに尋ねるのだった。私はまた，「今度はじめて，高齢のかたたちを対象にした短期の作文グループの指導をすることになったんです」と話したこともあった。するとつぎの訪問のとき，自分がかつて参加していた文芸サークルの教材のうち，私が利用できそうだと思うものをそろえて待っていてくれた。私が生徒役になり，グレイスを先生役に据えること

で，彼女のライフワークである「教え導くこと」を，お互いに気持ちよくつづけていけることが，このような出来事からわかってきた。教え導くということはグレイスにとって，自分がもっているものを次世代に引き継ぎ，周囲の世界とのつながりを保つための，重要な方法の一つだったのである。あるときグレイスはまた，私たちの共通のイニシャルである「R」の文字のついたペンダントを私にくれた。クリニックの方針では，クライエントからの贈り物は受け取らないことになっていたのだが，私はありがたく，そのペンダントをいただくことにした。そうすることでグレイスが，自分らしい生きかたを取り戻そうとしているのがよくわかったからである。

　予期されたことではあったが，セラピーの第3段階に入ると，グレイスの病状はいっそう悪化した。自分で着替えもできるしトイレにも行ける日があるかと思うと，まったく駄目な日もあるという具合で，状態は一定しなかった。訪問した私が彼女をトイレに連れて行き，便座に移る手伝いをしなければならないこともめずらしくなかった。娘さんに優しい気持ちがないわけではなかったのだが，相変わらず，大変なことが起こるのではないかという不安ばかりが先立って，びくびくしていたからだ（たとえば，「お母さんが転んだら困る」，「喉が詰まって，吸引をしなければならなくなったらどうしよう？」「トイレに連れて行く途中で何かあったら恐い」といった具合だった）。やがて，心配のあまり娘さんのジュリーは，母親の世話をするのをすっかり恐がるようになってしまった。そこで私は，他の人の手を借りるよう何度も勧め，結局，入浴などの手助けをしてくれる訪問ヘルパーを雇うことになった。ジュリーはまた，ALSのサポート・グループにも出席するようになり，そのグループを通じてソーシャルワーカーにも相談をするようになっていった。

　私がグレイスから栄養チューブについての質問を受けたのは，そのような時期だった。ALSの症状の一つとして，喉が詰まりやすくなる。そうなれば，吸引が必要になる。それまでにもたまに，吸引の必要が生じたことはあった。だが，このころになると，その頻度が急に増えてきた。喉の筋肉が弾力を失い，嚥下がうまくいかなくなったのが主たる原因だ。その結果，唾液がたまり，喉に詰まりやすくなる。食物も飲みこみにくくなり，必要な栄養を十分にとることができなくなった。栄養チューブに切り替えれば，喉が詰まる危険性は減る。私はグレイスの主治医に問いあわせて栄養チューブについての資料を

取り寄せ，そのメリットとデメリットについて，グレイスとよく話しあった。これまでと同様にグレイスは，娘さんの負担が軽くなるほうに決めようとした。彼女自身は明らかに，チューブの挿管にも，それ以後食物を口で味わって食べられなくなることにも不安を抱いていたのだが，とにかく喉を詰まらせる危険性を減らすことを最重視したのだ。夕食の最中にグレイスが喉を詰まらせかけ，実際に娘さんが吸引をしなければならなくなるという事件が起こったことで，最終的にグレイスの決心は固まった。娘さんにそのようなストレスを与えたくはなかったし，いつまた喉を詰まらせて窒息するかもしれないと考えると，グレイス自身も娘さんも，気が気ではなかったからである。

　このケースでは，私が何か特別な介入を行うことでセラピーの質が変わっていったというより，グレイスの病状の進行にあわせて，おのずと変化が生じていったといえる。セラピー開始の時点では確かに私は，彼女の病気が進行性のものであり，やがては死に至ることに，こちらから言及した。しかし，その問題が中心的な主題になったわけではない。それよりも，病気の進行のせいでそれまでやってきたことがやれなくなるということが，重要な主題だった。ALSが進行するのをグレイスが理解し受け入れていけるよう，手助けしていったのである。グレイスは，つらい出来事をたくさん乗り越えてきた強い人だったが，今回は（身体的な不具合，ライフスタイルの変化，死の予感など）さまざまなレベルの悲しみが幾重にも重なりあっていたため，これまでの彼女のやりかたでは，十分に対処しきれなかった。そこで，悲しみを健全な方法で処理していくのに，他の人の助けが必要だったのである。セラピーを通じて私は，娘さんが提供できない精神面でのサポートを行っていった。娘さんのジュリーは，母親が悲しむのを見ると，それを断ち切るために自分がなんとかしなくてはと思ってつらくなってしまうのだった。それに対して私のほうは，悲しむグレイスの言葉にじっと耳を傾け，起こってくるのが当然の「悲嘆のプロセス」の一部として，それを受け入れた。そうしていくうちに私には，グレイス本人こそが，その対処プロセスの主役だということが，よくわかってきた。つぎつぎに起きる変化をくぐり抜けていくグレイスを間近で見て，それを支えていくうちに，そうやってそばにいることこそが大切だと心から納得できたのである。

　夕食の席での窒息騒ぎで現実に緊急事態を経験したあと，娘さんのジュリー

はサポート・グループのソーシャルワーカーの力を借りて，あちこちの老人ホームについて調べはじめた。そして，しばらくたったある日，面接の途中でグレイスは，「私，老人ホームに行くことになったの。あきらめて，そうすることにしたのよ」と私に切りだした。娘さんのマンションを離れたくはないが，自分の世話が娘さんにとって負担になるのも困るというのだ。あいにくその老人ホームは別の郡にあったので，私がそこまで出向いてカウンセリングをつづける費用を，これまでのように郡の高齢者福祉局への寄付金から出してもらうことはできなかった。そのことに気づいた私は，「なんとかこれからも個人的に，できるだけホームのほうに伺いますから」とグレイスを励ました。だが，これまでほとんど毎週訪問していたことを考えると，彼女と話せる時間が大幅に減ってしまうのは明らかだった。そこで，ボランティアのピア・カウンセラーであるノーマに頼むことにした。私の勤務するクリニックにボランティア登録しているノーマが，グレイスの入所する老人ホームがある町に住んでいたからだ。ノーマに定期的に訪問してもらえれば嬉しいと，グレイスも同意した。ノーマは退職するまで言語療法士として働いていたので，グレイスに構語障害があることを不安に感じるようなこともなかった。また，とてもありがたいことに，病人の扱いにも慣れていた。

　それからの2，3カ月のあいだに，私は結局，3回ほどグレイスを訪ねた。いっぽうノーマは，1カ月に2，3回のペースで訪問してくれていた。私は，ノーマとは定期的に顔をあわせる機会があったので，グレイスへの伝言をことづけることができた。先ほど述べたように，グレイスと私はどちらも音楽好きだった。近くのオペラハウスがリニューアル・オープンしたとき，私はグレイスに，「あそこで上演されるオペラを，そのうち観に行くつもりです」と話していた。グレイスは死の直前まで外の世界への興味を失うことがなかったので，私はノーマに，新しいオペラハウスのプログラムを託した。そして，それを受け取った2日ほどのちに，グレイスは息を引き取った。

　老人ホームへの訪問は，自宅への訪問とはいろいろと違う点があった。第一に，プライバシーを保つのが難しい。グレイスがベッドを離れられない時期には，特に困った。部屋のドアが閉まっていて，同室者が席をはずしている場合でも，ホームのスタッフが途中で入ってくることが多く，落ち着かなかったのだ。私は老人ホームへの訪問の際に，単に心の支えになるだけでなく，グレイ

スの代弁者としての役割も務めるようにしていた。たとえば，「看護助手のなかに，私にひどいことを言う人がいるの」とグレイスから聞いたときには，主任看護師をさがしてその言葉を取り次いだ。私が誰なのかわからないこともあって，主任看護師は最初，身構えた様子だった，だが最後には，「責任をもって対処します」と約束してくれた。後日，その主任看護師に確認すると，「助手にはきちんと注意しておきました」という返事だった。ノーマの話でも，看護助手はグレイスに謝り，二人の関係は改善されたとのことだった。

　心の底ではグレイスは，娘さんのところに帰りたいと思いつづけていた。だが老人ホームには，娘さんのマンションでは不可能だった社会参加の機会がさまざまに用意されているという良さもあった。そして，そのおかげでグレイスは，大好きなビンゴ・ゲームを久しぶりに楽しむことができた。というわけで，ホームでの生活にグレイスはかなりうまく馴染むことができ，病気の進行につれて，死を迎える準備を整えていった。私は彼女の死に立ち会うことはできなかったが，その直前にノーマが訪問してくれたことに，ほんとうに感謝している。

3．介入の分析

　グレイスのケースには，特筆すべき点がいろいろとあった。たとえば，死を迎える準備をするなかで，喪失や悲しみといったことがカウンセリングの中心テーマになったこと。ALSという病気の進行に応じて，セラピーをどう進めるか，どのような教育が必要かが決まっていったこと。オフィスでのセラピーとは異なる訪問セラピー独特の要素や，クライエントと家族が互いに抱く思いが，見逃せない影響力をもっていたこと。そして，グレイスが老人ホームへの入所を決めたために，セラピーが打ち切られたことなどがそれである。

クライエントへの敬意を，どのようにあらわしたか

　グレイスに対する私の敬意のあらわしかたは，いろいろとあった。まず，グレイスが自分の考えを十分に伝えられるよう，最初に時間をたっぷりとり，

そのうえで，彼女がその日どうしてもらいたがっているのかにあわせて，私の対応を決めた。こちらからの重要な質問については，グレイスが短い言葉で答えられるように，尋ねかたに神経を使った。性急にこちらの考えを押しつけないよう心掛けはしたが，通常の面接よりは私の側がたくさん喋り，リードしていく感じだった。言葉で意思を伝えるだけでグレイスがエネルギーを使いきってしまわないよう，敢えてそうしたのである。時期尚早な質問，立ち入りすぎた質問だとグレイスが感じていないか，彼女の言葉や表情には十分に気を配った。前にも述べたように，つっこんだ話をするときには，グレイスが周囲を気にしなくていいように，他に誰もいない機会を選んだ。また，病気や死について彼女がどう感じているか，娘さんとの関係についてどう思っているかといったことを話しあう際には，それを話題にしていいか，あらかじめグレイスに尋ねるようにしていた。

　娘さんにどう接するかをグレイスの意に添う方向で決めていたことも，敬意のあらわれだといえるだろう。ジュリーのやりかたではグレイスの能力を最大限まで引き出せないと感じたことはたびたびあったが，私からジュリーに意見することは控えたのである。娘に余計なストレスを感じさせたくないというのがグレイスのいちばんの願いであることは，はっきりしていた。そこで，ストレスのもとになりそうな言動は控えたのである。娘さんにどう話すかは，グレイス本人にいっさい任せていた。そして何より，グレイスの過去の作品を用いての回想法を行うことで，私は彼女への最大限の敬意をあらわせたと思う。その回想法はまさに，一人の人間としての彼女の存在を確認するものだったからである。

クライエント自身の力を，どのように活用したか

　グレイスの場合，なんといっても，これまでの人生での困難や喪失体験をその都度きちんと乗り越えてきており，妙な傷をひきずってはいないという強みがあった。援助が必要なのは，今回のALSという病気によってもたらされた，強烈で多様な喪失体験に関してだけだった。また，家族の絆がしっかりしているというのも強みだった。心配してくれる二人の子どもだけでなく，彼女自身のきょうだいも二人，同じ州内に住んでいた。私がこのケースを手がける

ようになってからも，彼女はそのきょうだいたちと，時々会っていた。週末に弟さんの家を訪ねたときのことを，グレイスは私に，「ずっと笑いどうしだったのよ」と話してくれた。息子さんはグレイスにファックスを買ってくれ，頻繁に連絡しあっていた。口を動かすより鉛筆を動かすほうが楽だったグレイスにとって，息子さんや私とやりとりするには，ファックスや筆談がいちばんの方法だったのである。娘さんのジュリーよりは，ものの見かたや考えかたが母親と似ている息子さんに対しては，グレイスも，「よけいな心配をさせてしまうのではないか」と気をもむことなく，自由に気持ちを打ち明けることができた。

創造性に富んでいることも明らかにグレイスの強みであり，面接の際にも幾度となく役に立った。過去の作品を一緒に読み直し，それをほめられることを，グレイスは大いに喜んでいた。今になって思えば，自分を表現する方法として，新しい作品も書くよう勧めてみてもよかったかもしれない。だが当時の私は，そうした手法はとらなかった。一つには，過去を振り返っているときのグレイスが，とても楽しそうだったからだ。彼女は人生の締めくくりの時期に入っており，新しいアイデアを生み出すよりも，これまでの出来事を振り返ることのほうに，心が向いているようだった。前にも書いたとおり，彼女の作品の多くはユーモラスなものであり，身体的苦痛をしばしのあいだ忘れさせてくれた。彼女の素晴らしいユーモアのセンスを，私も彼女も大いに利用することにしていた。

グレイスの強烈な自立心も，大いに役立った。ことに病状が悪化してからは，それが彼女のいちばんの支えとなっていた。「母も強い人だったから」と，グレイスは私に漏らしたことがある。死の直前まで，グレイスは外の世界への興味を失わなかった。いつも，できるかぎりのことは自分でやろうとしていたし，老人ホームに入る前は，（料理など）家族の役に立つことを進んでやりたがった。

立場は曖昧になったか

私はグレイスのことが大好きだった。音楽，芝居，執筆など，二人には共通の趣味も多かった。クライエントとセラピストとしてではなく，たとえば同じ

芝居に出演する仲間どうしとして出会うなど，もっと別の出会いかたをしていれば，私たちはすぐに，仲のいい友達になったことだろう。グレイスは人に好かれる質だったし，ユーモア好きという共通点もあったから，彼女のもとを訪れるのは私にとって，通常の面接以上の楽しみだった。彼女の重い病気に対抗するためには笑いが強力な武器となることに，私たちは二人とも気づいていた。そこで，彼女の作品を読んで一緒に笑いあったり，私のほうで，愉快なエピソードを披露したりした。何より大きかったのは，グレイスには自分自身を笑う能力，自分の苦しみの内に愉快な部分を見つけ出す能力があったことだ。誰もがもっているわけではないその力を大いに利用するよう，私は働きかけた。グレイスにとってユーモアは，つらいことから気持ちをそらし，自分の置かれている状況や，失ってしまったものを受け入れていくのを助ける道具だった。それに何より，笑うことは気持ちがよかった。

　すでに書いたように，グレイスは私に，ガラスのような飾りの部分にイニシャルが彫ってある銀のペンダントをくれた。プロとしてのけじめを曖昧にしかねないこのプレゼントを受け取るべきかどうか，私は思い悩んだ。クライエントとセラピストのあいだでは贈り物のやりとりは適切でないと考えられているから，私のなかには，それを受け取るのをためらう気持ちが強かった。だがグレイスにとっては，自分が人に何かを与えられる存在であることを確認する意味で，このプレゼントを受け取ってもらうことが重要だった。しかもこのケースでは，もし私が受け取るのを断ったら，グレイスが人生の締めくくりをなしとげるのを邪魔することになりそうだった。

　一般的に言って，クライエントが高齢である場合には，若いクライエントのケースよりも，さまざまな境界線が曖昧になりやすいと私は考えている。クライエントの自宅を訪問する場合は特に，信頼を勝ち得るために専門家の個人的な情報まで明らかにしなければならないことが多い。私も，いわゆる「教科書で適切とされている範囲」を若干超えて，自分のプライベートなことまでクライエントに話すことが少なくない。家族のメンバーや，その関心事などについて，少し話題にするのだ。グレイスのケースでも，私が結婚していて息子が一人いること，家族みんなが音楽好きなこと，オペラに行こうと思っていることなどを話した（そうすることで，外の世界の出来事を少しだけセラピーに呼びこむ意味もあった）。私と同じ町や近くの町に住んでいたことのあるクライエ

ントに対しては，我が家のだいたいの位置を話すこともある。そうすれば，彼らの話に出てくる場所について私が見当をつけられることを知ってもらえるからだ。ただし，よほど特別な事情があり，しかも絶対に濫用される心配がない場合にしか，自宅の電話番号は教えないことにしている。

　いわばクライエントの「縄張り」である自宅を訪問して行うセラピーは，オフィスで行われる伝統的なセラピーとは，さまざまな点で違ってくる。オフィスではたやすくコントロールできることが，コントロールできなくなるのだ。グレイスのケースでも，娘さんのジュリーが用足しにでかけてくれればプライバシーを保つことができたが，いつもそうだとは限らなかった。娘さんが在宅していると，話しあえる内容も限られてしまい，グレイスは思いのたけを十分に語ることができなかった。娘さんに聞こえるところで取り乱して，心配をかけたくなかったからだ。病気が進んでからは，グレイスの寝室で面接を行うことが多くなり，私がどこに腰をおろしたらいいのか，寝室でのマナーをどうすればいいのかという問題が生じてきた。椅子に腰掛けられればいちばんよかったのだが，その日の物の配置によっては，それでは遠すぎて，グレイスの筆談が読み取れなかったからである。

　もう一つの問題は，グレイスに必要なケアがしだいに増えていったことから生じた。必要に迫られて私はいつのまにか，通常のカウンセリングでは行わないことまでやるようになっていた。ティッシュで唾液をぬぐったり，散歩に連れ出したり，トイレに連れていったり，靴やソックスを履くのを手伝ったりといったことがそれだ。老人ホームで何年も働いたことのある私にとって，そのような仕事はべつに負担ではなかった。だがグレイスのほうは，自立を損ないかねないこのような助力を受けることが，必ずしも嬉しくはない様子だった。そこで，「私のほうは，このようなお手伝いをするのは，全然かまわないんですよ。でも，そうしてほしいと頼まれたときだけにしますから，手を借りたいときには，手で合図するか，筆談で知らせてくださいね」と話した。

　訪問先で出される茶菓も通常，なかなか厄介な問題だ。初期のころは特に，グレイスの横にはいつも何か飲み物のグラスが用意されていて，同じものを私にも勧めてくれた。礼儀にはずれないよう，私はそれをいただいた。だが，これまで訪問したクライエント宅のなかには，出された茶菓に口をつけにくいようなケースもあった。いかにも不衛生な状態だったり，虫が入ったりしてい

て，どうしたものか困ってしまったのだ。失礼にあたらないよう，「あとでいただきますから」と言って，出された物を家に持ち帰ったこともある。

　もう一つ，訪問セラピーならではの問題として，どうしてもオフィスに連絡しなければならないことがあって，1度だけグレイスの電話を使わせてもらったことがある。できるだけそのようなことは避けるようにしているのだが，長いあいだには，やむを得ない場合もあるのだ。また，グレイスの猫を家から出さないよう，あるいは逆に外に出してやるよう，頼まれたことも1，2度あった。私はペットはあまり好きではないが，この程度の頼みごとならたいしたことはない。

時間の経過とともに，セラピー関係にどのような変化があったか

　私たちの関係のありかたに影響を与えた主な要素は，二つあった。ALSによる身体の状態の悪化と，老人ホームへの入所だ。病状の悪化に伴って，グレイスの目標も変化した。もっといろいろなことが自分で自由にできるようになりたいという目標をもって，歩行や料理に励んでいた段階から，なんとか現在の能力を維持したいと考えて，一生懸命に自力でトイレに行ったり，娘さんが用意してくれた食材を調理したりしていた段階へ，さらには，能力がいっそう失われていくことになんとか対処したいと考えて，補助具や栄養チューブについて調べる段階へと移っていったのである。状況がしだいに悪くなるなかでもグレイスはいつも，自分の潜在能力を最大限に引き出そうと努力していた。私のほうも，自立しつづけていたいという彼女を精一杯援助した。どうあがいても病気の進行を押しとどめることができないことがはっきりすると，グレイスは，カウンセリングという，安全が保証された場のなかで，みずからの死についてや，自分が受け継ぎ残していくものについて，じっくりと考えはじめた。この時点でカウンセリングの主題は，失ったものを嘆くことから，人生を振り返り，整理することへと変わっていったのである。

　第二の大きな変化は，グレイスが老人ホームに移ったときに起きた。私はその後もグレイスの力になりたいと思ってできるだけ訪問をつづけたが，その内容は，それまでと同じというわけにはいかなかった。グレイスがホームに順応できるようにあれこれ手配することに時間がとられたし，グレイスの病状も，

急激に悪化していったからだ。前に書いたように，私はグレイスの代弁者の役割も引き受けようと考え，彼女が困っているときには老人ホームのスタッフにかけあった。それまで多くの身体的・精神的な変化を一緒にくぐり抜けるなかで私は，グレイスの心の支えになれるようになっていた。その私があまり頻繁に訪問できなくなったことは，グレイスにとっても私にとっても痛手だった。私の勤務するクリニックに登録しているピア・カウンセラーのなかから，グレイスのホームのそばに住んでいてしばしば見舞ってくれるノーマを見つけられたのは，ほんとうに運がよかった。このピア・ボランティアを通じて，私とグレイスは接触を保つことができた。それでも老人ホームに移ってから死を迎えるまでのあいだに私自身が3回しか訪問できなかったことは，今もって残念に思える。

セラピー関係はクライエントとセラピストに，どのようなメリットやデメリットをもたらしたか

グレイスにとっての最大のメリットは，自分の気持ちをありのままに表現できる相手を得られたことだろう。心配性の娘さんの前ではあまり感情を出せなかったし，息子さんは遠くに住んでいて，しょっちゅう会って話しあうというわけにはいかなかったからだ。むずかしかったのは，娘さんの在宅中には，つっこんだ話をするタイミングがなかなか見つからなかったことである。「娘さんがそばにいなければ，グレイスはもっと率直に話してくれるのに」と思ったことも，1度や2度ではない。最初のころの私は，よい聞き手であることに徹し，グレイスが「悲嘆のプロセス」を順にたどるのを手助けしていった。病状が進んで，人生の締めくくりの段階になると，教え導き与えるという，グレイスの生来の気質がはっきりとあらわれてきた。そこで私は，「与えられる人」の役割も果たすようになった。グレイスが先生役をやり，私が生徒役になることで，彼女は，自分が役に立つ，影響力をもった存在であると感じることができた。病気に関わるさまざまな情報を集め，むずかしい決断をする際の手助けができたという点でも，私はグレイスの役に立てたと思う。さらには，娘さんのマンションの雰囲気はかなり堅苦しかったから，ユーモアを共有できる私という人間がいたことは，救いになったはずである。

私のほうも，このケースを担当して得たものは多かった。グレイスのことが大好きになった私は，自分と共通点の多いこの女性を担当するのがとても楽しかった。近しい親族がその直前にALSで亡くなっていたこともあって，私はグレイスのことが他人のように思えなかった。グレイスがALSのことをどう感じているかも，手に取るようにわかる気がした。遠くに住んでいた親族のケアに十分関われなかったぶん，グレイスのケースはその埋めあわせをするチャンスのように思えたのだ。このケースではまた，クライエントの意思を尊重し，その意向に沿ってセラピーを進めることを学べたと思う。構語障害の問題があったから，形の上では私が質問してセラピーを進めていったが，内容については，必ずグレイスの意向を尊重した。たとえば，グレイスの反応を見て，娘さんのジュリーに強く意見するのを控えたのもそうだ。ジュリーのやりかたではグレイスの能力が十分発揮できないと思うことはたびたびあったのだが，置かれた状況下で生きていくためにグレイス自身が選択したことを尊重しなければならないと思って，私は自重した。

　グレイスはまた，困難のなかで人がどう生きればいいかを，身をもって私に見せてくれた。ALSという進行性の病気と戦いながらも，彼女は周囲への心くばりを忘れず，病気のせいでよけいな負担をかけまいと気づかった。また，最後まで生きることに意欲的で，新しいことを学ぼうとしつづけた。どんどん進行していく症状から考えれば，絶望的な気持ちになっても無理はなかったと思うのに，彼女はけっして病気に屈服しようとはしなかった。苦しければ苦しいほど，それに耐える強さを見せてくれたのだ。そんな彼女こそ，素晴らしい生きかたのモデルだといえるだろう。

この事例の教訓は？

　訪問カウンセリングには，オフィスでのカウンセリングとは違うところがたくさんある。周囲の状況をセラピストが自由にコントロールするわけにはいかず，クライエントの家にあがりこんでいる以上，その家のルールに従わざるを得ない。そのうえ，家庭でのセラピーではどうしても，クライエントとセラピストという関係が曖昧になりやすい。セラピストのことを，友人や親しい訪問客のように感じがちなのだ。このような立場の曖昧化には，メリットとデメ

リットの両方がある。セラピーを受けることにためらいのあるクライエントの場合には，最初は（「今度，お宅に伺わせていただいてもいいでしょうか？」といった具合に）友人のように振る舞わないと，受け入れてもらえないことも多い。そのようなクライエントに対しては，立場が曖昧になることは，メリットとして働く。また，訪問カウンセリングのほうがクライエントの家族や友達と顔をあわせやすいし，改まりすぎずに話せるから，短期間のうちに，クライエントの全体的な周辺状況をつかむことができる。デメリットとしてはもちろん，オフィスでの場合と比べて，セラピストの提案や指示をクライエントが軽く考えやすいということがあげられる。その結果，訪問の目的やめざすべき目標をクライエントがきちんと思い出せるよう，セラピストが繰り返し働きかける必要が出てくることも少なくない。プロのセラピストとしての役割と，親しい友人としての役割のバランスを，じょうずにとっていくことが大切だろう。

　訪問カウンセリングの場合にはまた，セラピストが多様な役割を果たすことになりやすい。もしグレイスに対してオフィスでのカウンセリングしか行っていなければ，私はきっと，彼女の身体的機能が衰えていく過程や，それが娘さんにどのような影響を与えているかといったことを，こんなにつぶさに目にすることはなかっただろう。過去の作品の入った箱をつぎつぎに開いていくとき，グレイスがどんなに楽しそうな表情を浮かべるかも，知らずじまいだったかもしれない。彼女の生活ぶりをこと細かに知る機会もなく，どんな問題があって散歩やピアノなどをつづけられないかも，よくわからなかったにちがいない。その結果，グレイスの気持ちを解放するのにピアノを弾くことがとても有効だということも，発見できなかっただろう。このように，グレイスの生活全般をごく近くで観察する機会をもてた結果，私は通常のカウンセリングの場合よりもずっと，多様な役割を果たすことになっていった。問題のありかをさぐる探偵，資料集めのプロ，散歩仲間，コンサートのレポーター，生徒，ヘルパーといった，種々雑多な役割を引き受けることになったのだ。このような多様な役割をも進んで引き受けたおかげで，セラピストとクライエントとしての関係も，いっそう豊かで強いものになったと私は信じている。

　さまざまなクライエントに訪問カウンセリングを行うなかで気づいたことは，他にもある。一つは，喫煙についてである。セラピストに喫煙の習慣がな

いと、煙草を吸うクライエントの家を訪問するのが苦痛な場合がある。オフィスでなら、「面接中は煙草を吸わないでくださいね。喫煙コーナーがありますから、吸いたい場合はそちらでどうぞ」と言うことができるが、クライエント宅でのカウンセリングの場合には、煙草を控えてくれとこちらから要求する権利はないと、私は思っている。だが幸いなことに、これまでの私のクライエントの大半は嫌煙権問題に敏感であり、「煙草を吸わないほうがいいですか？」と聞いてくれた。

　もう一つの問題は、テレビだ。一日じゅうテレビをつけっぱなしの人は多い。だが面接のあいだもテレビがついていると、クライエントにとっても私にとっても、よくない影響が出てくる。そこで私は、「あなたのおっしゃることが聞こえにくいので、少し音量を下げてもいいですか？」といった言いかたをするようにしている。それを聞いてテレビを消してくれるクライエントも少なくない。もっとも1度だけ、セラピーの半分近くをテレビを観てすごしたことがある。私がクライエント宅に到着したとき、ちょうど、77歳という史上最高齢の宇宙飛行士ジョン・グレンを乗せたスペースシャトルが打ちあげられたところだったのだ。この歴史的瞬間にすっかり興奮していたその女性クライエントは、私を椅子に座らせ、別の部屋にいた息子さんも呼んで、テレビを観るように言った。私たちは三人そろってベッドルームでテレビ画面を見つめ、打ちあげが終わったあとようやく、面接を開始できたのだった。

　高齢者のセラピーではケアマネジャーの役割も引き受けなければならないことが多いが、訪問カウンセリングでは、特にその傾向が顕著だ。当時、グレイスの家を訪れている外部の専門家は、私一人だった。そこで私は、彼女が自立した生活を続け、自分の状態に少しでも満足するためには何が必要かを見きわめてそれを調達する手伝いを、進んで行った（たとえば、トイレの便座を高くする器具の調達を手伝ったり、図書館の宅配システムが利用できるように手配したりしたのがそれである）。グレイスのケースではたいていの場合、私の本来の責任と裁量の範囲内で、そうしたニーズに応えることができた。彼女が医療ケアを受けている機関と私の勤務するクリニックが、同じ組織に属していたからだ。もしそうしたニーズに応えられなければ、私は自分が怠慢だと感じたことだろう。しかしながら、ケアマネジャーとしての役割に追われてしまい、本来のカウンセラーとしての役割が十分に果たせないケースもある。あるクラ

イエントの場合には，経済的にひどく困窮していたために，その問題をまず解決しなければ，カウンセリングなどできない状態だった。そこで，可能な範囲で経済的な問題の解決をはかり，その他のニーズもなんとか満たせるよう，各機関に連絡をとることから仕事がはじまった。

　娘さんのジュリーに対してどのように接するかについてはグレイスの意思を最大限に尊重したつもりだが，今になって思えば，もう少し積極的にジュリーをサポートしていったほうがよかったかもしれない。ジュリーに対して私が実際にやれたのは，戸口でちょっと相談にのるとか，「こんなサービスも利用できますよ」といった情報を提供することぐらいだった。もっとも，それに加えて，グレイスが悩みを打ち明ける相手になれたことでも，ジュリーの助けにはなったと思う。ジュリーには，母親の気持ちを受け止めることが，とてもむずかしかったからだ。精神的にもろいところがあるジュリーに過度の負担をかけまいとして，私は控えめな接しかたに終始したわけだが，もう少し積極的にジュリーに働きかけて母親の支えになれるよう援助していったら，グレイスのQOL（生活の質）はもっと向上したかもしれない。もし同じケースをまた手がけるのであれば，もちろんグレイスの許可を得たうえではあるが，ジュリーに対して，あるいはジュリーとグレイスの二人に対して，ケアのポイントや留意点について説明する機会を特別に1，2度設けるだろう。

　高齢者のセラピーを手がける場合，ピア・カウンセラーの存在も，きわめて重要になってくる。クライエントのそばに，友人としてその人のことを気にかけてくれる人がいると，ソーシャルワーカーはとても助かるのだ。グレイスのケースでは，私がやりはじめたことのいちばん重要な部分を，老人ホーム入所後にはピア・カウンセラーが引き継いでやってくれた。また，私自身もセラピーを続けながら，友人や仲間としての役割をピア・ボランティアに頼むこともある。

　グレイスのケースを全体として振り返ってみると，私の介入によってというより，病気の進行に伴って，セラピーにさまざまな転機が訪れたという感が強い。何よりも強く感じるのは，ただそばにいることが大切だということだ。それは一見，ひどく単純なことのように思えるが，そばにいて，気持ちを表現するのを聞くことこそが，ときには，その人の悲しみを軽減する最善の方法になる。私は，グレイスが安心して喪失感や恐れの気持ちを表現できる相手になる

ようにつとめた。そうすることで，グレイスが自分自身の力に気づき，「悲しむという仕事」にその力を発揮できるよう手助けしたのである。

(メアリ・ラマン)

文献

Albom, M. (1997). *Tuesdays with Morrie: An old man, a young man, and life's greatest lesson*. New York: Bantam Doubleday Dell.

Becker, F., & Zarit, S.H. (1978). Training older adults as peer counselors. *Educational Gerontology*, 3, 241-250.

Bratter, B., & Freeman, E. (1990, Winter). The maturing of peer counseling. *Counseling and Therapy Generations*, 49-52.

Campbell, R. (1995). A peer counseling program for older persons. In S.L. Hatcher (Ed.), *Peer programs on the college campus: Theory, training, and voice of the peers* (pp. 161-179). San Jose, CA: Resource Publications.

Kerson, R.S., & Michelsen, R.W. (1995). Counseling homebound clients and their families. *Journal of Gerontological Social Work*, 24(3-4), 159-190.

Sebring, D.L., & Moglia, P. (1987, Spring). Amyotrophic lateral sclerosis: Psychosocial interventions for patients and their families. *Health and Social Work*, 113-120.

Young, J.M., & McNicoll, P. (1998). Against all odds: Positive life experiences of people with advanced amyotrophic lateral sclerosis. *Health and Social Work*, 23(1), 35-43.

第5章
夫婦の関係を修復する

1. クライエントの背景

　60代はじめの主婦バーバラは，かかりつけの医師の紹介でセラピーを受けはじめた。彼女は家族関係，なかでもとりわけ夫との関係に，ひどく失望していた。40年間連れ添ってきた60代半ばの夫アーサーのことを彼女は，「仕事中毒の自分勝手な人で，私を精神的に支えてくれないんです」と表現した。経済的には，夫妻は豊かだった。30年以上も昔に夫妻は，アーサーがよりよい仕事につけるよう，オーストラリアから移住してきた。そしてそれ以来アーサーは，機械技師としての仕事に一心に打ちこんだ。アーサーの親兄弟は今でもオーストラリアで暮らしていたが，妻を亡くしたバーバラの父親のほうは，娘一家のあとを追って米国に移り住んだ。年老いて病弱になったその父親を，夫妻は自分たちの家に住まわせた。「私は一生懸命に世話をしているのに，お父さんは文句ばかり言う。それに夫も，いつもお父さんの側についてばかりで，私の味方をしてくれない」とバーバラは腹を立てていた。
　夫妻の三人の娘さんはいずれも30代で，それぞれ結婚して近くに住んでいた。バーバラもアーサーも五人の孫のことはとても可愛く思っていたが，娘さんたちのことは，夫婦のもめごとのたねだった。バーバラが娘さんと喧嘩をすると，アーサーは娘さんの肩をもったからだ。家族のなかで自分が必要としている精神的な援助を夫が与えてくれないせいで，バーバラは見捨てられたように感じていた。いっぽうそのバーバラも，夫の性的な要求に応えていなかった。そんなわけで二人はお互いに，夫婦としての関係に不可欠なものを相手が与えようとしないと恨んでいたのである。

2．介入の概要

　私（リン・スターン）は5年間にわたって断続的に，夫妻に対するセラピーをクリニックで行った。何度か中断したのには，そのときそのときで理由があったのだが，そのたびにバーバラのかかりつけ医からセラピー再開の要請があったり，夫妻自身が再開を希望したりして，またセラピーがはじまった。大部分は夫婦療法だったが，それぞれに個人療法を行った時期もある。また，セラピーに行き詰まりを感じたために，同僚セラピストの力を借りて協同セラピーを行ったこともあった。各療法の詳細について，以下に述べていこう。

夫婦療法

　初回の面接は，バーバラ一人に対して行われた。彼女は微笑んで私をまっすぐ見据え，言いにくいことも率直に話しはじめた。彼女にとって，世界は白か黒かに二分されていた。周囲の人は彼女にとって敵か味方のどちらかで，しかも大多数が敵に思えた。「父はひどく冷たい人で，それは今にはじまったことじゃありません。私が子どものころからそうだったんです」とバーバラは語った。「私たちの家に呼び寄せて，料理だって洗濯だって全部私がやってあげているのに，感謝の言葉なんて，1度だって口にしたことがないんですから」。バーバラの怒りはつぎに，妻より義父の肩をもちがちな夫に向けられた。「夫との関係こそ，私にとって最大の悩みのたねです」と彼女は言い，夫も一緒にこのセラピーを受けるべきだと固く言い張った。「だって，問題は私にあるんじゃないんですから。もしアーサーがもっといい夫だったら，私は幸せに暮らせてたはずです」というのである。

　そこで，夫婦の関係こそがこのセラピーの中心テーマだということになり，2回目からはアーサーにも一緒に来てもらうことにした。アーサーとバーバラは，じつに対照的な夫婦だった。バーバラは身なりに無頓着なのに，アーサーのほうは洒落者で，気のきいた格好をしている。バーバラはあまりうちとけやすいタイプではなく，周囲の人への手厳しい批判をたびたび口にするが，アー

サーのほうは人なつこく，人の好き嫌いをあからさまに態度に出すようなことはない。「私が娘や父ともめたとき，夫は相手方の味方ばかりするんです」とバーバラは言い張ったが，アーサーに言わせれば，「両者の言い分を公平に聞いているだけですよ」とのことだった。

　バーバラは，夫婦が同じように考え，一緒に行動することを望んでいたが，アーサーのほうは，夫と妻のそれぞれがもっと独立した生活をおくるほうがいいと考えていた。「妻は家族のために献身すべきだ」と，バーバラは信じていた。娘さんたちを育てあげ，魅力的な家庭を築き，料理や掃除洗濯をし，生涯を通じて夫の仕事を助けることを生きがいにしてきた彼女には，自分だけの趣味も友達もなかった。「家族との関係もそれ以外の交友関係も，今やすべて苦痛でしかありません」と，彼女は言った。夫との関係こそが自分の人生の中核であるべきだと信じているバーバラは，これだけ夫に尽くしているのだから，夫のほうでも妻に愛情を注ぎ，もっと一緒にすごしてくれてもいいはずだと考えていた。いっぽうアーサーは対照的に，自分だけの世界をもつのを楽しむ人間であり，仕事にも熱心で，同僚や友人たちからも好かれていた。自分のやりたいことに一人で何時間も没頭する彼は，妻も何か熱中できる趣味や活動を見つけてくれればと願っていた。

　初回の夫婦療法でバーバラは，アーサーに対する恨みつらみを並べたてた。「会社のパーティで，私を放っておいて他の人とばかり話していた」とか，「お父さんや娘たちの味方ばかりする」といったような，夫に冷たくされたと感じた出来事を列挙したのだ。それに対してアーサーは，「妻はセックスをいやがる」「私なりに良い夫になろうとしているのに，全然認めてくれない」といった不満を述べた。

　初期の夫婦療法では，このような敵意に満ちたやりとりが頻繁に繰り返されるばかりだったので，私が主導権をとってセラピーを進め，夫婦間の敵対的なコミュニケーション・パターンに焦点をあてていくことにした。どんな言いかたや態度が互いの気に障るのかをはっきりさせて，少なくとも面接の最中はそのような言動をできるだけ控えるよう，助言していったのである。特に態度を荒らげがちだったのはバーバラで，「あんたは偽善者よ！」とか，「なんであんたみたいな人と結婚しちゃったんだろう！」といった言葉を，何度もアーサーに浴びせた。「あなたは本心から，離婚を望んでいるのですか？」と私は尋ね，

「本気でそれを望んでいるのでなければ，そのような決定的な言葉は口にしないほうがいいですよ」とたしなめた。バーバラが激してくるとアーサーは，話しあいの輪から抜けようとしがちだった。そこで私はアーサーに，「奥さんからこんなふうに激しく非難されると，どんな気持ちになりますか？」と訊ね，彼を話の輪に引き戻した。最初のうちアーサーは，「どんな気持ちかって言われても……よくわかりませんよ」と答えていたのだが，やがて，「私の値打ちをちゃんと認めてもらえてない気がしますね」などと答えるようになった。もしかしたらバーバラの不満の真因はアーサーの浮気にあるのではないかと思った私は，その疑問を直接アーサーにぶつけてみた。「絶対に，妻に隠し事なんかしてません。浮気など1度もしたことがありませんよ」というのが彼の答えだった。興味深いことに，「アーサーは浮気していないと，あなたも信じていますか？」とバーバラに尋ねても，「もちろんです」という答えが返ってきた。

　夫婦療法ではよく起こることだが，バーバラとアーサーも私に対して，それぞれ自分の言い分に賛成してもらいたがり，相手のほうが悪いと言ってほしがった。だが私は，どちらかに加担するような返事はせず，「そのことはあなたにとって，どんな意味をもっていたのですか？」とか，「そのときあなたは，どんな気持ちになりましたか？」などという，問題点を明確化する質問を返すようにしていた。二人のもめごとに引っ張りこまれないように気をつけながら，面接時に直接その問題について冷静に話しあうことを提案していったのである。

　彼らに対するセラピーの第2段階では，それぞれがどのような変化を望んでいるかを明確にすることに焦点があてられた。まずは，アーサーにもっと関心や愛情を注いでもらいたいという，バーバラの希望をとりあげることにした。「アーサーにどんなふうにしてもらえれば，愛されていると実感できるのでしょうか？」と尋ねると，人前でほめてほしい，家庭内で，もっと話をしてほしい，仕事に費やす時間を減らしてほしい，家族内でもめごとが起きたときには妻の味方をしてほしいといったことが，つぎつぎにあがってきた。そこで，その後の何週間かはアーサーに，そうした要望に沿った行動をとるよう心がけてもらった。意識して人前でほめたり，妻との会話を増やしたりしてもらったのだ。だがそれでもバーバラはまだ，夫の変化が不十分だと言いつづけた。す

るとアーサーのほうも,「私は一生懸命にあわせようとしているのに, 女房はその努力をまったく認めないばかりか, 自分自身の行動はいっさい改めようとしない」と文句を言いはじめた。

　そこで今度は, 妻ともっと親密に交わりたいという, アーサーの希望を取りあげることにした。私は夫妻に, 親密さを段階的に増していくための宿題を出した。まずは, 愛情を言葉に出して伝えること。つぎは, 相手を抱きしめながらそうした言葉を言うこと。キスを交わすこと。ベッドのなかで10分間, 抱きあったままでいること……。だが夫妻は, そのうちのどれ一つとして実行できなかった。「私のことを大切に思ってくれない相手とそういう関係をもつ気にはなれない」というのが, バーバラの言い分だったのだ。それに対してアーサーは,「おまえの希望にあわせるために, あれもこれも変えたじゃないか」と, これまでの努力を列挙して反論した。面接での言いあいが特に激しさを増したとき, 失望と欲求不満のあまり, 彼はこう怒鳴った。「こっちがこんなに努力してるのに, まだセックスする気にならんのか！ いったいどこまでやらせれば気がすむんだ？」。

　それを聞いた私は, このままセラピーをつづけても良い結果は得られそうもないと判断し, 夫妻に,「どうも行き詰まってしまったようなので, 他のセラピストの力を借りることにしませんか？」と話した。夫妻のとげとげしいやりとりに慣れてしまった私にくらべ, 新鮮な見かたをもった別のセラピストなら, もっと違う関係を二人が築くための手助けをしやすいかもしれないと説明したのである。夫妻は, 私とは別の組織で働いている, 夫婦問題専門の男性セラピストの予約をとることを了承した。そして何度かそのセラピストのもとに通ったのだが, あまり効果をあげることはできなかった。夫妻のどちらもがそのセラピストのことを, 尊大で親身さが足りない人だと感じ, 信頼感をもつことができなかったのである。

　やがて夫妻から, また私のセラピーを受けたいという電話がかかってきた。だが私は, 同じクリニックで働いている同僚セラピストであるアンを紹介することにした。彼女のほうが, 私より新鮮な見かたでセラピーを行ってくれると考えたからだ。アーサーとバーバラは何度かアンのセラピーを受け, 彼女を信頼するようになった。しかしながら, 夫婦間の問題を解決するという点ではほとんど進展が見られず, アンも私と同じように, この夫妻の関係を改善できる

見込みは少ないのではないかと感じはじめた。このままセラピーをつづけても効果が薄いと判断した私たちは、さらに別の方法を試してみることにした。

個人療法

夫妻のうちでもバーバラのほうは特に、一人の人間としてもっと成長する必要があるというのが、アンと私の共通した考えだった。そこで、アーサーとバーバラのそれぞれに個人療法を行ってみることにした。「バーバラの気持ちのはけ口としてもっと生産的なものが見つかれば、夫婦間のもめごとも減るのではないか？」というのが私たちの考えだった。夫妻のうちアーサーよりバーバラのほうがアンのセラピーを受けつづけることを強く希望しているようだったので、私がアーサーの担当になった。個人療法というこの新たな試みは、はじめての大きな進展をもたらした。ただし皮肉なことにその進展は、バーバラにではなくアーサーに起きたのである。

アーサーと私はまず、生家での人間関係について話しあうことからはじめた。そしてその結果、周囲の人たちの意に添うように行動したがるという強い傾向が彼にある理由が、明らかになってきた。周囲の期待どおりに行動したいと思うあまり彼は、自分がほんとうはどうしたいのかがわからなくなってしまっていた。そして、（娘さんや義父などといった）周囲の人に気をつかいすぎることが、妻との関係をこじらせていた。断ってもいいような頼まれごとに対しても、彼は無制限に時間を割かずにはいられなかった。そんな夫に対してバーバラはいつも、「妻よりも他人が大事なの？」と不満をつのらせていたのである。

子ども時代について話しあううちにアーサーは、8歳のときに母親を亡くしたことが自分の性格に大きな影響を与えていることに気づいた。母親に死なれたことでアーサーの心には、「周囲に愛されるためには、自分のほうが相手にあわせる努力をしなければ駄目だ」という気持ちが深く刻みこまれた。そしてそう努力することで、誰からも好かれる良い子になった。そうやって育った結果、アーサーは、周囲の人の気持ちにはとても敏感だが自分の気持ちには気づかない人間になっていったのである。母親の死について、そして周囲の愛を得たいという気持ちについて語りながら、アーサーは涙を流した。それは彼に

とって，生まれてはじめての体験だった。それまで1度も，母親の死について涙したことはなかったからだ。こうした個人療法を重ねるなかでアーサーは，これまでにないほど多様な感情を経験し，それをおもてに出せるようになった。そしてその結果，バーバラに対しても，気持ちを素直にあらわせるようになっていった。肯定的な気持ちだけでなく，否定的な気持ちも，包まず表現できるようになったのである。そして，「このままの夫婦関係では寂しい」と，はじめて口に出して認めた。

　それに反してバーバラのほうは，しだいに個人療法をいやがりはじめた。「セラピーの目的は夫婦関係の改善にあり，個人の成長が目的ではない」と思っていたからだ。いっぽうアーサーの側の成長はめざましく，自分のその成長が夫婦関係にも良い結果をもたらすのではないかと期待していた。そこでアンと私は夫妻に，「しばらくセラピーを中断して，アーサーの変化が夫婦関係に好結果を生むかどうか，様子を見たらどうでしょう？」と提案した。

　だがそれから数カ月後，バーバラのかかりつけ医がまた，セラピーの再開を求めてきた。「バーバラがストレスに苦しんでいる」というのだ。個人療法でアーサーが大きく変わったにもかかわらず，夫婦のあいだは相変わらずとげとげしいままだった。そこでアンと私は，二人で協同して夫婦療法を行うことに決めた。協同でセラピーをすることで，結婚生活を冷静に考え直す必要があることをバーバラに納得させやすいだろうし，私たちセラピストの側も，ともすれば失いがちな中立性を保ちやすいと考えたからである。

同僚セラピストとともに行った夫婦療法

　最初のうち，アンとの協同セラピーがうまくいくかどうか，私はちょっと心配だった。以前，グループに対する協同セラピーを手がけたことがあり，そのときの経験から，協同セラピストとしての自分の技量にいささか不安を感じていたからだ。「アンは，クライエントに対する私の介入が多すぎるとか少なすぎると感じはしないだろうか」「私のことを，セラピストとしての洞察力や技術が足りないと思うのではないか」と，私は気になった。だがすぐに，「長年，同じクリニックで同僚として働いてきた彼女となら，きっとうまくやれるはずだわ」と思い直した。それまで，彼女の担当するセラピーに私がピア・スー

パーバイザーとして関わった経験が何度かあり，その際に彼女が述べる意見を聞いて，夫婦の問題を扱う基本姿勢が私と似ていると感じていたからだ。つまり，「夫婦間がうまくいかないのは，個人に問題があるというより，パートナーどうしの関係のありかたに原因がある場合が多い」と考えている点で，共通していたのだ。それにアンは，一緒に働きやすい相手だった。自分の能力を過信しすぎない謙虚な人柄なので，やりすぎないようにこちらが彼女を抑える必要がなかったからである。

　夫婦関係の改善を効果的に手助けするためには，アンと私は，チームとしてうまく行動する必要があった。アーサーとバーバラの面接は毎回，とても紛糾した。夫妻はやってくるたびに，あらたな家庭内でのもめごとを持ちこんできたからだ。そのため，ともすれば私たちまでそれに巻きこまれ，夫婦関係そのものを変えるという大きな目的を見失う危険があった。そこで，日々のこまごまとした争いに惑わされることなく広い視点を保つために，アンと私が力をあわせなければならなかったのである。起こったばかりのもめごとについて，何がなんでも相手をやりこめようと言いあう夫妻を落ち着かせ，結婚生活のありかたの変革という大きな目的に目を向けさせるためには，どうしても私たち二人の力が必要だった。夫妻のむきだしの敵意や取り乱した振る舞いをうまくコントロールするうえで，アンと協同でセラピーにあたれたことは，とても心強かったし役にも立った。

　二人でセラピーを担当することで，アンと私がそれぞれ別の役割を果たせるというメリットがあることも，すぐにわかってきた。どちらかいっぽうが夫妻と話しあっているあいだ，もう一人は夫妻の話しかたや顔の表情，姿勢などをよく観察する。交互にその役割を交代して行うことで，夫妻に対する同僚の介入を補足しあうことができるのだ。たとえばアンがバーバラに，「ずいぶん怒っていらっしゃるみたいですね」と言ったとき，観察役の私がすかさず，「今，アーサーが言ったことについて，あなたはどう思っているんですか」と言い足すといった具合だ。アンと私はチームワークを保つために，「そのやりかたで OK よ」ということは目配せで伝えあい，一人が話している最中には，もう一人は口をはさまないように気をつけた。この協同セラピー全体を通じて，効果的にコミュニケーションを行いチームとしてうまく行動するにはどうすればいいのかというお手本を，私たちが実地で夫妻に示したわけである。

この協同セラピーでは主として，夫妻の人柄や価値観の違い，すぐに喧嘩腰になってしまう二人のコミュニケーションのありかたなどが話しあわれた。夫妻が相手に対してもっと思いやりをもち，性別の違いにもよる相違点を理解しあえるように，私たちは手助けしていった。罵りあいを少しでも減らすために，男性と女性とではコミュニケーションのパターンが違うことを説明し，参考図書として，『男は火星人　女は金星人』（Gray, 1992／2003）を読むように勧めた。この本を読んだことで二人（なかでもとりわけアーサー）は，夫婦間の食い違いが自分たちだけのものではなく，文化によって形成された一般的な男女の食い違いであることを理解するようになった。アンと私は，この本の一部（たとえば，「怒らずに相手の話を聞く」「相手が腹を立てたら精神的な支えになるよう努める」「相手を変えようとしない」など）を，次回までにじっくり読んでくるという宿題を夫妻に課した。しかも，そこに書かれていることを家庭で実行して，どのような進歩があったかを次回のセラピーで報告するよう求めたのだ。だが，バーバラに癌が見つかり，治療の必要が生じたことで，この協同セラピーは中断されてしまった。

　その後，何カ月かの化学療法を経たのち，「バーバラの容態も安定したので，また夫婦関係改善の努力をつづけたい」という電話がアーサーからあり，協同セラピーの再開が決まった。この治療期間中に夫妻の関係がいくぶん変化したことに，アンと私はすぐに気づいた。お互いに相手の気持ちを多少は思いやれるようになり，言葉のとげとげしさも減っていたのだ。「治療とリハビリのあいだ，アーサーはとても優しく世話をしてくれました」とバーバラは言い，珍しくも夫のことを，「立派な介護者だった」と評した。そして，自分に健康を取り戻させようと夫が全力を尽くしてくれたさまを，あれこれ私たちに語った。彼女が夫を，そして結婚生活を，はじめて肯定する場に，私たちはセラピストとして立ち会うことができたわけだ。バーバラはようやく，自分に対するアーサーの愛情を信じる気持ちになれたのである。

　バーバラとアーサーは二人とも，夫婦として再出発したいと強く望んでいた。一緒にいられる時間には限りがあることを，病気が気づかせてくれたのだろう。アーサーはこの時点ですでに，妻との関係に生じた変化に満足していた。介護をとおして身体的に触れあうことで欲求の一部が満たされたこともあって，無理にセックスを要求する気持ちはなくなっていたのである。そうい

うわけで，バーバラに拒絶されてアーサーが落胆するということはなくなったが，バーバラのほうは，過去に夫から傷つけられたという気持ちから完全には抜け出せないでいた。そしてその恨みの気持ちが，夫妻で新たな一歩を踏み出すうえで障害となっていた。そこでアンと私はバーバラに，「今こそ，お互いを許して再出発するまたとないチャンスですよ」と力説した。「恨みの気持ちを抱いたまま人生を終えたいのですか？」と尋ねると，いくぶんためらいながらも，「そういうわけではありません」と言う。アーサーにも同じ話をすると，「私のほうでは，妻を許さなければならないようなことは何もありませんよ」という答えだった。そこで「許しのプロセス」を，バーバラに焦点をあてて実施することにした。

　そしてこの，バーバラの恨みを拭い去り，アーサーを許す気持ちになれるよう手助けする試みが結局，セラピーに最終的な進展をもたらした。まずはバーバラに対して，アーサーからひどく見捨てられたり裏切られたりしたと思う出来事を全部，次回までに紙に書き出してくるようにという宿題が出された。そのうえで次の回にもう１度，「これから〈許しのプロセス〉をはじめようと思うのですが，準備はいいですか？」と尋ねると，バーバラの様子が前回とは明らかに違っている。喧嘩ばかりの結婚生活はもう終わりにしたいと心から思いはじめた気配が，はっきりと感じられたのだ。そこで私たちは，「あなたがその気になりさえすれば，過去を水に流してやり直せるんですよ」と励ました。そうやって開始されたその日の面接は，じつに中身の濃いものになった。バーバラは，書いてきた六つの出来事を，声に出して読みあげた。一つ読みあげるたびに，その件についてアーサーが謝罪し，その謝罪を受け入れるかどうか，私たちがバーバラに尋ねる。それに対する答えはいずれも，「受け入れます」というものだった。

　最終面接の日，夫妻のあいだには，穏やかでくつろいだ雰囲気が漂っていた。二人の結婚生活を長年にわたって支配してきた敵意は消え，お互いへの共感が生まれていたのだ。寄り添って座る夫妻が交わしあう視線には，あたたかさと優しさがあった。互いに，相手から愛され大切にされているという実感があるようだった。ただしアーサーもバーバラも，せっかく取り戻せた愛情をいつまで楽しめるかわからないという一抹の寂しさは感じていたと思う。事実，その後２カ月ほどでバーバラは亡くなった。その後，セラピー全般と結婚生活

全体を振り返ってアーサーがくれた手紙には，こう書かれていた——「つまるところ，あいつと結婚して，ほんとうによかったと思っています」。

3．介入の分析

　このケースには，クライエントとセラピストの多様な組みあわせによる，多様な介入が含まれている。ほとんど進歩が感じられない時期も少なくなかったが，個人療法でアーサーが見せた成長ぶりと，最終段階でバーバラが示した「許しの能力」は，大きな意味をもつ転換点となった。このケースはまた，病気という要素をきっかけにして夫婦が成長し癒される場合があることを，よく示していると思う。何度かの中断をはさむ決断をするだけの賢明さが私たちにあったことも，大いに役に立った。そのおかげでバーバラとアーサーは，それまでのセラピーから得たものをよく吟味し，つぎの段階に進む準備を整えることができたからである。

クライエントへの敬意を，どのようにあらわしたか

　私は夫妻のどちらに対しても，大きな敬意を抱いていた。たいていの人はバーバラよりアーサーに魅力を感じがちで，バーバラ自身もつねに，「夫の友達は私を嫌っている」と思っていた。しかし私は，アーサーのこともももちろん大好きだったが，バーバラの寂しさにも共感できた。ただし，面接のあいだじゅうバーバラが口汚くアーサーをなじるのをそのまま許しておくのは，セラピストとして適切ではないと思っていた。それでも無理やり抑えつけて争いを止めようとしなかったのは，「二人は互いに相手からの敬意を受けるべきであり，私自身がそうした敬意のあらわしかたのモデルにならなくては」と考えていたからだ。そこでまず，問題がどこにあるかについてのバーバラの考えを受け入れるところから，セラピーをはじめた。「自分を苦しめているのは夫だ」という見かたを受け入れることで，彼女に対する敬意を示したのだ。紹介者であるかかりつけ医からは，「現在感じているストレスが少しでも軽くなるように，バーバラの個人療法をお願いしたい」という依頼がきていたのだが，

バーバラ自身の見かたを尊重して夫婦療法を行うことにしたのは，そういう事情からだった。

　私には，この夫妻は変われるはずだという基本的な信念があった。喧嘩ばかりしているにもかかわらず，夫婦別れには至らずにすごしてきたからだ。また，二人とも相当な理解力の持ち主だったし，日常生活から離れた休暇の折りなどは，お互いを認めながら楽しくすごすこともできていた。セラピーになかなか進展が見られなかった期間も私がくじけずにいられたのは，「二人は絶対に変われるはずだ」というその信念に支えられた部分も大きい。セラピーが袋小路に入ってしまったと感じたらそのことを率直に夫妻に話したのも，私なりの敬意のあらわしかただったと思う。正直に話したうえで，しばらくセラピーを中断するかどうか，一緒に話しあって決めたのである。

クライエント自身の力を，どのように活用したか

　バーバラもアーサーもそれぞれ長所をたくさんもっており，私はいつも，それを活用させてもらった。アーサーの最大の長所は，なぜ妻との関係がうまくいかないのかを理解しようとつとめ，悪いところは改めようという気持ちが強かったことだ。「週に2回は30分以上，バーバラと話をする」といった宿題を出せば，彼は必ずそれを実行した。「絶対にこの結婚生活を良いものにできるはずだ」という希望を，アーサーはつねに失わなかった。そこで私はしばしばそれを利用して，まずアーサーと話すことから面接をはじめた。「この結婚生活は変えられっこない」と思っているバーバラと先に話すより，そのほうがうまくいくことが多かったからである。

　だが，そんなバーバラにも，セラピーに活用できる長所はたくさんあった。アーサーのことを，「自己中心的な人で私を傷つけてばかりいる」と思っていたにもかかわらず，彼女はじつは，夫に惚れていた。「どうしてこんな生活を我慢しているのか，自分でもわからない」と口癖のように言いながらも，自分が夫を愛していることに，心の奥底では気づいていたのだ。夫に対するそうした愛情がバーバラにあったからこそ，彼女もアーサーも，変わりたいという気持ちをもちつづけることができたともいえる。それにバーバラは，結婚という制度を心から信じており，離婚を望んではいなかった。そこで私はそれを利用

して、「もし一人で暮らすことになったらどんなふうか、想像してみてください」と彼女に話した。その結果、夫と別れての生活をまざまざと思い描いたバーバラは、今の生活への不満を以前ほど口にしなくなった。

それにバーバラもアーサーも、理解力にすぐれていて思慮深かった。二人の関係に繰り返しあらわれるパターンを私が説明すれば、それを理解し、私の見かたを尊重してくれた。彼らがそのように知的な人たちだったおかげで、通常のクライエントの場合よりも複雑な分析を行って、それを二人に伝えることが可能だった。たとえば、（バーバラの父親など）家族のメンバーの要求を夫婦間の争いの口実にしているのではないかと私が指摘したときにも、二人はその解釈を受け入れて納得してくれた。そして、以前のパターンに戻ってしまうことも少なくなかったものの、その後の面接でまたいつものパターンが顔を出していないかチェックし、（娘さんたちとのもめごとなど）他の場面にもそれを当てはめていくことができたのである。

立場は曖昧になったか

私はこのケースに、とりわけ強い熱意をもっていた。それには、いろいろな要因があったと思う。まず第一に、夫妻は一般のクライエントに比べるとかなり若く、それだけに、夫婦としての長い将来があると思われた。そこで私は、ぜひとも二人の関係を改善する手助けをしたいと思ったのだ。

第二に、生活をもっと良いものにしたいという二人の気持ちの強さに動かされたということがあげられる。セラピーの各段階で二人にさまざまな変化が起こるのを、私は目の当たりにすることができた。そうした変化のなかには、たとえば夫妻があまり敵意をむきだしにしないでお互いの関係について話しあえるようになったというような、比較的小さなものもあった。しかしまた、アーサーが子ども時代のつらい体験を思い出し、それに結びつけて現在の自分の気持ちを理解できるようになったときのように、じつに劇的な変化が起きたこともある。

第三に、バーバラもアーサーもそろって、私のことをとても信頼してくれていた。二人は私のことを、人の気持ちをよく理解できる思慮深い人間だと考えていて、彼らに対する私の助力に感謝もしてくれていた。何度かの中断のあと

にも，二人は必ずまた戻ってきた。そのように，私の助力を彼らのほうで必要としていてくれたからこそ，私も熱意をもってことにあたり，成果をあげることができたのである。

　そして最後の要因として，バーバラのかかりつけ医の信頼に応えるためにも，私はセラピーをつづけなければならないと感じていた。夫妻と話しあってセラピーの中断を決めても，かかりつけ医は必ずまた，再開を求めてきた。つまり彼は，私のセラピーが有効だと認めてくれていたわけである。

　こうした種々の要因のせいで私は，どうしても自分が夫妻のセラピーをつづけなければという気持ちになっていた。私自身の情熱だけでなく，かかりつけ医やクライエントたちのこうした忍耐や熱意があったからこそ，「私では役に立てないかもしれない」と思った時期も乗り越えられたのだと思う。このケースを手がける過程で私は時々，何が有効で何が有効でないのかわからなくなることがあった。そんなときには，客観性を取り戻せるような具体的な手だてを，あれこれ考えて取り入れるようにした。同僚のアンに頼んで協同セラピーを行ったのも，その一つである。セラピーの中断を夫妻に提案したのもそうだ。時間をおくことで，夫妻も私以外の人に助力をあおぐほうがいいか検討できるだろうし，私のほうも，セラピーが夫妻に役立っているかどうかをじっくり考え直せると思ったからである。そのような中断期間も含め，このケースを手がけていたあいだじゅうずっと，私は職場の同僚たちにも絶えず意見を求め，私自身の気持ちやセラピーの目標，介入のありかたなどをはっきりさせる力になってもらっていた。

時間の経過とともに，セラピー関係にどのような変化があったか

　セラピーが進むにつれて，夫妻と私のあいだには，強い信頼関係が築かれていった。アーサーとバーバラの人間性についての私の理解も，時とともに深まった。夫妻のどちらもが，私と共通点をもっていた。アーサーとは周囲の人を喜ばせたいという気持ちが強いところが似ていたし，バーバラの「自分は見捨てられている」という気持ちにも，大いに共感できたのである。彼女が夫への不満を激しく言いたてるのを聞いていると，私自身が周囲の人に無視されたと感じたときの気持ちがありありと思い出された。どちらに対してもそのよう

な類似点を見つけられたおかげで、双方の気持ちに共感できたし、そうした食い違いが理由で二人がこれほどまでに対立してしまった経緯も理解できたのだと思う。

　セラピーが長期にわたったために、バーバラとアーサーは二人とも、しだいに自分の過去の感情を私の上に転移させはじめた。時間の経過とともに夫妻のどちらもが、私のことを優しい母親のように感じるようになったのである。バーバラは思春期に、そしてアーサーは幼少の折りに、それぞれ母親を亡くした。そのせいもあって二人とも、あたたかく、優しく、面倒見の良い母親像を心に抱いていた。母親に対するそのような感情を私に転移させたせいで、二人は私を信頼し、さまざまな提案をすんなり受け入れてくれた。他者との関係がうまく結べないことの多かったバーバラにとっては特に、こうした転移の恩恵は大きかったと思う。彼女としては例外的に親密な人間関係を私とのあいだに結べたおかげで、セラピーを受けつづけようという気持ちが強まったのだろうから。

　時の経過のなかで、途中、何度かセラピーを中断するだけの勇気がセラピストとクライエントの双方にあったことによっても、二つの大きな変化が生まれた。第一に、アーサーとバーバラは、望みさえすればいつでもセラピーを再開できるという保証のもとで、セラピーを完全にやめるかどうか、落ち着いて考えるゆとりがもてた。自分たちだけでうまくやっていけるか不安そうな二人に私は、「あなたがたが必要だと思えば、またいつでもクリニックに連絡をくだされば、私のセラピーを受けることができますよ」と安心させた。いつでも手をさしのべてもらえるというセイフティネットを提供したうえで、問題に自分たちだけで立ち向かってみるよう励ましたのだ。第二に、このセイフティネット方式のおかげで二人は、バーバラの発病後の重大な転機に、タイミングよく私の助けを求めることができた。病気をし、アーサーがそれを親身に看護してくれたことでバーバラは、セラピーを再開したいという気持ちになった。そしてこのときこそが彼女にとって、はじめて結婚生活を本当に変えたいと願い、アーサーへのそれまでの恨みを水に流す気になる転機だったのである。

セラピー関係はクライエントとセラピストに，どのようなメリットやデメリットをもたらしたか

　アーサー，バーバラ，アン，そして私のあいだに培われたセラピー関係は，四人全員に大きな影響を与えた。バーバラの場合には何より，人を信頼し許す力がついた。彼女はそれまでずっと周囲から「トラブルメーカー」だと見られがちだった。そのように思われて傷つくことを恐れた彼女は他者との交わりを避け，人を信頼することのできない人間になってしまっていた。セラピーの初期に彼女は何度か，自分の味方をして一緒にアーサーを非難してくれないと，私への不満をぶちまけた。そしてそのたびに，「もう，こんな面接はやめにするわ！」と怒鳴ったものの，それを実行に移すことはなかった。そのようなときには私は，彼女を非難することも，積極的に味方になることもしないで，中立的な立場を保つようつとめた。やがて少しずつ，彼女が私に対する信頼を深めていることが感じられるようになった。そして，アーサーに対する防衛的な態度も，徐々に和らいでいった。そのような変化が起きていたからこそ，病気になったときにアーサーの看護を受け入れ，それまでの振る舞いを許す気になれたのではなかろうか。

　アーサーにとってもセラピーは，苦痛と喜びの入り混じった体験だった。セラピーで出される宿題に妻が協力してくれないことに，彼をしばしば苛立った。彼のほうはセラピーにとても熱心で，宿題もちゃんとやろうとしたのだが，結婚生活が幸せでないのは夫一人のせいだと思っていたバーバラは，とても協力する気分にはなれなかったのだ。そして結局，セラピーによって劇的な変化をとげたのも，バーバラよりはむしろアーサーのほうだった。セラピーをはじめたばかりのころのアーサーは，自分のほんとうの気持ちに気づいておらず，それを上手におもてに出すこともできなかった。だがしだいに，心の奥にある感情が自分に大きな影響を与えていることを理解するようになった。母親の死について面接で話しあったことで彼は，自分の心の奥に隠れていたものを知ることができた。そしてそれ以降は，自分自身に対しても他の人に対しても，気持ちを素直に出せるようになっていったのである。セラピーが終結してから私にくれた手紙のなかで彼は，「閉じこめられた感情の牢獄から自由に

なったとき」に感じた安堵感について，詳しく書き綴っている。

　この夫妻へのセラピーを通じてアンと私は，満足感とストレスの両方を味わった。面接の最中も，またそのあとにも，私たちは何度も，無力感に打ちのめされた。夫婦としての関係に多少改善が見られたと思うまもなく，また以前のような罵りあいに逆戻りしてしまうことがつづいたからだ。お互いに傷つき非難しあう関係からなかなか抜け出せない二人を見ていると，私も焦りと苛立ちを感じた。だがそれだけに，二人が敵意や侮辱の言葉抜きに自分たちの関係を話しあえるようになったときの嬉しさも，ひとしおだった。罵りあう二人のどちらかに味方するのではなく，問題の所在を冷静に分析する立場を自分が貫けたことに，私は満足している。最終的に夫妻がそれまでよりずっと和やかで愛情のこもった関係を築けたことと，私自身がそのプロセスに役立てたことは，私の大きな自信になった。

この事例の教訓は？

　この事例を振り返って思うのは，いくつかの点で，もっと違うやりかたがあったのではないかということだ。なかでも特に，主体性をもって自分自身を変えていくよう，夫妻にもっと強く働きかけてもよかった気がする。たとえばセラピー中断後，夫妻が再開を求めてきたときなどが，その絶好のチャンスだったのではないだろうか。そうした折りに，夫妻とともに，それまでの経過を振り返って話しあえば，きっとその後の進展に役立っただろう。もしもう1度やり直せるなら，再開にあたっては，前回はどのような点で暗礁に乗りあげたのかを確認し，今回はどうしたらそれを防げるかを話しあうと思う。どのような関係をめざしたいかを明確に言葉にすることで，進歩が促進されるはずだからである。

　いっぽうこのケースでは，セラピストとしていい判断をくだせたと思う点も多々ある。第一に，この夫妻の場合には，個人療法と夫婦療法をうまく併用することが功を奏した。個人療法を行うことで，それぞれの話をよく聞き，人間としての成長を妨げている要素は何かをつかむことができたし，夫婦療法によって，夫婦の価値観やコミュニケーション・スタイルが対照的であることがよくわかったからだ。

第二に，当初はうまく機能するか心配だった協同セラピーが，じつに良い結果を生んだ。アンと私がチームとしてうまく機能できたのには，いくつかの理由がある。まずは，仕事の進めかたのスタイルが似ていた。私たちは，クライエントにどこまで同調するか，どこからは毅然とした態度をとるかのバランスが，ひじょうに似通っていた。さらには，面接におけるリーダーシップを分けあう能力を，二人とも兼ね備えていた。アンも私も，自分だけが「スター・セラピスト」になりたいとは思っていなかった。

　協同セラピーを行う場合には，この二つが必ずしもうまく自然に起こるとはかぎらない。むしろ，その逆の場合のほうが多いくらいである。そこで協同セラピストは，プロセス全体の進めかたについても，さしあたってどのような接しかたをするかについても，よく話しあっていく必要がある。協同セラピーを開始する時点で前もって，「どのような働きかけを行うのか」「誰がリーダーシップをとるのか。あるいは，リーダーシップをどのように分担するのか」「クライエントが協同セラピストの協力関係を割こうとしたときには，どう対処するか」「お互いへのフィードバックは，どのように行うか」といったことを，相談しておくべきだ。そのうえでさらに，毎回の面接のあとにも時間をとって，新たに生じた問題点，その回にうまくいかなかった点，今後は相手に改善してほしいと思った点などを，よく話しあうほうがいい。

　このケースでセラピストとしていい判断がくだせたと思う第三の点は，何度か中断をはさんだことだ。これは，じつに役に立った。中断のおかげでクライエントは，独力でどこまでやれるかを試すことができたし，私のほうでも，それまでやってきたことを客観的に振り返ることができた。バーバラが病気の宣告を受けて治療をしていた期間の中断には，とりわけ大きな意味があった。その間に夫妻は，新たな局面のなかで夫婦としての絆を育てることができたのだ。そのようにして二人の絆が深まっていたからこそ，最終段階のセラピーがうまくいったのである。

　このケースは，セラピーの内外に生じるさまざまな出来事どうしの複雑なからみあいを，典型的に示している。何か危機的な状況が起きたときにはじめて，それまでのセラピーの成果がはっきりあらわれる場合は多い。このケースでは，「危機的な状況」とは明らかに，バーバラの発病だった。この時点ではじめてバーバラもアーサーも，それまでのセラピーで自分たちが進歩してきて

いたことに気づき，その進歩をいかすことができた。病気のバーバラをアーサーが献身的に看病するなかで，それまでのセラピーで少しずつ改善されてきた夫婦関係が，さらに一気に深まった。そして，傷つけあいととげとげしさのうしろに隠れていた互いへの愛情が，はっきりと確認できたのだ。その確認ができたことで，それまでの気持ちが洗い流された。そしてそのおかげで，「相手を許し，結婚生活を肯定し直す」という，セラピーの最終ステップに進むことができたのである。

(リン・E・スターン & ベリット・インガソル=デイトン)

文献

Genevay, B., & Katz, R. (1990). *Countertransference and older clients*. Thousand Oaks, CA: Sage Publications.

Gray, J. (1992). *Men are from Mars, women are from Venus*. New York: HarperCollins. （遠藤由香里・倉木真木訳『男は火星人 女は金星人——恋愛相談Q&A』ソニー・マガジンズ，2003.）

Hargrave, T.D. (1994). *Families and forgiveness: Healing wounds in the intergenerational family*. New York: Brunner/Mazel.

Hargrave, T.D., & Anderson, W.T. (1992). *Finishing well: Aging and reparation in the intergenerational family*. New York: Brunner/Mazel.

Keller, J.F., & Bromley, M.C. (1989). Psychotherapy with the elderly: A systemic model. In G.A. Hughston, V.A. Christopherson, & M.J. Bonjean (Eds.), *Aging and family therapy: Practitioner perspectives on Golden Pond* (pp. 29–46). New York: Haworth Press.

Long, J., & Mancini, J.A. (1990). Aging couples and the family system. In T.H. Brubaker (Ed.), *Family relationships in later life* (2nd ed., pp. 29–47). Thousand Oaks, CA: Sage Publications.

Markman, H., Stanley, S., & Blumberg, S.L. (1994). *Fighting for your marriage*. San Francisco: Jossey-Bass.

Neidhardt, E.R., & Allen, J. (Eds.). (1993). *Family therapy with the elderly*. Thousand Oaks, CA: Sage Publications.

Smedes, L.B. (1984). *Forgive and forget*. New York: Harper & Row.

第 II 部

グループにおける実践

第6章
認知療法グループの効果

1．クライエントの背景

　独身で秘書として勤めあげ，退職したローズは64歳で，若いころからずっと軽度のうつに悩まされてきた。一人っ子だった彼女は，「生きることは絶え間なく努力することだ」という信念の厳格な母親に育てられ，他人との交わりがきわめて少ない子ども時代をおくった。父親も母親も家族以外を信用しない人だったので，家に誰かを招くといったことはいっさいなかったからである。高校卒業後，両親の経営する会社で秘書の仕事についたのちも実家で暮らしつづけた彼女は，完全に独立した生活をおくったことはなかった。交友関係は，社内でのつきあいと，仕事を通じて知りあった2，3人の友達にかぎられていた。ローズの退職後，父親が亡くなると，母親はそれまでにも増して，ローズをそばに置きたがった。母親は病気がちではあったが，日常のことはまだ十分にできた。しかしローズは，母親を家に残して友達と夕食を食べに行くと，ひどい罪悪感を感じるのだった。やがて彼女のうつの症状は，どんどん重くなっていった。日中もベッドですごすことが増え，以前は楽しめたことも楽しくなくなり，ごく少数の友人たちに対しても批判的な気持ちになって，心身症的な症状があらわれてきたのだ。ローズは，自分という人間の値打ちをまったく感じることができなくなった。外出して母親以外の人と交わる必要があることはよくわかっていたのだが，どんな活動にも，どうにも参加する気持ちになれなかった。かかりつけの医師は抗うつ剤を処方したが，強い副作用が出て，ローズはそれに耐えられなかった。そこでその医師から，私の勤務するクリニックのソーシャルワーク部門に，個人療法の要請があったのである。ローズは5回ほど個人療法に参加したのち，認知療法グループを勧められて参加することに

なった。

　引退した大学教授であるロジャーは72歳で，在職中は気分障害に悩んだことはなかったが，引退を契機にひどいうつを発症した。自分の業績は無価値でつまらないものだとしか思えなくなり，かつての同僚全員から批判されている気がしたのだ。ロジャーはうちひしがれ，自分は何か重大な研究上のミスをしてしまったのだと思いこんだ。そして，日常のささいなことにも自信がもてなくなった。そんな彼の変化に家族は戸惑い，あっけにとられた。それまでの彼は信念にあふれた努力家で，大学，大学院と順調に進み，米国西部の大きな大学の教授職にまでのぼりつめた人だったからだ。引退後の彼は，数歳年下の妻の都合にあわせて一緒に引っ越してきた。同じく研究者である妻が，それまでとは違う製薬会社に職を得たからだ。ロジャーに抗うつ剤を処方した精神科医が，彼を私たちのところに紹介してきた。

　気分障害のなかでも特にうつと不安は，高齢者に広く見られる。気分障害は，身体的要因もしくは心理的要因と関連して生じる可能性もあるが，ゆがんだ考えかたや思いこみから不調が生じ，そこから抜け出せなくなるケースも多い。高齢者はそれまでの長い生活のなかで，物事をどうとらえてどう反応するかについて，自分でも意識しないうちに自動的なパターンをつくりだしている。そうしたパターンはいつもごく自然に心に浮かんでくるので，当人はそれが絶対に正しくて普遍的なとらえかただと思いこみがちだ。しかもうつだったり不安だったりするときには，自分の（客観的に見ればゆがんだ）思考こそ正しいのだという根拠ばかりが見つかりがちである。

　私たちセラピストは，うつや不安をかかえるクライエントの多くが，そのようなゆがんだ思考（認知のゆがみ）に固執するのを見てきている。たとえばロジャーの場合には，大学教授の職を退いて以来，自分は無価値な人間になってしまったという思いから抜け出せないでいた。「私の人生には，もう何も残されていない。昔の同僚たちは，私のことを軽蔑している。新しく知りあった人たちとはうまくつきあえない」と，彼は繰り返し語った。そこで彼の担当セラピストは，認知療法グループへの参加が効果をあげるのではないかと考えた。認知療法グループに参加すれば人と交わる機会ができ，構造化された集団のなかでの目標を設定できて，「自分はうまく人とつきあえない」という思いこみがほんとうに正しいかどうか確かめられるからである。

2．グループの背景

　認知療法は，1950年代後半にアーロン・ベックによって，うつに悩む人びとを援助するために考案された。そしてそれ以来，さまざまな症状の改善に効果のある方法として，広く利用されている。クライエントに自分の思考パターンをあらためて意識させ，その思考が妥当かどうかを検証させ，妥当でない場合にはもっと適切な思考に置き換えさせる認知療法は，気分障害に特に有効だと認められている。とはいっても認知療法は，正しくない否定的な思考を，やみくもに肯定的な思考に置き換えようというものではない。起こっている状況や出来事を，より正確で現実に即した表現でとらえようとするものなのである。

　そのように実践的な手法である認知療法は，高齢者への働きかけとしてとても優れている。というのも，いかにも心理療法じみたやりかたには抵抗を感じる高齢者が少なくないからだ。その点，教育的要素が強い，自分を変えるためのテクニックを教えるこの方法なら受け入れやすい。私たちの主催する認知療法グループの名称も，「新しいやりかたでもっと気分よく」と名づけられている。「暗い気持ちからは抜け出したいが，「認知療法」という言葉には気おくれを感じてしまう」という高齢者に配慮してのことだ。グループへの参加者の募集は，ヘルスケア提供機関へのお知らせや，新聞，高齢者向けの会報，ラジオ放送などへの広告を通じて行っている。メディケア〔主として65歳以上の高齢者を対象とした，政府の医療保障〕その他の保険の適用が認められている関係から，私たちのグループに参加するためには，DSM-IV〔米国精神医学会が定めた『精神障害の診断・統計マニュアル第4版』〕に基づく診断を行って，その結果，気分障害があると認められた人でなければならないという条件がある。しかしながらその診断で気分障害と認められなくても，ゆがんだ思考のせいで生活の質が損なわれているケースには，認知療法は有効であると私たちは考えている。

　グループへの参加希望者にはまず，個人面接を実施する。その個人面接のときにDSM-IVに基づく診断を行い，認知療法グループに関する基本的な考え

かたを説明するのだ。高齢者にはセラピーというものに馴染みの薄い人が多いので、前もってリーダーと顔あわせし、グループの構成やセラピーの進めかたについて予備知識をもってもらうほうが、初回のセッションへの抵抗感が薄まる。グループへの参加者の基本要件は、①気分障害があると認められること、②思考にゆがみが見られること、③痴呆がないこと、④グループ場面で人の話を聞けること、⑤「考えかたを変えれば気分も変わる」という認知療法の基本的な前提を受け入れられること、⑥10週にわたるセラピーに毎週出席できること、という6点である。共通点の多いメンバーや似た条件のメンバーを集めるといったことはないので、参加者の年齢や学歴、障害の程度、ライフスタイルなどはまちまちである。参加を希望して面接を受けたものの、DSM-IVに基づく診断で気分障害があると認められなかったり、認知療法が自分には適さないと本人が判断したり、見知らぬ者どうしのグループのなかで個人的な問題を披瀝するのは気が進まないと考えるクライエントには、別の介入法を紹介することもある。

　私たちの提供する認知療法グループにこれまで参加した人の年齢は、58歳から84歳にまでわたる。高齢者のグループにはたいてい言えることだが、参加者の半数以上が女性である。気分障害の種類としては、うつ、不安、躁うつ、適応障害などがあるが、大多数が多かれ少なかれうつ傾向をもっており、その大部分が精神科医やかかりつけ医から投薬治療を受けている。

3．介入の概要

　「新しいやりかたでもっと気分よく」と名づけられた私たちの認知療法グループは、毎週1回のペースで全10回行われる。各回は1時間から2時間ほどで、2名の臨床ソーシャルワーカーが、グループのリーダーとなる。参加者の人数は、最大10名までということになっている。通常のグループ・セラピーに比べて多いように思われるかもしれないが、高齢者の場合、健康状態も不安定でなかなか予定が定まらず、また、誰かに無理に勧められて参加を決める人も少なくない。そのため、ごく早い時期に参加をとりやめてしまうケースもめずらしくないので、それを見越してこのような設定にしてある。参加者の

年齢，障害の程度，学歴といったものはさまざまだが，それぞれに人生経験豊富な人たちなので，お互いを尊重しあうことができる。

　初回のセッションでは参加者はたいてい，これからどう振る舞ったらいいのか，少々不安に思っている。そこでグループとしての初期の目標は，参加者どうしが安心して仲間になれるような，ゆったりとした雰囲気をつくりあげることに置かれる。話しあいの途中途中には，認知療法の諸概念を理解してもらうために，リーダーがミニ講義を行ったり，参考資料を参加者に読んでもらったりする。さらには，セラピーに対する理解を深めたり，各自の目標を達成しやすくしたりするための宿題も出される。その後の各週のセッションの進めかたも，だいたい同じようなものだ。具体的な手順を，以下に紹介しよう。

質問に順番に答える

　各回のはじめには，何かごく簡単な質問をして，参加者たちに順番に答えてもらうことになっている。これは，話しあいへのメンバー全員の参加を促すためのものだ。質問の内容は，最初は（「好きな本や映画，テレビ番組は何ですか」というような）当り障りのないものから，回を重ねるにつれて，（「あなたの生まれ育った家庭では，どんなことがいちばん大事だと考えられていましたか」というような）かなり深い意味をもつものへと変えていく。この，生家で重んじられていた価値についての質問が，ローズにとっては変化のきっかけになった。それまでの2回のセッションでは，彼女はとても緊張した様子で，最初の質問にも答えようとはしなかった。セラピーで何をめざしたいのかを各自が発表した際にも，「うつを軽くしたい」と答えるのが精一杯で，それ以上詳しいことは言えなかった。そんな彼女がはじめて個人的なことを言葉に出したのが，3回目のセッション開始時の，生家の価値観についての質問のときだ。まずは他のメンバーたちが，「女の子より男の子のほうが大切」とか，「子どもは大人に監視されるものであって，大人に向かって意見を言うものではない」などという，それぞれ問題のある価値観を披瀝した。自分の番がくるとローズは，「両親はいつも，〈家族以外の人間は信用できない〉という考えを私に植えつけようとしました」と語りはじめた。そして，自分の家族は社交的な集まりに参加することもなく，誰かを自宅に招くこともなかったと説明した。すると

別の参加者が,「まるで,うちのことを言ってるみたいだわ。私の家族も,よその人とはいっさいつきあおうとしなかった。だから私は今でも,よく知らない人と一緒だと信用できないし,緊張しちゃうのよ」と賛同した。この質問のあとにはリーダーから,人間の中核となる信念がどのように形成されるか,人格形成期に家族から教えられた価値観が,一生を通じてその人の考えかたや態度,行動にどれほどの影響を与えるかについて,ミニ講義が行われた。この回のセッションでローズは,新しい洞察を得たように見えた。そしてその後,それまでの緊張した防衛的な態度は,目立って和らいだのである。

ミニ講義

　二人のリーダーのうちどちらかが,認知療法の基本概念についての10分から20分程度のミニ講義を,折りにふれて行う。そうしたミニ講義の積み重ねを通じて参加者たちは,認知療法のさまざまなテクニックを理解し,うまく利用できるようになっていくのだ。ミニ講義の具体的な内容は,認知療法とは何か,「自動的思考」とはどういうものか,(過度の一般化,相手の心理の先読み,十かゼロかの考えかた,「ねばならない」思考,決めつけ,などといった)さまざまな思考のゆがみとはどのようなものか,目標をどのように設定したらいいか,問題の解決に向けてどうするのか,ゆがんだ思考を修正するテクニックにはどのようなものがあるか,というようなことである。そのうえで,『いやな気分よ,さようなら』(Burns, 1992／2004),『うつと不安の認知療法練習帳』(Padesky & Greenberger, 1995／2001)といったテキストを読む宿題を出して,ミニ講義で話した内容を定着させる。ミニ講義の頻度や進行具合は,グループのメンバーがさまざまな概念をどのぐらい理解し受け入れたかにあわせて,臨機応変に決められる。参加者の経歴や背景は多様で,認知療法に関する予備知識があったり以前になんらかのセラピーを受けた経験がある人もいれば,心理療法への知識もグループへの参加経験ももちあわせない人もいるので,参考になるような書物もいくつか紹介して,希望者には読んでもらうようにしている。

問題について話しあう

　参加者たちの多くは，人間関係や健康上の悩み，なんらかの喪失体験，生活の変化などといった，困った状況をかかえている。そしてそのような悩みごとについて話すなかで，その人なりの思考のゆがみがあらわれた発言を漏らす。そこでセラピストはそのような機会をうまくとらえて，「その思考が妥当かどうか，一緒に検討してみましょう」と問題提起を行う。セラピストの役割は，参加者に特定の思考を教えたり押しつけたりすることではない。「自分の思考にはゆがみがあり，あまり妥当とはいえないかもしれない」ということを参加者が発見し，納得できるよう手伝うのが仕事である。つまりそれは，参加者とセラピストの共同作業なのである。認知療法の概念やテクニックに参加者たちが慣れてきたら，今度は他のメンバーの思考のゆがんでいる点をお互いに指摘しあうよう，セラピストは誘導する。グループのリーダーであるセラピストが目指すべき到達点は，思考のどこがゆがんでいるかを見つけて，代案となるもっと妥当な思考を提示するプロセスに，グループの全メンバーが参加できるようにすることである。

　ローズの場合，もっと他人と交わればうつの症状が軽減されるだろうということは本人もよくわかっていたのだが，どうにも友達に電話する気になれなかった。「思いきって電話してみれば？」とグループのメンバーたちが勧めると，ローズはこう答えた。「でも友達はきっと，私にひどく腹を立ててるわ。だって前に彼女が何度も電話をくれたとき，私は1度も電話口に出なかったんですもの」。そこで私たちセラピストは，ローズのこの思考にはゆがんだところがないかと，参加者たちに問いかけた。するとあるメンバーが，「彼女の言ってることは私には，〈予言〉のように聞こえるけど」と答えた。「予言」というのは，このグループがそれまで学習してきた思考のゆがみの一つで，物事が今後どう展開するかをあらかじめ決めつけてしまう発言のことだ。そしてたいていの場合，その展開は悪いほうへ悪いほうへと予想される。「もしかしたらお友達はあなたのことを心配していて，電話をもらえば安心するかもしれないわ」と，別のメンバーも言った。そしてローズは結局，次週までに友達に電話してみるという宿題を受け入れた。そしてつぎのセッションのとき，「みん

なの言ったとおり，友達は私のことを心配していて，電話をもらえて嬉しかったと言ってくれたわ」と報告した。二人はその電話で，今度，一緒に映画を観る約束もしていた。それを聞いたグループの参加者たちは，喜びの声をあげた。歓声に包まれて，ローズも満足そうだった。

　ローズにとってのもう一つの障害は，彼女が夜間にでかけることを喜ばない母親に対して感じる罪悪感をどう克服するかということだった。そこでリーダーは「調査法」という手法を用いて，思考のゆがみがあることを納得させることにした。一人きりの親と同居している人はいつでも親のそばについていなければいけないと考えるメンバーが何人いるか，挙手してもらったのだ。すると，そのように考えている人は一人もいないことがわかった。グループの全員が，ローズは今のままでも十分すぎるぐらい親思いの娘だと認め，いつでも母親と一緒にいる必要などないと請けあったのである。「私なんか，月のうちたった1日だってずっと母親と一緒にいたら，うつになっちゃうわ」と一人のメンバーが言い，ローズを含めた全員がどっと笑った。

　ロジャーも最初の何回かはひどく防衛的で，にこりともしなかった。認知療法グループのプロセスにも，グループのメンバーたちにも関心がもてない様子で，こちらが電話して強く勧めないと集まりにも出てこなかったのだ。だが回を重ねるにつれて，そのロジャーがしだいにつづけて出席するようになってきたので，私たちは驚いた。グループの話しあいにはじめてロジャーが自分から口をはさんだのは，メンバーの一人であるジューンが，「職場にコンピュータが入ったんだけど，私，その扱いがよくわからないの。そのことで上司にひどい嫌味を言われちゃって……」と悩みを打ち明けたときだった。ジューンは定年まであと1，2年を残すだけだったのだが，その件ですっかり自尊心を傷つけられ，会社を辞めてしまおうとまで思っていた。

　するとロジャーが，「近くの大学で一般向けのコンピュータ講座をやっているから，それに出てみたら」と発言した。それに対して他の何人かのメンバーからも，「私もコンピュータについて，もっと知りたい」という声があがり，ロジャーはコンピュータの基本操作について，ちょっとした説明をすることになった。こうした話題は認知療法本来の主題からははずれたものだが，ロジャーが積極的に話しあいに加わったのはこれがはじめてだったので，私たちセラピストはそのまま見守ることにした。そうこうするうちに，やがてロ

ジャーは自分のことを，グループの問題解決担当係としての存在価値がある人間だと考えるようになっていった。ただしまだ，皆の前で自分のうつのつらさを語ったり，個人的なことを披瀝するようなことはなかった。

「退職した人間はもはや役に立たない存在であり，なんの社会貢献もしていない」という彼の思いこみを正すために，私たちセラピストは集まりの最初に出す質問として，「退職後あなたは，どんな活動をしてきましたか？」という問いを選んだ。それに答えて参加者たちがあげた活動の多様さに，ロジャーはすっかり驚いた様子だった。「子ども科学博物館でボランティアをしてるんだ」と答えたサムに向かってロジャーは，「具体的にはどんなことをやってるんだい？」と興味津々に尋ねた。だが参加者のなかには，「退職してしまったら人生にはもう，なんにも残されていない」と答えた人もいた。それを聞いたロジャーははじめて，それまでの自分の思考のゆがみに，はっきり気づいた様子だった。その参加者の発言に，完全には賛成しきれない自分を発見したのである。

目標の設定と見直し

一連のセッションの節目節目には参加者たちに，その時点での各自の目標を具体的に設定し，以前に設定した目標がどの程度達成されたかを報告してもらうことになっている。定期的に目標を見直して，うまく達成されつつあるか，それとも別の目標に変える必要があるのか，検討するのだ。たとえばロジャーの場合，最初に設定した目標は，「自分が役に立つ生産的な人間だと思えるようになりたい」というものだった。私たちセラピストは，もっと具体的な目標を設定できるよう，働きかけていった。やがて彼は，「何かボランティアの仕事をしたい」と言いはじめた。そこで，この地域でやれそうなボランティアの仕事をさがしてくるという宿題が，彼に出された。2週間ほどでロジャーは，いくつかの候補を見つけてきた。私たちは，そのうちのどれかを選んでボランティア受付係に連絡し，面接の約束をとりつけるよう彼を励ました。

表 6-1 自動的思考についてのローズの日誌

場　面	感　情	自動的思考	合理的思考
友人と外出	罪悪感	友人とでかけるべきではない 私は無責任だ	友人とでかけてもかまわない 母は私の外出を好まないだろうが、でかけても母が困るわけではない
友人からの電話がない	深い失望	私が何か悪いことをしてしまったのだろう	たぶん彼女は忙しいだけだ
認知療法グループの教材を読んでも理解できない	不安	私はなんて頭が悪いんだろう。きっと今度のセッションで、変なことを言ってしまうにちがいない	私がわからないんだから、他にも理解できない人がいるかもしれない。参加者はみんなとても親切だから、誰かが助けてくれるだろう

宿　題

　このような個人的な宿題のほかに、グループ全員に毎週出される宿題もある。セッションで学んだ概念を定着させたり、紹介したテクニックを実際に試す機会をつくったりするのがその目的だ。セラピーの全期間を通じて継続して出される宿題に、「どんなゆがんだ思考が浮かんだかの日誌を毎日つける」というものがある。日誌には、どのような場面でどんな思考が自動的に浮かび、その結果、どんな否定的な感情が生じたかを記すことになっている。認知療法のテクニックをかなりうまく使えるようになると、参加者たちは、自動的に浮かんでしまったゆがんだ思考に代わるもっと合理的な思考も、併せて記せるようになる（表 6-1「自動的思考についてのローズの日誌」を参照）。

　個別の宿題は、その人その人の事情や課題にあわせて出される。「友人に電話してみる」というローズへの宿題や、「ボランティアの仕事をさがす」というロジャーへの宿題などがそれだ。毎週のセッションで参加者たちは、やってきた宿題について報告する。

4．介入の分析

　認知療法をグループで行うメリットは，参加者たちが社会的な状況のなかで心理療法を受けられるという点だ。つまり，認知療法の概念を活用して自分の思考のゆがみに気づき，もっと合理的な思考に置き換えることを学べると同時に，グループのなかで培われるあたたかい人間関係に支えを見いだすこともできるのである。参加者はそれぞれ別個の問題をかかえており，長所や弱点も人それぞれだが，口々に言うのは，「落ちこんだり不安になったりしたときも，自分が一人ぽっちではないとわかっていると救われる」ということだ。セラピストである私たちには，参加者各個人のニーズとグループとしてのニーズのバランスをうまくとっていくことが求められる。一人ひとりを尊重しつつ，グループ全体の円滑な運営も心がけていかねばならないのである。

クライエントへの敬意を，どのようにあらわしたか

　認知療法グループへの参加が，それまで社会的な交流のほとんどなかったローズにとっては特に難しいだろうということは，私たちにもよくわかっていた。そこで機会あるごとに，「集まりに出席するだけでも立派なことですよ」と励まし，何か発言したときには特にほめるようにした。また，時間とエネルギーのほとんどを母親に費やすという彼女の選択を尊重した。それが彼女自身にとってはあまり良くないことではないかと私たちセラピストは考えていたが，無理に改めさせるようなことはしなかった。
　ロジャーがまだ心をとざし防衛的だった初期のころも，出席をしぶりがちな彼の選択を，私たちは尊重した。彼が退職前に属していたのは，競争の激しい成果主義の職業集団だ。したがって，グループ内で共感しあったり，個人的な問題を話しあったりすることには，慣れていなかったのである。そこで，体験したことのない人間関係のありかたに慣れるのに時間がかかる彼を，私たちはゆっくり見守ることにした。

クライエント自身の力を，どのように活用したか

　うつで人づきあいにも不慣れなローズの力を発見することは，当初は難しく思われた。だが彼女は，いつも真面目に宿題をやってきた。そしてしだいに，ゆがんだ否定的な思考によって感情が左右されてしまったときには，ちゃんとそれを自覚できるようになっていった。やがて，この認知療法グループでいちばん勉強熱心な生徒は彼女だと，自他ともに認める存在になった。グループで話しあう内容について予習してきていると彼女が自信をもって参加できることに気づいた私たちは，宿題でやってきたことのなかから何か発表する機会を，毎回彼女に与えることにした。そんなある日，何かの折りにローズが，「私なんか駄目な人間だ」というような発言をした。その場ではその発言について誰も何も言わなかったが，つぎの話題に移ったところで，突然一人のメンバーが口をはさんだ。「やっぱり，どうしても言っておきたいことがあるんだけど……ローズ，私にとってあなたは，このグループのなかでも特に大切なメンバーよ。あなたはものすごく注意深く私の話を聞いてくれるから，私はいつだって，あなたになら私のことがわかってもらえると感じるわ」。

　ロジャーの力も最初のうちは秘められていたが，やがて誰の目にも明らかになった。とても知性があって，ユーモアのセンスにも富み，グループへの参加意欲も旺盛だったのだ。彼がコンピュータに詳しいことがわかると，メンバーたちは口々に質問を浴びせ，いろいろな相談をもちかけるようになった。そのようなやりとりを通じてロジャーも自信をもつことができ，他のメンバーも情報を得ることができると考えた私たちは，セッションの話題がそちらのほうに流れるのを止めなかった。「ボランティアの仕事をさがす」という宿題が出されるとロジャーは，自分のためだけでなく，他のメンバーたちに合いそうな候補も見つけてきて，「ぜひやってみたら」と勧めるようになった。

立場は曖昧になったか

　この認知療法グループのリーダーであるセラピストの一人に，ローズは以前，個人療法を受けていた。そのせいでグループ・セラピーでも，そのセラピ

ストとの親密な関係を求めるようなところがあった。セラピストの注意が自分だけに向けられることに慣れていたので，休憩時間などに，あれやこれやそのセラピストの注意をひきたがったのだ。セラピストはローズのそのような傾向を警戒し，なんとか彼女ばかりにとらわれずに他のメンバーにも均等に注意を向けたいと苦労した。いっぽうもう一人のセラピストのほうは，自分自身もローズと同じように，要求が多すぎる家族をかかえていたので，ローズと母親の関係がとても他人事とは思えなかった。そのために，ローズが自分のペースで自分なりの問題解決法にたどりつくまで待つ前に，「さっさと実家を出て，新しい人生に踏みだしたほうがいいですよ」とアドバイスしたくなる気持ちを抑えるのが大変だった。

　ロジャーは，自分のうつがかなり重症であることを最後まで認めたがらず，グループ全体に出される宿題もめったにやってこなかった。彼は長いこと大学教授の地位にあり，その彼にしてみれば私たちセラピストは，彼が属していた知的階級社会の，自分より目下のメンバーだった。そのせいで彼は，私たちの指導を受けるという逆転現象に馴染むことができず，私たちのほうにも遠慮があった。もし彼が違う職業，たとえばどこかの工場長か何かだったら，私たちももっと毅然とした態度で，宿題などを徹底できたのではないかと思う。

時間の経過とともに，セラピー関係にどのような変化があったか

　ローズが社会生活を広げ，母親と距離をとるうえで，セラピー以外の部分で起きた出来事が，大いに役立つことになった。幼いころ友達だったトレイシーが突然手紙をよこして，この町に戻ってくるのでぜひ会いたいと言ってきたのである。いささか不安はあったものの，ローズはトレイシーと夕食を食べに行く約束をした。そしてその食事の席でトレイシーから，「子どものころ仲よくしてもらってすごく嬉しかったのが忘れられないわ。これからもしょっちゅう会えるように，近くに住みたいんだけど」と言われたのである。ローズはとても驚き，嬉しく思った。そしてつぎのセッションのとき，恥ずかしそうにではあるが誇らしげな様子で，そのことを皆に報告した。ローズが良き友人になれることを示す証拠がまた増えたわけで，この出来事からさらに自信を深めた彼女は，グループ内でも，グループ外の友人とつきあううえでも，積極性を増し

ていった。旧友との食事の際に家に残される母親は相変わらず不満を口にしたが，今ではもう母親にいやな顔をされても動じないでいられる自分に，ローズは気づいた。

　ロジャーの場合も，グループ以外のところで起きた出来事のおかげで，10週にわたるセラピーの成果がいっそうあがったように思われる。グループ・セラピー開始の2週間前に，彼は医師から抗うつ剤の投与を開始されていた。そのせいで，セラピー開始後1カ月ぐらいたつとロジャーの落ちこみはずいぶん改善され，グループでの話しあいにも休憩時間にも，ずっと積極的に発言するようになった。

セラピー関係はクライエントとセラピストに，どのようなメリットやデメリットをもたらしたか

　ローズはこれまでずっと，自分の価値はひどく低いと思いつづけてきた。人づきあいの経験の少ない彼女は最初のうち，とても自信がなさそうに見えた。だが，他のメンバーもうつや人間関係に悩んでいるのを知ると，自分だけではなかったと安心したのだろう。家族の問題を率直に話しあうことができるようになり，メンバーへの信頼も深まっていった。グループの人たちのあたたかい反応に包まれることで彼女は，だんだん自信がついていった。自動的思考を日誌に記すことを通じて，思考のゆがみもよく自覚できるようになった。グループのメンバーへの信頼が増すにつれて，セッションがはじまる前や休憩時間などに仲間と雑談する姿も見られるようになった。彼女の情動は活気づき，うつは軽減した。大勢の友人たちと交わったり，しょっちゅう母親を残してでかけるといったところまではいかなかったものの，旧友たちとの交流を再開し，外出の自由をとりもどす決心を，彼女は固めた。

　グループ・セラピーへの参加はロジャーにとって，未知の世界に足を踏み入れる体験だった。それまでは研究者仲間の集まりにしか出席したことがなかったからだ。自分の職業人生は無価値なものだったというゆがんだ思考のせいでとてもつらい思いをしていることを，彼はけっして人に語ろうとはしなかった。ロジャーの気分や行動が改善されたのが，抗うつ剤のせいだったのか，グループへの参加のせいだったのか，あるいは両者の相乗効果だったのかは明確

でないが，彼は間違いなく，自分のこれまでの人生を，前より妥当で現実的な見かたでとらえられるようになっていった。自分がゆがんだ思考に苦しみ，うちひしがれていたことを，ロジャーはまるで忘れてしまったかに見えた。相変わらず個人的なことを打ち明けることはなかったし，認知療法のテクニックを利用している様子も見せなかったが，セッションに何度か出席するうちに彼の態度や行動が明らかに変わってきたことに，私たちは気づいた。他のメンバーたちと会話を交わすようになり，気のきいた冗談を言い，誰ともうまくつきあうようになって，グループに馴染めないでいる人には特に気をつかって面倒を見るまでになったのだ。彼は今現在もボランティアの仕事をつづけており，セラピーで一緒だった仲間たちとも連絡をとりつづけている。

　私たちの認知療法グループの特筆すべき特徴の一つは，10週にわたるセッションのなかで，参加者たちが互いに支えあうようになることだ。おそらくは自分の弱さをさらけ出すことを通じて，他の人の美点を認めあう力が育っていくのだろう。うつや不安について正直に語り，なんとか楽になりたいと苦闘していることを打ち明けあうなかで，お互いが少しでも進歩すると，それに気づくことができるようになるのである。

　私たちセラピストも，同僚と協同してグループのセラピーを手がけるなかで，多くのことを学ぶ。二人でリーダーをつとめれば進行を一手に引き受ける必要がないので，同僚の仕事ぶりを観察し，グループ全体についてじっくり考察することができる。また，二人のセラピストが補いあえるというメリットも大きい。いっぽうが「直面化」の役割を果たすときには，もういっぽうが共感的な考えを述べる。さらには，認知療法グループを手がけることが個人療法を担当する際にも役立つと，私たちは考えている。グループのメンバーの考えがじつに多様なのを目の当たりにすると，同じ出来事でも人によって受け取りかたはさまざまだということが，心の底から納得できるからである。

　認知療法グループのリーダーをつとめることで，そのテクニックをセラピスト自身の生活に応用する能力も高まる。「何かを本当に知りたいと思ったら，それを教えてみることだ」という諺は，認知療法にもあてはまる。ソーシャルワーカーとしての私たちは，どんなクライエントのどんな問題も解決できる力をもたなくてはと思いがちだ。だが認知療法の考えかたを知ることで，もっと現実に即した見かたができるようになる。自分を変えることのできないクライ

エントや，途中でセラピーに来なくなるクライエントがいても，それを受け入れられるようになるのだ。「クライエントが変わるためには，本人が行動を起こさなければはじまらない」とか，「すべての人に役立つセラピストでなくてもいい」といった考えのほうが妥当であることに気づくわけである。さらに個人的なレベルでも，たとえば年老いた家族や親戚に十分なことをしてあげられないといった罪悪感や悩みなどにも，私たちは認知療法のテクニックを応用して対処している。

この事例の教訓は？

　私たちセラピストは二人とも，個人療法を行ったりサポート・グループのリーダーをつとめたりした経験はあったが，認知療法グループを手がけるのはこれがはじめてだった。グループ・セラピーにつきものの難しさの一つは，各個人のニーズとグループのニーズの折りあいをどうつけていくかということだ。グループ・セラピーの途中にも，いっぽうあるいは両方のリーダーが，特定の参加者に対して個人療法のような介入を行うことがある。そのような場合にリーダーは，働きかける相手の微妙な気持ちを考えるだけでなく，そこに立ちあう周囲のメンバーたちが，「考えや悩みを打ち明けても安全だ」と感じられるような場をつくらなければならない。

　つまりそこには，二つの問題が出てくる。一つ目は，やりとりの一部始終を他のメンバーたちに見られていることで，個別の働きかけを受ける人が自然に振る舞えないかもしれないということ。そして二つ目は，見守っている周囲のメンバーのうちの誰かが，やりとりの内容や情動的表出を，自分の心にとりこむかもしれないということだ。たとえば，ひじょうに頑固な参加者の，強固なゆがんだ思考に対して，リーダーが強めに介入したとする。その一部始終を，神経の細い参加者が見守っていたらどうだろう？　耐えられない気持ちになり，「うっかり正直な考えを漏らしたりしてはいけないのだ」と思ってしまうかもしれない。

　本章で紹介したような認知療法グループでもう一つ難しいのは，リーダーが教師役とセラピスト役の二つを同時に果たさねばならないという点である。グループのメンバーが認知療法のテクニックをうまく使えるようになるために

は，思考と感情の関係について，基本的なことを知らねばならない。したがって教師役としてのリーダーは，メンバーそれぞれが事前にもっている知識にばらつきがあることを，つねに意識している必要がある。なかには，以前にもなんらかの形の認知療法を受けた経験がある人がいるかもしれない。のみこみの早い人もいれば，時間がかかる人もいる。認知療法に対する予備知識のある人たちを退屈させることなく，未経験の人たちに基本概念を理解してもらうのは，やさしいことではない。また，知的能力が高い人だからといって，自分の思考のゆがみをよく把握できるとはかぎらないことも，私たちはたびたび経験している。

　認知療法の概念は一見単純そうに思えるが，参加者たちがそれを理解して実際に利用するのはなかなか大変だということを，リーダーは忘れてはならない。たとえば参加者の多くは，「思考」と「感情」の区別がつきにくい。ローズも，母親を残して外出する際の「感情」はどのようなものだったかと問われて，「私は無責任な娘だと感じました」と答えた。そこで私たちリーダーはローズや他のメンバーに，「母親だけを残して外出するのは無責任な振る舞いである」というのは，「感情」ではなくて「思考」だと説明した。その「思考」によって引き起こされた「感情」が，罪悪感や落ちこみなのである。

　認知療法では本来，変化を促すために組織だった働きかけを行う。しかし高齢者の場合には，リーダーの側に臨機応変な態度が求められることを，私たちは痛感している。高齢者の身には，健康上の問題やさまざまな喪失，ライフスタイルの変化などが起こりやすい。したがって，セッションのなかでつらい気持ちを語らせたり，相談にのったり，問題解決の手伝いをしたりする必要も生じてくるのだ。認知療法グループではまた，回を重ねるにつれて，お互いの思考のゆがみを指摘しあい，もっと合理的な反応のしかたを皆で協力して見つけていくことが，参加者たちに求められる。だが，人との交わりに慣れていない高齢者の場合には，他人の意見に反論を唱えたり，違う意見を述べたりするのに抵抗があることも多い。その結果，自分たちでは率直に話しあわずにリーダーに正答を教えてもらおうという態度になりがちだ。そのような気配にリーダーはいちはやく気づき，いつもリーダーに頼るのではなく自分たちで解決方法を見つけていくよう，働きかけねばならない。

　私たちの行う認知療法グループでは，大多数の参加者がうまくグループに馴

染み，それなりの効果をあげている。だがときには，私たちの基準からすれば認知療法グループにふさわしいと思われるのに，効果があらわれにくい人もいる。たとえば82歳のドロシーは，両親に溺愛されて育った一人っ子で，芸術的な才能を伸ばすためのチャンスを幼いころからふんだんに与えられていた。そんな彼女は哲学や心理学についての自分の知識に自信をもっており，詩を書くのが趣味だった。最初の個人面接にも彼女は，自作の詩をもってあらわれた。そして自分のことばかり勝手に語りたがり，こちらの質問にはなかなか答えようとしなかった。周囲の関心が自分に集まらないと気がすまない彼女がグループ内でうまくやっていけるか多少の不安はあったものの，除外すべき確たる理由も見つからなかったので，私たちはドロシーを受け入れることにした。

　案の定，初回からドロシーは，リーダーと参加者たちの注意を一身に集めたがった。ミニ講義の全体的な主題をつかむことができず，些細な話題をとらえて長広舌をふるったのだ。自動的思考をぜひ記録しつづけるようリーダーが参加者たちに勧めた際には，詩を書くことの利点を長々と説いた。参加者たちが自分の目標に向けてどのぐらい進歩したかを発表すると，その一人ひとりに対して彼女はセラピストのように振る舞い，的外れな質問を連発した。参考図書も読もうとせず，宿題もやってこない彼女には，認知療法のテクニックを利用することはできなかったのである。

　そんなドロシーの振る舞いに，他のメンバーたちが苛立っているのは明らかだった。リーダーたちは，なんとかして彼女のエネルギーを認知療法の本質への理解に向けさせようと，苦労していた。それまでのドロシーの振る舞いから見て，私たちはそのグループのリーダーに，「認知療法の基本的な考えかたを理解できないように思われる参加者に対しては，何度か個人療法を行って，その参加者の理解力やグループ場面への適応力の有無を再確認したほうがいい」とアドバイスした。やがて，認知療法グループのたびにドロシーの横にリーダーの一人が座り，彼女がセラピーを独占しはじめたら腕に軽くさわるなどして合図をすると効果的なことがわかってきた。合図を受けると彼女はそれに気づき，謝ったり話を切りあげたりするようになったのである。

　このような10回連続の認知療法グループを年に2回，数年にわたって実施してきた経験から私たちは，このようなやりかたが高齢者に有効であることを確信している。自分の思考のゆがみに気づき，もっと合理的な思考に置き換え

ることで，大きな改善が見られる高齢者は多い。そのような高齢者たちは，自分でも気づかぬうちに，それまでの人生で培ってきた否定的な思考パターンで物事に対していたことを，自覚する。そして，グループ・セラピーで学んだテクニックを駆使して，もっと現実に即した思考ができるようになる。その結果，うつや不安が軽減されるのだ。自分のゆがんだ思考をグループのメンバーにさらすことを好まなかったロジャーのような参加者の場合も，他のメンバーの変化を見守るなかで，ゆがんだ思考とはどういうものか，それにどう対処すればいいかを学んでいく。なかにはまた，問題を解決するための話しあいのなかから，何かをつかむ参加者もいる。他のメンバーの経験や発見を見聞きすることで，自分自身の問題への対処法を発見するのである。グループの人たちに共感してもらえ，受け入れられたことが，何よりの支えになる人も少なくない。「落ちこんでいるのは私だけじゃないと知ったのが何よりの救いになった」と語る参加者は多いのだ。こうした要素が組みあわさった結果，大多数の参加者が，10回のセラピーが終結するころには，前より気分が良くなっている。

　全10回のセラピーが終結する時点で，私たちは各メンバーに，「継続セラピー」に参加するかどうか尋ねることにしている。「継続セラピー」というのは，私たちが行ってきた認知療法グループの参加経験者たちがその後，やはり二人のソーシャルワーカーをリーダーとして月に1度行っているものだ。毎回，約半数のメンバーが，それまで学んだ考え方をさらに深めるために，しばらくのあいだ「継続セラピー」に参加したいと希望する。なかには何年ものあいだ，「継続セラピー」に参加しつづける人もいる。認知療法グループを行うことで，気分障害に対する介入の幅を広げることができ，セラピストとしての成長も促されると，私は固く信じている。

（サリー・エドワーズ & ジャネット・フォーグラー）

文献

Beck, A. (1972). *Depression: Causes and treatment.* Philadelphia: The University of Pennsylvania Press.
Beck, J.S. (1995). *Cognitive therapy: Basics and beyond.* New York: The Guilford Press.
Burns, D.D. (1980). *Feeling good: The new mood therapy.* New York: New American Library.
Burns, D.D. (1992). *The feeling good handbook.* New York: Avon Books. (野村・夏苅・山岡・小

池・佐藤訳『いやな気分よ，さようなら——自分で学ぶ「抑うつ」克服法』星和書店，2004.)
Burns, D.D. (1993). *Ten days to self-esteem*. New York: William Morrow.
Greenberger, D., & Padesky, C.A. (1995). *Mind over mood: Change how you feel by changing the way you think*. New York: The Guilford Press.
Padesky, C.A., & Greenberger, D. (1995). *Clinician's guide to mind over mood*. New York: The Guilford Press. （大野裕監訳『うつと不安の認知療法練習帳』創元社，2001.)

第7章
家族の代用物としての作文グループ

1．クライエントの背景

　80代後半のポール・シュナイダーは，いくらか猫背の痩せた男性だった。第二次世界大戦がはじまるころにヨーロッパから移民してきて以来，ずっとフィラデルフィアで暮らしていたのだが，最近になって，ミシガン州のアンアーバーに越してきた。移民前の彼は将来を嘱望された科学者だったが，米国では，そのキャリアに見合うような職にはつけなかった。だが高校の教師として地道に勤め，公立学校の教師をしていたエドナと結婚して，60年間をともに過ごしてきた。大都会での老夫婦だけの暮らしが大変になったため，夫妻は，一人息子と孫たちの住むアンアーバーに越してきたのである。
　私は，勤務先のターナー・クリニックが新規のクライエント全員に行っている心理社会的アセスメント面接の場で，ポールとはじめて出会った。「フィラデルフィアでやっていたことが，ここでは何もできないんだ」と，彼はつらそうに語った。転居前の彼は，地域の高齢者センターで科学の講義をし，最新の複雑な科学の進歩について解説する会報も発行していた。だが，引っ越し先の近所の人たちにそのような話題をもちだしても誰も関心を示してくれないので，彼はひどい疎外感を感じていた。面接のときも彼はとてもいらいらした様子で，多弁で落ち着きがなく，話の途中で何度も立ったり座ったりした。ポールとは別々に呼んで話した妻のエドナは，とても心配していた。引っ越し後まもなくからポールは，長い散歩にでかけ，出会った人を誰彼となく引き止めて，科学の将来についての長話を浴びせるようになった。何がなんだかよくわからない話を長々とまくしたてる彼を，同じマンションの住人たちは避けるようになっていた。私たちは，医師，看護師，ソーシャルワーカーからなるチー

ムで話しあった結果，ポールには身体的な問題も確かにあるものの，躁うつ病を発症している可能性が高いという結論になった。そこで，精神科への受診が手配された。ポールはまた，私が主催している作文グループに参加してみたらどうかという勧めにも，乗り気になった。「フィラデルフィアで自分が馴染んできた活動に近いものがある」と感じて，参加する気になったらしい。

　60代前半のマリアンヌ・グリーンは，私たちの作文グループのなかでも最も若いメンバーの一人だった。言語療法士をしていたのだが腰を痛めて早目に退職した彼女は，同じ教会に通う仲間がこの作文グループに属していた縁で，自分も参加するようになったのだ。勤務していた病院の方針が変わったせいで仕事が苦痛になり，結局，早期退職しなければならなくなったことが，彼女を苦しめていた。本人の語るところによれば，彼女のこれまでの人生は，けっして幸福なものではなかった。セントルイスの労働者階級に生まれて恵まれない子ども時代を送り，結婚後1年ほどで別居した。娘さんが一人いたが，マリアンヌ自身と同じように，その娘さんも繰り返しうつに悩まされていた。遠く離れて住んでいるその娘さんのことを，マリアンヌはとても気にしていた。母娘の関係はうまくいっておらず，娘のつらさを救ってやれない自分に，マリアンヌは無力感を感じていた。

　マリアンヌの最大の心の支えは飼い猫で，その猫は，彼女の詩やエッセイにたびたび登場した。マリアンヌは何につけても批判的で腹を立てやすく，グループのメンバーの作品にも容赦ない批評を浴びせた。そのように辛辣な彼女ではあったが，いっぽうで，人生に対して積極的な興味をもちつづけてもいた。自然を愛し，ハイキングを好み，毎週，歌のレッスンに通っていたのも，そのあらわれだろう。他のメンバーが長々と喋っていると露骨にいやな顔をし，ことさらに何度も時計を眺めてみせる彼女だったが，自分自身は，作品を読みあげるときも他のメンバーの批評をするときも，ついつい時間をオーバーしがちだった。集まりのたびに彼女が持参して椅子に置く背もたれは，具合が悪いことを暗黙のうちに誇示する道具となっていた。だが，やがて彼女は，グループの写真家ともいうべき存在になった。毎月の誕生パーティや祝祭日のパーティなど，何か行事が行われるたびに，写真撮影係を引き受けるようになったのである。

2．グループの背景

　近年はソーシャルワークの世界でもコストの削減が叫ばれており，短期のセラピーが推奨される傾向が強い。そうした風潮のなかで，長期の作文グループは，メンバーたちが加齢に伴う変化に対処していくうえで頼りにできるセイフティネットの役割を果たしているように思われる。本章で紹介する作文グループには，経験を積んだソーシャルワーカーが一人，リーダーとしてついているものの，セラピーとしての実際の効果の大部分は，メンバー相互の交流から生まれている。したがってこのやりかたは，非専門家がリーダーをつとめるタイプのグループに応用することも十分に可能だと考えられる。

　毎週月曜日に開かれる私たちの作文グループは，1978年3月にはじまった。それに先立って，60歳以上の人を対象に，「本を書いてみませんか？」という広告を地方紙や高齢者への会報に載せたところ，15名の応募があったのである。その後，参加希望者が増えたので，同年9月には，ボランティアのリーダーを中心とした金曜日の作文グループも開始された。そしてそれ以来現在にいたるまで，両グループの集まりは毎週つづいている。私は月曜グループの創設以来ずっとリーダーをつとめており，出張の際は最長1年間，他のソーシャルワーカーたちに代理を頼んできた。金曜グループのほうは，これまで5人ほどリーダーが代わった。いずれもボランティアで，なかには大学院の学生もいたが，たいていは，書くことに興味のある高齢者がその役をつとめている。現在のリーダーもグループのメンバーの一人で，やはりメンバーだった前任者の死後，その仕事を引き継いでくれている。

　20年以上にわたって月曜グループのリーダーをつとめてきた私から見ると，このグループには強い連続性と歴史がある。メンバーのなかには，書きたいという強烈な思いから参加を決めた人たちもいる。また，落ちこんだり孤立したりしていたため，ソーシャルワーカーや医師に勧められて入会した人もいる。「現在の月曜グループには，性格も学歴も興味も，さまざまに異なる人たちが所属している。そしてそれは，23年前からずっとつづいてきたことだ」と，あるメンバーが書いていたが，まったくそのとおりなのだ。学歴の点では，高

卒の人から博士号をもつ大学教授まで。職業も，主婦，音楽家，自動車製造工，商店主，実業家，弁護士，グラフィックデザイナー，エンジニア，医師，看護師，教師，ソーシャルワーカーと，多彩である。「通常の日常的な場面では出会うはずのなかった者どうしが，ここには集まっているね」と，メンバーたちはよく言っている。

　長年のあいだには，新しく加わった人も，去っていった人もある。参加しなくなるのはたいてい，体調が悪くなって出席できなくなるからだ。グループ創設当時から参加しつづけている女性が一人と，15年以上の参加歴をもつ人が数人いる。いちばん新しいメンバーは，3カ月前から参加している。年齢の幅は，59歳から93歳まで。現在は，病気や旅行中でないかぎり，5名の男性と8名の女性が毎週やってくる。健康で自由に行動できる人も，かなり病弱でからだの自由がきかない人もいる。エンジニアを引退した男性は，脳梗塞で半身が麻痺しており，車椅子を利用している。全盲と認定されているが，一人暮らしをつづけている女性もいる。脳卒中，心臓疾患，関節炎，大腿骨骨折，癌など，メンバーがかかえている病気はさまざまだ。慢性疾患があって，時々それが悪化する人もいる。メンバーの約半数が抗うつ剤を服用しており，アルコール依存症のために入院治療を受けて回復した男性も一人いる。三人に配偶者がおり，残りのメンバーは，死別や離婚経験者か，結婚歴のない人たちだ。これまでの23年間に，全部で60名の高齢者がグループに参加した。

　月曜グループの毎回の進行手順は，おおまかにしか定められていない。最初の15分から20分ぐらいは，近ごろ起きたことや考えていることを，各メンバーに話してもらう。孫やひ孫の誕生，家族や親戚の死，世のなかの事件，地域の話題などがその中心だ。そのあとで各自が，テーブルの席順に，家で書いてきた作品を読みあげる。その週に何も書いてこなかったメンバーはたいてい，書けなかった理由を説明したり，作品朗読に代わる話を何かしたりする。このときにジョークを披露する人も多い。グループでいちばんたくさん作品が活字になっている93歳の全盲の女性ローラは，ジョークの達人として皆に認められている。また，気に入ったラジオ番組や歌をテープに録音してテープレコーダーとともに持ちこみ，皆にそれを聞かせるメンバーもいる。

　このグループで時々問題になるのが，「この集まりはセラピーなのか。それとも単なる文章執筆のためのグループなのか」ということだ。じつのところ，

この集まりにセラピーとしての効果があることを参加者たちの多くが認めながらも，自分自身のことを，セラピーが必要なクライエントというより文筆愛好家としてとらえられるところが，作文グループの長所の一つなのである。もっと正確に言うなら，作文グループは両者の中間的なものであり，家族の代用物とでもいうべき役割を果たしている。メンバーたちは，入院その他の都合でいっときグループから離れても，退院したり問題が解決したりすれば，また戻ってくる。誕生日は皆で祝うし，具合の悪い仲間の見舞いにも行く。遠くに離れて住む本当の家族がやってきたときにはたいてい，作文グループにも連れて来る。仲間内の誰かが亡くなれば，メンバーも葬儀に出席し，家族とともにその死を悼む。故人が生前，作文グループで書いた詩やエッセイが，葬儀で読みあげられることも多い。グループ創設当時，ある女性が，「一族の歴史を話して聞かせても，家族がまったく関心を示さないから」という理由で入会してきた。そうしたことを書き残しておけば，いつか家族が興味をもったとき，参考になるだろうというのだ。その後も，同じような動機で入会する人は少なくない。一族についての回想，小説，詩といったものが形見として残ることを喜ぶ家族は，メンバーの生前も死後も，大勢いる。

　作品のなかには個人的なこともたくさん登場するので，メンバーたちは，家族よりもお互いのことをよく知りあうようになる。昔のこともちろん書かれるが，関心の中心はあくまでも現在のことだ。毎週集まると皆は開始前に，最近の病状や子どもの訪問，同窓会，政治スキャンダル，あるいはスーパーボウル［プロフットボールの王座決定戦］の結果などについて，あれこれ論じたり，同情したり，ほめあったりする。そして作品を読みあげる際には，誰もが主役として自分の考えを発表し，皆の注目が集まる。そのような機会は，日常生活ではめったにないことだ。グループの前で心の奥をさらけ出すためには，皆への信頼感に裏打ちされた勇気が必要となる。詩やミステリ，回想録といった作品の執筆自体もさることながら，そのような自己開示のプロセスがあるからこそ，作文グループはメンバーの生活にとって，なくてはならないものになっているのである。私たちのとは別の作文グループも，当初は10回で終了する予定だったが，「生活に不可欠だ」というメンバーたちの強い要望によって，ずっと継続されることになった。ターナー・クリニックには，私たちのグループの他に，5年以上つづいている作文グループが二つある。二つとも，退

職した英文科教授がボランティアでリーダーをつとめている。その他にもこの地域には，高齢者センターその他に，いくつもの作文グループがある。このようなことから考えると，「セラピー」なのか「文章執筆のためのグループ」なのかはともかくとして，作文グループを運営することに大きな意味があるのは間違いなかろう。

3．介入の概要

月曜グループがどのようなものかを説明するために，ポールとマリアンヌのケースについて概略を述べたうえで，典型的な集まりの様子を紹介しよう。

ポール・シュナイダー

はじめてグループに参加したとき，ポールは休みなくしゃべりつづけた。私が制止するといったんは黙るのだが，またすぐに忘れて口を開き，科学の将来について，難しい用語を羅列して論じつづけたのだ。アクセントが外国風だったことも災いして，メンバーは彼のお喋りに拒絶反応を示した。ポールの言葉がひとことも理解できないかのように振る舞ったのである。だがグループのなかには他にも二人，ヨーロッパ出身のインテリがおり，その人たちは皆から受け入れられて，愛され尊敬されていた。その二人がなんとかポールを馴染ませようと協力してくれ，「次回は何か作品をもっていらっしゃい」と，彼に強く勧めてくれた。つぎの集まりに，ポールは自作の詩をいくつかもってあらわれた。それは妻に宛てて書かれたもので，わかりやすくて愛情にあふれていたので，メンバーは皆，好意的にそれを受けとめた。だがポール本人は明らかにひどく落ち着かない様子で，絶え間なく震えていた。つぎの回には，さらに状態が悪化した。精神科を受診したところ，すぐに入院したほうがいいというのが医師の意見だった。だがポールはそれに抵抗して精神科医に殴りかかったため，かけつけた警察官に手錠をかけられて，強制入院させられてしまった。

ポールを何より苦しめたのは，ナチスを逃れてヨーロッパから移ってきたのに，この米国でまた，警察によって，彼から見れば牢獄としか思えない場所に

閉じこめられてしまったということだった。入院後すぐに見舞いに行った私にポールは,「ここはナチスの牢獄よりひどいところだよ」と訴え,「裁判所の審問に備えて準備してるんだ」と語った。そして,自分の書いたものを読んでみてほしいと差し出した。一つは,自分がなぜ入院させられるべきでないかを周到に論じた小論文,そしてもう一つは,妻に会いたい気持ちを綴った心打つ詩だった。

　　わが家

　愛しい妻よ,
　わが家とは
　きみのいるところだ……。
　私はずっと
　きみをさがしていた。
　そしてきみに巡り会い,
　結婚し,
　「永久(とわ)に離さない」と誓った。
　今,しばし「わが家を失っている」私だが
　「妻を失っている」わけではない。
　ああ
　早くまた,きみのいる
　わが家に戻り
　ともに暮らしたい!
　　　　　　(作者の遺族の許可を得て掲載)

　判事は提出されたこの詩に同情を示したものの,入院治療が必要なことは疑いないとして,三つの病院のなかから入院先をポールに選ばせた。そのうちの一つを選んだポールは,自分に選択権が与えられたことに満足し,入院治療を受け入れた。入院先の精神科医とはうまくいき,投薬治療の効果があって,約3週間で退院することができた。
　そして退院直後から,彼はまた,作文グループに通ってくるようになった。

メンバーが再びポールを受け入れてくれるかどうか心配だった私は，彼自身の承諾を得た上で，精神科への入院のことを皆に話した。それに対して誰も何も言わなかったものの，ポールのことは迎え入れてくれた。大歓迎とまではいかないまでも，いやがらずに受け入れてくれたのだ。新しく参加するメンバーに対してはいつも心がけていることだが，ポールの場合には特に注意して，私ができるだけ支えになってグループに馴染ませ，あれこれ励ますようにした。最初のときとはうってかわって，ポールは落ち着いた寡黙な態度で，フィラデルフィア時代に高齢者センターの会報に書いたものを読みあげた。そして，「最近，病院で書いた詩も聞かせてくださいよ」と私が促すと，つぎのような作品を発表した。

　　　きみと私

　　きみは見る
　　そして，「なぜなの？」と尋ねる。
　　私は夢見る
　　そして，「なぜそうじゃないんだ？」と問う。
　　きみは見る……
　　私は夢見る……
　　　　　　　　　　（作者の遺族の許可を得て掲載）

　メンバーは皆，この詩にとても心を動かされた。それまでポールの外国風アクセントを特に嫌っていて，「あの人の言うことはまったく理解できないわ」と言ってはばからなかったローラまでもが，素晴らしいとほめたたえた（おそらくローラは，目が不自由なせいもあって，話しかたが外国人風のにポールに警戒心を抱いていたのだろう）。めったに人をほめないローラに賞賛されたことで，ポールはグループの正式メンバーとして，心の底から受け入れられたようだった。

　退院後，ポールはもう，どの精神科医にかかることもいやがった。私たちはようやく，かかりつけの内科医から投薬管理だけは受けることを彼に了承させた。「私は治療代わりにこの作文グループに参加しているんだ」と彼は言い，

第7章　家族の代用物としての作文グループ　161

毎週必ず作品を書いてきた。最初の1年ほどは，その作品のほとんどは，何か科学的なことがらを解説したものだった。メンバーのなかにはその内容を楽しみにしている人も関心のない人もいたが，上品で紳士的で知的な態度やユーモアのセンスが，彼を皆に親しまれる存在に変えていた。ちょっとでも科学に関係した質問があると皆は，グループ内の専門家である彼に尋ねた。ポールは，機転がきいて辛辣なローラのウィットが大好きで，いつも二人で軽口をたたきあっていた。それは，他のメンバーも気持ちよく加われるような冗談だった。

　グループ内でのポールの大きな転機は，子ども時代の思い出や家族のこと，学校時代のこと，そしてナチス占領下のヨーロッパを逃れて米国で暮らしだしたころのことについて書きはじめたときに訪れた。両親のこと，強制収容所で亡くなった身内のこと，ヨーロッパ時代に楽しい休暇を家族とすごしたこと，尊敬する人たちのことなどについて，ポールは書いた。心を打つそうした作品の数々は，グループの皆の励ましによって，つぎつぎに生み出されていった。「たいして面白い話じゃないんだが……」とポールが言うたびに，皆は口々に，「そんなことはない。すごく面白いよ！」と聞き入ったのだ。私たちのほとんどが経験したことのない世界を，ポールの作品は伝えていた。第一次世界大戦下の食糧不足，追っ手の目を逃れるためにあちこち隠れ場所を移す家族……。ポールは朗読しているうちに泣きだしてしまい，私や他のメンバーに，代わりに読んでくれるよう頼むこともあった。戦争の最中に亡くなった母親について書いた作品は特に，彼にとっては読みあげるのがつらいものだった。だが他のどの作品よりも，皆から絶賛された。

　そのような作品を書くようになってからも，科学に対する畏敬の念は以前と変わらずに残っていた。グループで彼が最も楽しみにしていたことの一つは，新聞の切り抜きをもってきて，最新の科学的発見について解説することだった。あるとき，服用している薬が変わったことで躁うつ症状が再発し，彼はまたひどく落ち着かなくなった。だがこの症状は通院で解消され，2週間ほど作文グループを欠席しただけですんだ。ポールは自分の病気について語りたがらず，相変わらず，精神科での継続的な通院治療を受けるのも拒みつづけていた。私は彼に，何度か個人療法も実施した。個人療法の場では自分の人生について語るのが明らかに嬉しそうだったにもかかわらず，彼は私の時間を自分だけのために使わせることを，ひどく申し訳ながった。そこで個人療法は，たと

えば妻の健康のことなどについて彼が特に心配して不安になっているときにだけ行うことにした。「グループ・セラピーさえ受けられれば十分なんだ」と彼は言い張り，かかりつけの内科医による投薬管理だけをつづけていた。

　ポールの妻のエドナも時々，作文グループに顔を出したが，明らかに，「ここは夫の領分だ」と一線を画している様子だった。夫婦同伴のパーティがグループで催されるときには，エドナも必ず出席した。6年ほどたつと，ポールは（2種類の癌その他の）健康状態の悪化から，入退院を繰り返すようになった。エドナのほうも肺疾患のため，携帯酸素が手放せなくなった。「妻を置いてでかけるわけにはいかない」と考えたポールは，「かまわないから行ってください」とエドナが勧めても，なかなか作文グループにやってこなくなった。それに彼自身，とても体力が落ちていたため，ごくたまに出席しても，終わりまで椅子に腰掛けているのが難しかった。グループのメンバーたちは家を訪問したり電話をしたりして夫妻を見舞い，ポールが亡くなったときには，全員が葬儀に参列した。葬儀のプログラムには，いくつかの自作の詩と，いろいろな年齢のときの写真が載せられていた。さらに，作品の数々が，会場に展示されてもいた。ポールのことは今でも時々，皆の話題にのぼる。「このあいだの宇宙開発の番組，見た？　ポールが生きてたら，喜んだでしょうね」といった具合だ。そしてローラが，「ポールは本当に紳士だったわ」と言うたびに，彼を知っていた私たちは，深くうなずく。

　ポール・シュナイダーにとって作文グループは，効果的なセラピーの役割を果たした。グループに参加したおかげで彼は，科学者としての自分を取り戻し，人生を振り返って，両親や一族の死というつらい体験を受け入れることができたのだ。そしてさらに，自分が重要な役割を果たすことのできる集団を見つけ，個人的にも親しく交われる友人を得，おそらくは家族愛と並んで彼の生涯変わらぬテーマであった「学びつづけること」を実現することもできたのである。

マリアンヌ・グリーン

　マリアンヌは，5年前に作文グループに参加するようになってからも，何度もつらい体験をした。愛猫の死，娘さんの精神科入院，夫との正式離婚，そし

て何より，彼女自身の卵巣癌。猫の死や自分の病気については包むところなく書いたマリアンヌだったが，娘さんのことは，ごく稀にためらいがちに口にするだけだった。母娘の関係について彼女は書くことができず，娘さんの力になれないことに大きな罪悪感を抱いていた。そこで彼女には個人療法も行い，そうした問題を集中的に話しあうことになった。

　マリアンヌが自然について書く詩や散文は見事だった。特に，老木の死について彼女が書いた，「18年のあいだ，その木は私の友達だった……」ではじまる詩は，メンバーたちの大のお気に入りだった。だが，皆が彼女の人生をうかがい知ることができたのは，自分の職業生活について書いた作品からだった。そこには，学生時代の夏休みにリゾート地でウェイトレスのアルバイトをしたことからはじまって，本格的に就職して以来の転職の歴史が語られていた。それは，滑稽でもあり悲しくもある物語だった。どの仕事も結局，あまりうまくはいかなかったが，彼女が並はずれたやる気と立ち直り力をそなえていることだけは明らかだった。彼女は，毎週欠かさずに作品を書いてきた。そしてそれにつれて，物言いがずいぶん穏やかになり，批判的な言動が減った。彼女はしばしば，とても飾りたてて集まりにあらわれ，「新しい洋服やアクセサリーをみんなに見せたくて……どう，素敵でしょ？」と尋ねた。その天真爛漫ぶりに皆は圧倒され，「うん，そうね」と答えないわけにはいかなかった。ときには彼女は，きれいなソプラノで歌を披露してくれることもあった。

　マリアンヌは，グループ内の親しい友人たちと，月曜の午後以外にも会っていた。退職した看護師であるスーザンとは，特に仲がよかった。スーザンもまた，最近のヘルスケア界の変化を快く思っておらず，若いころに夫と二人の子どもを自動車事故で亡くしてもいて，共通点が多かったからである。年齢も近いマリアンヌとスーザンは，グループの集まり以外にも，あちこち一緒にでかけていた。そしてマリアンヌが誰より愛情を感じていた相手が，マークだった。マークは少し前に，妻を癌で亡くしていた。妻の病気中，マークは献身的に看病した。具合の悪い妻のそばにいるために，しばしば作文グループを欠席するほどだった。その妻の死後しばらくして，マークとマリアンヌはデートするようになった。グループの皆にはそれを打ち明けてはいなかったのだが，そのうちに，「マークと私が週末に何々を見に行ったとき……」とか，「マリアンヌがすごくいい紅葉の写真を撮ったんだよ」といった言葉が，会話の端々に漏

れるようになった。「どうやら仲間内にロマンスが芽生えたみたいね」と心眼の働くローラが気づき，その言葉をきっかけに，二人の関係は全員に受け入れられた。たとえばマークが遅れてくるときには，誰からともなくマリアンヌの隣の席を空けておくのだった。グループ内のロマンスはそれがはじめてだったが，ごく自然な流れとして，皆はそれを受け入れた。その後も，マークの愛想のよい気さくな人柄は以前のままだったが，マリアンヌはずいぶん様子が変わった。ゆったりとして人好きのする態度になり，グループに参加して以来はじめて，誰の目にも幸せそうに見えたのである。

　だが，それからいくらもたたないうちに，悲しい出来事が起きた。マリアンヌの卵巣癌が見つかったのだ。彼女は以前と同じように新調のドレスやかつらをつけて集まりにあらわれたが，目に見えて弱っていき，化学療法の合い間合い間にしかグループに参加できなくなった。出席できたときの彼女は，どんな投薬を受けているか，病気の進行はどんな具合かを語った。スーザンとマークは，通院の手助けその他を引き受けていた。やがてマークとマリアンヌは，かねてから予定していたカリブ海への旅行を決行することに決めた。この旅行についてはグループ内でも話題になり，旅行中ずっと，私たちは皆，どんな具合かと心配していた。戻ってきたマークが見せてくれた写真には，スカーフを頭に巻いてベッドに横たわったマリアンヌが，窓越しに海を見ている姿が写っていた。飛行機のなかで１度具合が悪くなった以外は，旅行は順調だったという。そしてこの旅行を完遂できたことが，マリアンヌにとっては人生のハイライトになったようだった。まもなく彼女はホスピスに入り，その後は１度か２度，集まりに出られただけだった。

　最後の何カ月かは，マリアンヌの弟のスティーヴンがイーストコーストからやってきて，ホスピスのスタッフやマークとともに，彼女の世話にあたった。グループに出席できないマリアンヌに代わって，スティーヴンが集まりに出てくるようになった。およそ３カ月にわたり，スティーヴンは毎週，月曜の集まりに出席した。最初のうちは「姉の近況報告」を語るだけだったが，メンバーたちの強い勧めによってしだいに，彼自身と姉の人生について書いてくるようになった。「みなさんにとって彼女はマリアンヌでしょうが，僕にとっては，大きい姉さんのポリー［〈ポリー〉はマリアンヌの愛称］なんです……」と読みあげるスティーヴンは，グループのメンバーの一人として，皆に受け入れら

れた。やがてマリアンヌの娘さんも母親の看病にやってきてグループの集まりに参加するようになったが，スティーヴンとは違って，彼女自身が書き手になることはなかった。マリアンヌが亡くなったのちも，アパートの整理や遺産の処理をするかたわら，スティーヴンは作文グループに出席しつづけた。スティーヴンがいよいよこの町を去るときには，グループの皆が別れを惜しんだ。長年のメンバーだったマリアンヌの死に加えて，短期間ではあったが濃密な関係を結んだ彼までもがいなくなるのは，とても寂しかったからだ。メンバーのなかには，今でもスティーヴンや，マリアンヌの娘さんと手紙のやりとりをつづけている人たちがいる。マリアンヌの死後，彼女への思いを作品に綴り，早すぎる死を悼んだメンバーも大勢いた。

　グループのメンバーには，マリアンヌより年上でからだも弱い人が大勢いるのに，若手で活動的な彼女のほうが先に亡くなるなどということは，誰も予想していなかった。マリアンヌはグループに参加していたあいだに，自分のたどってきた人生についてたくさんのことを書き残し，考えたこと感じたことを率直に語った。そのためメンバーは，自分たちも彼女と一緒にその人生を体験してきたように思えた。作文グループはマリアンヌにとって，創造性を発揮する手段となり，つらかった過去を受け止めるためのクッションの役割を果たした。そして作文グループでの経験を通じて彼女は，かつてないほど前向きな姿勢になれたと思う。最後の数カ月をすごす彼女には，人生のプラス面を見て生きようとする態度が，ありありとあらわれていた。じつの身内と，新たに形成された作文グループという「家族」のあいだに結ばれた絆も，きわめて自然で強いものだった。

典型的な集まりの様子

　脳卒中の発作を起こし，入院とケア施設でのリハビリのために，1カ月以上，作文グループを欠席していた87歳のサラが，今回から戻ってきた。在宅ケアのヘルパーが，彼女に付き添っている。歩くのには杖が必要で，言語療法のおかげでかなり話せるようになってはいたものの，まだ聞き取りにくい部分も多く，思うように言葉が出ないため，途中で話すのをやめてしまうことも少なくない。サラはヘルパーを皆に紹介し，グループ内では，サラの病状と

シャーロットの容態について，ひとしきり雑談が交わされる。シャーロットは作文グループ創設当時からずっと参加している唯一のメンバーで，目下，股関節の手術のために入院中なのだ。話が一段落すると，メンバーたちは作品を朗読するために席に着く。いつものように私が，「さて，誰からはじめますか」と尋ねると，まっさきにサラが，「私から」と名乗りをあげた。皆はいっせいに笑い，顔を見あわせる。サラは以前から，いつでも必ずいちばん最初に作品を発表したがるので，彼女の欠席中，皆はそのことを話題にし，寂しく思っていたからだ。そんなメンバーたちの様子にサラは頓着せず，詩を読みあげはじめる。その詩は，老化と喪失に苦しむ自分をうたったものだった。彼女の夫は1年以上前に亡くなり，息子さんたちは，遠く離れた西部の州で暮らしている。そんなわけで，かねてから寂しさや不安を感じがちだった彼女に，今度は突然，脳卒中までもが襲いかかった。そういったことすべてを，サラは詩のなかに綴っていた。

つぎにスーザンが，その週に受けた診察について書いた文章を発表する。彼女が期待していた膝の手術は無理だと，医師から告げられたのだ。全般的な健康状態から考えて危険すぎるというのが，その理由だった。読み終えるころには，スーザンは涙声になっている。皆は口々に，質問や同情の言葉をかけた。これまでのスーザンの病歴について，全員がよく知っているからである。

ついでリチャードが，最近あった親族会のことを報告した。彼と妻は，各種の会合用に地域の人たちに貸し出すビルを所有している。そのビルの一室に，妻の親戚が総勢45人も集まったのである。そんなわけで今週のリチャードはとても忙しく，何も書いてこられなかった。ローラの短編は，バーバラが代読した（ローラは15年前に視力を失ったため，自分で作品を読むことはできないが，タイプで打つことはできる。それらの作品はきちんと製本され，そのなかのいくつかが，雑誌や新聞に掲載されたこともある）。今回の短編は，以前にグループで発表した作品を練り直したものだ。「前より良くなった？」と，ローラは皆に尋ねる。前に読みあげたとき，メンバーたちの強い勧めがあったので，加筆したのだ。「すごく良くなったわ」「素晴らしい！」と，全員がほめる。ちょうどそのとき，センターの受付の職員が部屋に入ってきて，「トムから電話で，今日は来られないそうです」と伝える。化学療法の真っ最中の彼は，具合が悪くて出席できないのだ。スーザンとサラとチャールズが口々に，

「トムに電話して，来週はぜひ来るように勧めてみるわ」「私も」「僕もそうする」と言う。

　順番がまわって来たチャールズは，いきなり謝りの言葉を口にする。「今回は，ここに参加するようになって以来はじめて，何も書いてこられなかったんだ（彼は約1年前から，作文グループに参加している）。それなのに出席しちゃいけないかなとは思ったんだけど，とりあえず来てみることにしたよ」。サラが元気よく，「いいのよ，いいのよ。私たちみんな，あなたを許してあげる。でも来週はできるだけ，何か書いてきてね」と応じる。他のメンバーたちも，冗談で，「駄目じゃないか！」などと言いつつ，「何か書いたときも，書けなかったときも，いつだって出席していいんだよ」と説明する。「もしあなたが休んだりしたら，私たち寂しいでしょ？」というスーザンの言葉が，その場を締めくくった。つぎは先ほどローラの作品を代読したバーバラが，クリーヴランドで行われた高校の同窓会について書いた自分自身の文章を読む番だ。同窓会のパーティでバーバラは，かつてのクラスメートの男性と顔をあわせた。「僕は昔，きみに首ったけだったんだ」と彼は言い，一緒に来ていた奥さんに向かって，「このパーティを抜け出して，彼女と食事してもいいかい？」と尋ねた。「奥さんは，〈もちろん，いいわよ〉と答えてくれたのよ。だから私たち，一緒に食事したの。素敵な晩だったわ！」と誇らしげに報告して作品を読みあげはじめるバーバラの顔は，密かな崇拝者がいたことを知った女子高生さながらに輝いていた。

　つぎのグロリアは，グループのいちばん新しいメンバーで，サラと同じ高齢者住宅で暮らしている。グロリアの読んだ詩は，病後のサラがグループに戻ってきたことを賞賛する内容だ。サラはとても喜び，誰もがグロリアの詩に感心した。マリアンヌは，これまた以前発表した，飼い猫をたたえる短い詩を書き直したものを読みあげる。マークは，『神への手紙』という題をつけた自作の詩集の挿絵を描くのに忙しかったので，今週は新しい作品を書けなかったと報告した。その詩集におさめられた詩は全部，これまでに作文グループの集まりで発表されたものだ。したがって皆はその内容をよく知っており，それについて意見を交わしてもいる。その詩は主として，既成の宗教を批判し，その誤りを指摘するものだった。「詩集がうまく仕上がるといいわね」と，バーバラがマークを励ました。

ポールは、「新しい遺伝子が発見されたと、ラジオで言っていた」と話しだし、それが慢性疾患の治療にどのように役立つかを説明する。それをきっかけに、マリアンヌとリチャード、シドニーのあいだで、遺伝学の研究成果の利用について、活発な議論がはじまった。シドニーも今週は何も書いてこなかったが、この議論には熱心に参加する。「遺伝学の成果をみだりに利用するのは倫理上問題だ」と確信しているからである。

2時間の集まりのなかごろに設けた休憩時間には、何人かのメンバーがつぎつぎにスーザンに話しかけ、いろいろアドバイスしたり、「手助けが必要だったら言ってね」と申し出たりする。休憩後、何も書いてこなかった人がいるせいで余った時間には、何人かがジョークを披露したり、マークの宗教批判の詩やシドニーの倫理観などについて、さらに議論がつづく。このグループのやりとりがいつもユーモアたっぷりに交わされる点は、注目に値するだろう。ともすれば暗くなりがちな雰囲気を少しでも軽くしたいという強い欲求を、メンバーたちは抱いているのだ。最後に、チャールズが言う。「いやあ、今日も充実した集まりだった！ おかげで、政治への愚痴が出る暇もなかったよ。ここに来ると、本当に楽しいね」。

4．介入の分析

すでに十分に軌道に乗っているこのグループでは、リーダーの役割は目立たないかもしれないが、ぜひとも必要なものである。リーダーである私の第1の仕事は、タイムキーパーとしての役割だ。特定の人だけが長くしゃべりすぎないように注意して、時間内に全員が朗読したり話をしたりする時間をとれるよう気を配る。ただし、私がついその職務を忘れていても、メンバーの誰かが必ず、「もうこんな時間だ。早くつぎの人に移らないと、朗読できない人ができちゃうぞ」と言ってくれるのだが。さらには、「そろそろ休憩時間にしましょう」と告げるのも、休憩時間の終了時刻を見計らって雑談からみなを引き戻すのも、私の仕事だ。それに加えて、話しあいの途中途中に、メンバー個人に向けてのアドバイスも行う。たとえばスーザンに対しては、「膝の手術については、別のお医者さんの意見も聞いたほうがいいと思いますよ。どのお医者さん

がいいか，私もさがすのを手伝いますから」と助言した。このように，集まりの進行をすみやかにする仕事以外にも，リーダーには，メンバーどうしの交流を促したり，辛抱強く人と接する態度のお手本となるといった役割がある。

　このグループでは，誰かがあからさまに非難されるいったことはめったに起こらないが，特定の人に不満が集中しやすいということはある。たとえば，サラがその例だ。彼女は誰かが話している最中にしばしば口をはさみ，いかにも「教えてあげるわね」という態度で，作品を書いた紙を振りまわしながら，長々と，少々的はずれな話をまくしたてる癖がある。リーダーである私は，サラの長話をほどほどのところで切りあげさせるとともに，こうした不適切な行動への対処法のお手本となれるように心がけている。このグループでは，私が出席できないときには，メンバーの誰かが代役をつとめてくれる。バーバラかシャーロット（二人とも，以前はソーシャルワーカーの仕事をしていた）が，その役目を引き受けてくれることが多い。誰がリーダーシップをとるにせよ，その仕事はひとことで言えば，集まりが「グループの規範」からはずれないように進行しているのを確認することだ（グループの規範とは，作品を発表したり話をしたりする時間を全員が確保できることや，他の人の発言中は静かに聞くといったことである）。さらには，誰かが責任をもって集まりを進行してくれると，メンバー全員が安心できるという側面もある。

　作文グループでは，それぞれのメンバーの力や長所がうまく発揮され，活用されることが多い。たとえば親族の集まりについて報告したリチャードの場合，脳卒中のせいで歩行が困難で車椅子を使っているが，精神の活動はきわめて活発だ。地域の歴史や一族の由来にとても詳しいし，知識の幅も広い。グループ内でも頼りにされていて，何かを確かめたいときには，すぐに彼に問いあわせがいく。彼は自分の蔵書から，ミシガン大学の古い卒業アルバムをもってきたことがあった。卒業生の肖像写真のなかに，チャールズの母親を見つけたからだ。女性が大学に行くことがめずらしかった時代に母親がなしとげた偉業の証拠をはじめて目の当たりにして，86歳のチャールズは大喜びだった。作文グループではまた，（たとえばスーザンが医師から手術は無理だと言われたように）つらい出来事を文章にすることでしっかりと受け止めることが可能になり，それをメンバーたちの前で読みあげることで，同情や励ましを得ることもできる。そしておそらく何にも増して意味があるのは，チャールズが集ま

りの最後に発した言葉からもうかがえるように，作文グループに参加することで，「自分はここに所属している」という感じ，「家族のなかにいるように，周りから受け入れられている」という感じが味わえるという点だろう（「家族」というのは，どんな場合にもその人を必ず受け入れてくれるところのことである）。

クライエントへの敬意を，どのようにあらわしたか

作品を書いてきた人もそうでない人も，出席したメンバーは全員，毎週，何か発言することになっている。テーブルの席の順番に朗読したり話したりしていって，2時間の集まりのなかで必ず一巡することになっているのだ。どのメンバーのどんな発言も尊重し，しばらく何も書いてきていないメンバーの言葉も敬意と関心をもって聞くことが，グループの規範として定められている。ポールのケースでは，彼の職歴や高度な知識に対する皆の尊敬があったからこそ，グループへの参加がうまくいった。彼の病気や奇行，入院については，集まりの場で話題にする人が一人もいなかった。それは皆が，「そういったことは伏せておきたい」というポールの強い意向を十分に理解して尊重していたからである。ポールが並はずれた科学的知識をもった専門家であることは，皆が認めていた。そしてそのように認められていることが，ポールのプライドや自尊心にとっては，必要欠くべからざることだった。自分がこう見られたいと思うとおりの人間として，彼は皆から一目置かれていた。そして，そう見られていたからこそ彼は，転居やつらい病気のあと，自分のアイデンティティを再び確立できたのである。

発病後のマリアンヌへの敬意は，メンバーがしばしば見舞いに行ったり，彼女の弟や娘さんを集まりの一員として受け入れたり，葬儀に出席したりすることによって示された。発病前も，彼女が自活するためにずっと苦労して働いてきたことに対して，皆が敬意を払っていた。彼女にとって最も大きな意味があったのは，愛猫が死んだときに多くのメンバーが示した理解や共感だろう。皆はそれぞれ，自分と動物の絆について話したり，慰めの言葉を口にしたり，猫の思い出を長々と語るマリアンヌにじっと耳を傾けたりした。

しかしながら作文グループにおいては，敬意がむしろ邪魔になる場合もあ

る。自分の作品を少しでも良いものにするために，ぜひともきちんと批評してほしいと心から望む人も，少数ではあるが間違いなく存在するからだ。私たちのグループにも時々そのような人が参加するが，このグループの場合には，批評するよりほめあうほうが好きな人が多い。作品があまり気に入らなくても，何も言わなかったり，ごく穏やかにその気持ちを伝えたりする程度だ。そこで長年のあいだには，作品をもっと厳しく世に問うて進歩させたいという気持ちから，このグループを離れていった人もいる。また，グループにも参加をつづけながら，もっと厳しい批評を受けられるセミナーなどに出席している人もいる。そのいっぽうで，批判を受けるのなどまっぴら御免という人もある。たとえばメンバーのなかに，公教育をほとんど受けておらず，子ども時代をアパラチア山中ですごした女性がいる。彼女は仲間内でも特に才能に恵まれた書き手なのだが，「ここを手直ししたら」などと誰かがちょっとでも言おうものなら，たちまち頑として，「私は嘘なんか書いてないわ。起こったことを，ちゃんとそのまま書いているんだから！」とはねつけるのである。

クライエント自身の力を，どのように活用したか

　文章を書くことには，各人の力を増大させる働きがある。毎週，家で何かを書いてきて，皆の前でそれを発表する習慣は，メンバーに自信を植えつけ，自尊心を育てる。熱心に耳を傾ける10人ほどの聴衆の前で自分の気持ちや体験を語るのは，なかなかドキドキする経験で，ちょっとした勇気が必要だ。また，集まりの時間のほとんどは，他の人の話をじっと注意深く聞くことに費やされる。注意深く話を聞く訓練というのは普段あまり経験できないが，これをやると，活力が高まって大きな刺激を受けることに気づく。
　ポールとマリアンヌは二人とも，困難な状況に直面しても屈しなかったことで，彼らがもっている力を示した。作文グループの大きな特色は，文章によってよみがえった昔の苦難と現在の苦難が一緒になってメンバーの心を打ち，その結果，書き手は，最近体験した死や病気だけでなく過去の苦難にも打ち勝ってきたことを，皆から評価され賞賛されることだろう。
　作文グループにはまた，メンバーが積極的に執筆に取り組むようになるだけでなく，それ以外の日常生活でもとても前向きになるという利点がある。自然

を寿ぎ，食物を愛で，本や写真，形見の品などのプレゼントを心から喜べる人になるのだ。各人の才能は，皆に認められ賞賛される。マークの絵の才能（彼は，グループの作品集の表紙絵も担当している）も，マリアンヌの写真の腕も，誰かの誕生日ごとにシャーロットが焼いてきてくれるおいしいケーキも，皆の賞賛の的である。何かを生み出したい，創造性を発揮したいという欲求は，年をとっても衰えるどころか，むしろ強まるように思える。しかしながら創造性を発揮するためには通常，それを認めほめてくれる周囲の人が必要だ。そうした場を，作文グループは与えてくれるのである。

　また，これは作文グループにかぎらないが，長期にわたってうまくつづいているグループは，いつでも安心して身を寄せられる場所として機能する。毎週，開かれているということ自体が，メンバーの支えになる場合も少なくない。そこに行けば，必ず仲間が待っていてくれる。いつでも行けて，しかも気が進まなければ無理にしゃべる必要がない集まりでは，よそでは話しにくいことも安心して打ち明けやすい。私たちの作文グループにさまざまな人が集い，自分と違う考えや個性を広く受け入れる土壌ができていることには，二つの良さがある。かなり強烈な個性を受け入れてもらった側も自信をもてるし，受け入れた側も，自分の我慢強さや寛容さを確認できるのだ。私が出席できないときに代理でリーダーをつとめてくれた同僚は，「このグループには，なんて強烈な個性の持ち主ばかりが集まっているんでしょう！」と感心していた。もしかすると，「書き手」としての本能から，多彩で一風変わった行動を面白がる気風が生まれるのかもしれない。

立場は曖昧になったか

　長年のあいだに私は，作文グループのメンバーに個人療法を何度も行ってきた。また，もともと個人療法を受けていた人が，セラピーの一環として，作文グループに加わる場合もある。必要があれば（ポールやマリアンヌのケースのように）在宅ケア機関やホスピスへの紹介も行うし，私自身がセラピー以外のソーシャルワーク・サービスを行うこともある。たとえばローラの場合には，車で彼女をどこかに送り届けたり，障害者用駐車場の使用申し込み書類を提出したり，調べ物をしてあげたりする必要がしばしば生じる。そうしたことへの

第7章　家族の代用物としての作文グループ　173

お礼として，彼女は私に，よく熟れた梨を1個とか，ぶどうを1房くれることが多い。サラについては，息子さんたちに頻繁に連絡をとって母親の健康状態を知らせ，受けるサービスを増やしたり減らしたりの調整をしている。

　私たちのところのようにクリニックのプログラムの一環として行われている作文グループのリーダーをつとめる利点は，グループのリーダーとしての役割，ケアマネジャーとしての役割，カウンセラーとしての役割を，自由に往き来できることだろう。たとえばポールのケースでは，私はその三つの役割全部を果たすことになった。特に彼の入院中は，頻繁に家族と会い，裁判所での手続きも代行し，精神科医とも連絡をとった。入院中の彼を見舞い，家族との意思疎通が途切れないようにも気を配った。退院後には，投薬管理について，かかりつけ医とも連絡を密にして，健康状態の改善につとめた。癌が悪化してからはホスピスを手配し，彼が亡くなったあとには，家族が気持ちの整理をつけ金銭的な問題を処理する相談にものった。グループのメンバーたちもポールの妻に連絡をとりつづけ，毎年のクリスマス・パーティなどの催しには，今も必ず彼女を招待している。

　マリアンヌのケースでも，特に病状が進んでからは，ホスピス入所の手配，担当医との話しあいといったケアマネジメントの仕事を，私が引き受けた。また，「娘の受けているケアは，どうもあまり適切なものではないようだ」というマリアンヌの心配を聞いて，他州で娘さんが別の精神科をさがす手伝いもした。マリアンヌは，私たちのクニリックとは別のクリニックのソーシャルワーカーからの個人療法も受けており，作文グループの仲間には秘密で，それをつづけることを望んでいた。

　その他，必要に応じて私は，グループのメンバー全員に対して，さまざまなケアマネジメントの仕事を行う。カウンセラーへの紹介，在宅ケアサービスやハウスクリーニングの手配，「別の医者の意見も聞きたい」と望むメンバーへの医師の紹介，緊急時の対応（たとえば，あるメンバーが脳卒中を起こしてアパートの床に倒れているのが発見されたときには，真っ先に私のところに電話が来た），作文グループの集まりの前後のちょっとした相談やカウンセリングなどがそれだ。メンバーの家族の多くとも顔見知りで，遠く離れて住む家族とは，電話連絡もとりあう。作文グループは事実上，各種の福祉サービスの玄関口としての役割を果たしており，いきなり正規のシステムを利用するのをため

らう人にとっては、援助を求めるうえでの抵抗の少ない入り口となっている。プライバシーの保護は十分に尊重されており、メンバー自身が望まないかぎり、個人的なことはグループに公開しないので、私としては、そうしたいくつもの役割を果たすことに困難は感じていない。

グループのメンバーたちに関しては、毎週の集まり以外にもさまざまな行動をともにしているところが、立場の曖昧化といえるかもしれない。リチャードとその妻は毎年2回、メンバーたちを自宅に招いてくれるので、私たちは皆、日よけつきのバルコニーや、春にはオタマジャクシが泳ぎまわる野草園で、楽しいときをすごすことができる。また年に1度は夫妻の所有する林にでかけ、咲き乱れる野の花を堪能する。バーバラは毎年、自宅でのクリスマス・パーティに皆を招いてくれるし、その他のメンバーも、折りにふれて互いに招待しあう。兄弟の家で行われたシク教徒の儀式に招いてくれたメンバーもいたし、トムがカトリック教会に入信した際には、大勢が儀式にかけつけた。病院への見舞い、葬儀への参列、誕生パーティ、「元気になってね」といったメッセージなどは、「立場の曖昧化」というよりはむしろ、作文グループになくてはならない要素だといっていいだろう。

時間の経過とともに、セラピー関係にどのような変化があったか

新しいメンバーが作文グループに受け入れられるまでの過程は、必ずしもすんなりいくとはかぎらないので、リーダーは十分に配慮する必要がある。団結心の強いグループに新メンバーを紹介するのは、家族にたとえれば、新しく生まれた赤ん坊を上の子に引きあわせて、「これがあなたの弟よ。あなた、お姉ちゃんになったの」と言うようなものだ。つまり、「あなたがいてくれて本当に嬉しいから、子どもがもう一人欲しくなったのよ」と伝えたいわけで、そこにはどうしても、上の子がすんなりとは受け入れにくい内容がこめられている(「私のことがそんなに好きなら、なぜもう一人必要なの？」というわけだ)。リーダーの庇護のもとに新メンバーが登場し、グループに受け入れられていくまでには、小さいがはっきりした変化が段階的に起きてゆく。ポールのケースでは、ローラが彼の作品を認めたことで、それまで難航していた受け入れが大幅に進んだ。メンバーたちは、彼の外国風アクセントにしだいに慣れ、すでに

グループに溶けこんでいた二人のヨーロッパ出身者とはまた別の人格として，受け入れはじめたのだ。さらには，彼が善良で礼儀正しい人物であることがわかってくるにつれ，当初の奇行に眉をひそめていた人たちも態度を和らげた。最初のうちは，私がポールを入会させたから皆しかたなく我慢していただけだったのが，やがて彼は自分自身の力で，メンバーたちの信頼を得ていった。特に，マリアンヌ，シャーロット，リチャードとは，大いに仲よくなった。各人の気に入りそうな記事を見つけてきて朗読するようにつとめ，親近感を増していったのだ。当初，個人的なことを打ち明けるのを好まなかったポールは，科学的な話題についての先生役になることで，自分の居場所を見出した。そして居場所ができて安心すると，個人的な体験——その多くは悲惨なものだった——も語りはじめた。そのような，つらいけれど価値のある過去の体験を彼が文章に綴れるようになるまでには何年もかかり，多くの励ましが必要だったが，それは彼にとっては明らかに，大きな前進だった。

　マリアンヌも，批判的でとげとげしい態度だったのが，マークとの親交が深まり健康状態が悪化するにつれて，あたたかく穏やかで，むしろ朗らかな人柄に変わった。人生に対する彼女の攻撃的な姿勢が和らいだのがすべて作文グループのおかげだというつもりはないが，自分が誇りに思える出来事を語り，罪悪感やいらいらのもとになっている出来事を比較的穏やかな形で発表する場を提供できたという点で，作文グループが役に立ったことは間違いない。弟のことをマリアンヌがグループ内で語ったことはほとんどなかったが，必要なときに彼が駆けつけてくれて，グループにも熱心に参加してくれたことは，彼女をとても力づけたと思われる。自分が家族の愛に恵まれない人間ではなく，とても気にかけてくれる身内がいると確信できたはずだからだ。

　私は，自分が作文グループ内で果たすべき最も重要な役割は，グループのメンバーが重大な局面にさしかかったとき，その支えとなり代弁者となることだと思っている。はじめて作文グループに参加するとき，病気その他の事情でグループを欠席するとき，他のメンバーから攻撃されたり無視されたと感じたときなどがそれだ。たびたび新しいメンバーを紹介し（もちろん，事前に必ず旧メンバーの了解をとるようにしているが），その新メンバーがしばしば，うつだったり，ひきこもりだったり，他のグループから拒絶された経験の持ち主だったりする私としては，旧メンバーたちに対して，忍耐強い態度のお手本を

示すとともに、この「侵入者」に対する皆の批判や苦情をきちんと聞く責任もあると、肝に銘じている。紆余曲折を経ても、これまで結局、新メンバー全員がグループに受け入れられてきた。サラが頻繁に進行を妨げるのをどうしても我慢できずにグループを抜けてしまったメンバーが一人だけいたが、「来る者は拒まず」方式でうまくいかなかったのは、その例だけである。

セラピー関係はクライエントとセラピストに、どのようなメリットやデメリットをもたらしたか

　私たちの作文グループは、それ以外のさまざまな活動にはうまく参加できない人も利用できる、セイフティネットの役割を果たしている。もちろん、書くこと自体が大好きで、その目的のために参加している人もいる。だがそのいっぽうで、友達づきあいや、毎週出席できる場所を求めて参加している人も少なくない。作文グループでは毎週メンバーの様子を観察できるので、リーダーはメンバーの行動や考えかたの小さな変化にも気づきやすく、たまにしか会わない場合よりも早めの介入が可能になる。作文グループを通じて築かれた人間関係のおかげで、私とメンバーたちのあいだには強い信頼感が生まれており、何か問題が起きればいつでも私に相談できるという気持ちを、メンバー全員が抱いている。たとえばローラの弟が、「ぜひとも姉さんを、もっと安心できる場所に移さなくては」というので別の町からやって来たときも、ローラは私のところへ彼を連れてきて、もっと違う選択肢はないかと相談をもちかけた。作文グループでのポールの行動が少々変だと気づいたときには、私はいちはやくかかりつけ医に連絡をとって、薬の効果に疑問があることを伝えた。高齢者のセラピーにたずさわる者が、このように全般的なところまで手がける例はめずらしいかもしれない。だが、このようなやりかたが効果的なのは明らかで、各種の福祉サービスを、うまく連携した形で高齢者に届けることを可能にしている。

　高齢者は、とても困難な状況に陥っていても、セラピーを受けることをためらう場合が多い。そんな人でも、さしあたって「精神科の治療」を必要とするほどではない個人的な問題について、作文グループで吐露するのなら比較的受け入れやすい。グループの参加者には、自ら望んで加わった人もいる。そうい

う人たちは書くことにとても熱心で，自らの老いにせきたてられるようにして作品を綴る——「今書いておかなければ，永久に書けなくなってしまう」というわけだ。また，なかには医師などの勧めで参加した人もいる。本人には書くことに特段の興味はないが，「この人が長期にわたって安心して参加できる場所として，作文グループが適当だろう」と判断された人たちだ。たとえば私たちのグループにも以前，ほとんど文章は書いてこないで，写真や録音テープをもって集まりに参加する男性がいた。継続的なグループならどこでもよさそうな感じだったが，本人が参加を承知したのは，私たちの作文グループだけだった。ごくたまに彼が少しでも何か書いてくると，皆は大喜びでそれに聞き入った。彼はいつも，「今，小説を書いているところなんだ。近いうちにそれを発表するよ」と言いつづけていた。そして彼の死後，遺族は自宅で，本当に何篇かの書きかけの小説を発見した。「自分は執筆中の文筆家だ」と思いこむだけでも，何がしかの地位を得たような気がして生きる力がわくことを，この例は示していると思う，そして自分のことをそのように思えるのが，作文グループならではのいいところなのである。

この事例の教訓は？

　作文グループはセラピストを謙虚にもさせ，元気づけてもくれる。高齢者ならではの人生の知恵を軽く考え，「力になってあげよう」などと，おこがましい気持ちでいたら大変だ。メンバーたちの知恵は，溢れくる水のように押し寄せて，セラピストの自信を揺さぶり，圧倒する。そしてすべてはまた，平原のように静まり返る。さまざまな考えが飛び交い，メンバーたちの過去の体験が，現在の出来事や人生哲学，日常の煩雑なことがらと入り混じる場にその一員として加わるのは，じつに刺激的だ。こんなに自分をリフレッシュし，情熱をかきたて，高齢者に接する仕事へのエネルギーを蘇らせてくれる場を，私は他に知らない。そんな私が同業者たちに言えるのは，「とにかく自分なりのやりかたで，作文グループを試してみてほしい」ということだけである。

　このように長期間，一つの作文グループに関わってこられた私は，本当に幸せだと思う。23年ものあいだ同じグループに，毎週1度，2時間ずつ関われるという状況は稀だろう。1978年の発足以来，作文グループには60名のメン

バーが在籍した。その大部分が少なくとも5年以上参加をつづけ，1年足らずで抜けた人はごく少数だ。厳密かつ単純なコスト計算をすれば，このグループは必ずしも効率的だとはいえないかもしれないが，もっと大きな目で見て，ターナー・クリニック全体やその諸活動，ひいては高齢者一般に対する影響力から考えれば，十分すぎるほどコストに見合う試みだといえると思う。

　このグループを先駆けとして，現在，ターナー・クリニックには他にも五つの作文グループがある。いずれの参加者たちからも満足の声が届いており，すべてがボランティアのリーダーによって運営されている。また，私たちのグループをモデルにして，地域の11の老人ホームで，ソーシャルワーカーや実習生をリーダーにした6回完結の作文グループも開かれている。地域のメンタル・ヘルス・プログラムの一環として，うつや不安，痴呆などをかかえた入所者を対象に行われている。さらには，高齢者センターでアフリカ系アメリカ人の高齢者を対象に実施されている短期の作文グループもある。作文グループの質がしだいに変化していって，「隣人助けあい運動」的なグループになったところも少なくない。

　私たちの作文グループでは，各メンバーが個人でつくる作品集のほかに，グループ全体としての作品集も出版している。グループとしてこれまでに出版した二つの作品集（一つはカミンスキー社から1984年に，もう一つはブラウン・アンド・キャンベル社から1991年に出版されている）は，ミシガン大学病院および同病院の交友会，さらにはギフトショップの運営その他で資金集めをしているボランティア・グループからの資金提供によって実現した。クリニックの販売する教材やガイドブックの売り上げ金とともに，この作品集自体の売り上げ金も，出版費用にあてられた。作品集は地域の書店の店頭に置かれ，ダイレクトメールや，地域あるいは全国規模の出版物への広告を通じて販売されている。収録された作品を朗読したり歌ったりする催しもあちこちで開かれ，作者紹介の記事が地方紙にも載った。作品集の出版によって作文グループの活動が広く知れ渡ることには，大きな意味があると思う。それによってメンバーの社会的なつながりが広がるし，ターナー・クリニックへの理解や支援も深まるからである。

　作文グループはけっしてリーダー主導型ではないので，私の果たしている役割が厳密な意味でのソーシャルワークといえるかどうか，はっきりしない部分

第7章　家族の代用物としての作文グループ

もある。しかしながらグループの存在が参加者たちの生活に大きな影響を与えていることは事実であり，また，このグループにリーダーとして関わるのがじつに楽しいことから，私としてはぜひ，他のソーシャルワーカーのかたたちにも，作文グループの実践をお勧めしたい。特に，一般の福祉サービスを受けるのを嫌う人たちに対しては，作文グループはとても有効な試みだといえると思う。

　作文グループは，高齢者センター，教会，老人ホーム，クリニックなど，あらゆる場面での実施が可能だ。訓練を受けたボランティアがリーダーをつとめればよく，費用もあまりかからない。どの地域にも，教職やケアワーカーの経験があり，やりがいのあるボランティアをしたいのに機会が見つからないでいる人はたくさんいる。そうした人たちにとって，作文グループのリーダーというのは，じつにふさわしい仕事だ。プロがリーダーになるにしても，ボランティアがその役割をつとめるにしても，作文グループは比較的安価に運営できるので，毎週2時間の集まりをもつことを，組織の管理者に認めてもらいやすい。しかも都合のいいことに，作文グループでは，成果として示すことのできる作品が形として残る。それを出版したり，公の場で朗読したりすれば，宣伝にもなり，年齢を重ねることへのプラスの評価も社会的に広がる。高齢者施設の管理者たちにとって，それは願ってもないことだろう。

　作文グループをうまく運営するためには，最低8回から10回ぐらいのセッションを行ったほうがいい。メンバーどうしがうちとけあえるまでには，それなりの時間がかかる。だが当初は，比較的短期のグループとしてスタートするほうが，参加しやすいだろう。ことに，はじめて記憶を掘り起こして文章に記そうとする高齢者にとっては，期間が区切られていたほうが都合がいい。私のこれまでの経験では，短期のグループとしてスタートしたものが，親しみが深まってくるにつれて，メンバーが自宅を互いに訪問しあうようになり，やがてそのまま解散するのが惜しくなって，自然に長期のグループへと移行していく例が多い。集まりは，毎週定期的にもつほうがいい。週ごとの締め切りがあるほうが，書き手もその気になりやすいからだ。締め切りが曖昧だと，なかなか書けない人も多い。

　私は文章の専門家ではないし，文章の書きかたや文法を教えるのがこのグループの目的ではないと考えている。しかしながらリーダーになる人は，書く

ことや読むことが好きで、書かれたものへの敬意をもっている必要がある。家族のような雰囲気をつくりだすための第一歩は、書かれたものを通じて、各メンバーのたどってきた人生を共有することだ。そのうえで、誕生日を皆で祝ったり、メンバーの家族や友人もグループに迎え入れたり、自宅を訪問しあったり、病気中も頻繁に連絡をとったり、グループ以外の人との友人関係ももつよう励ましたり、車をもたないメンバーをもっているメンバーが送り迎えするよう橋渡しをしたりすることによって、つながりはどんどん深まっていく。月曜の作文グループでは毎月、誕生パーティを開くことにしている。メンバーの一人がケーキを焼いてきてくれて、みんながバースデーカードに寄せ書きをする。こうしたこといっさいは、リーダーの助けなしで、メンバーたちの協力で行われる。作品を発表してほしいと地域のいろいろなグループから招待されることも多く、そうした機会はメンバーの誇りとなっている。

　長年、作文グループをつづけてきた私は、この活動をもっと広めたいという使命感を抱いており、現状ではまだ十分に普及しているとはいえないことを残念に思う。高齢者にとって、こんなにふさわしい活動が、他にあるだろうか。高齢者の長い人生のなかで抽出されてきた知恵や思いは、文章として表現され、家族や友人をはじめ、その経験から学びたいと思っている多くの人々に伝えられるのが望ましい。作文グループの活動によって、書き手への親近感や理解が深まり、若い読み手たちは、見知らぬ世界を覗き見ることが可能になる。そしてひいては、人間の精神のもつ複雑さ、豊かさ、回復力といったものを、深く味わい知ることにもなるのである。

（ルース・キャンベル）

文献

Birren, J.E., & Deutchman, D.P. (1991). *Guiding autobiography groups for older adults: Exploring the fabric of life*. Baltimore: The Johns Hopkins University Press.

Brown, L., & Campbell, R. (Eds.). (1991). *Never say never*, II. Ann Arbor: Turner Geriatric Services, University of Michigan Hospitals.

Butler, R. (1963). The life review: An interpretation of reminiscence in the aged. *Psychiatry*, 26, 65–76.

DeSalvo, L. (1999). *Writing as a way of healing*. New York: HarperCollins.

Kaminsky, M. (Ed.). (1984). *The uses of reminiscence: New ways of working with older adults*. New

York: The Haworth Press.
Koch, K. (1977). *I never told anybody: Teaching poetry writing in a nursing home.* New York: (Ed.). Random House.
Myerhoff, B. (1978). *Number our days.* New York: E.P. Dutton.
Smyth, J.J., Stone, A.A., Hurewitz, A., & Kaell, A. (1999). Effects of writing about stressful experiences on symptom reduction in patients with asthma or rheumatoid arthritis. *Journal of the American Medical Association,* 281(14), 1304–1309.
Supiano, K.P. (1991). Writing at life's closure. *Clinical Gerontologist,* 11(2), 43–46.
Supiano, K.P., Ozminkowski, R.J., Campbell, R., & Lapidos, C. (1989). Effectiveness of writing groups in nursing homes. *Journal of Applied Gerontology,* 8(3), 382–400.

第 8 章
老人ホームにおける多世代グループ

1．クライエントの背景

　引退した医療ソーシャルワーカーであるジェイン・ブラウンは 80 歳の未亡人で，二人の娘さんがいた。夫は何年か前に，アルツハイマー病で亡くなっていた。ジェインには，脳卒中の後遺症からくるアテトーシスがあった。アテトーシスというのは，腕や手，頭部などが自分の意思とは関係なく急に動いてしまう，比較的めずらしい運動障害である。アテトーシスが起こったあとは，ジェインはぐったり疲れてしまうのだった。嚥下障害や軽い痴呆もあり，昼も夜も酸素が手放せなかった。彼女はほとんど一日じゅう，車椅子ですごしていた。遠く離れて住んでいた娘さんのローリーは，酸素療法が欠かせない母親を心配して呼び寄せ，自分がボランティアをしている老人ホームに入所させた。その老人ホームのソーシャルワーカーが，この私だった。ジェインはホームの人間関係には比較的すぐに馴染んだが，入所後，心身がひどく弱って，ホームのさまざまなグループ活動に参加するのにも介助が必要になった。娘さんのローリーは私に，「自分が今，どこで暮らしているのかもはっきりせず，どうしてここに入所したかもよくわからなくなってしまっている母を見ると，こんなに遠くに連れてきた自分に罪悪感を感じてしまう」と悩みを打ち明けた。ローリーはまた，「グループ活動に参加するとなると，最初にその部屋に連れていくだけでなく，活動の最中もずっとそばで介助しなければならないので大変だ」ともこぼしていた。

　別の入所者であるメイベル・シンドラーは 85 歳の未亡人で，娘さんのグラディスと息子さんのロンが近くに住んでいた。5 年前にホームに入所するまでは，人生のほとんどを，この町の郊外にある農場ですごしてきた。幼いころか

ら音楽が好きで，教会の歌の集いではピアノ伴奏係だった。8年前にアルツハイマー病と診断され，ホームに入所してからは，ほとんどの時間を自室ですごしていた。関節炎に悩まされており，四肢の拘縮もはじまっていた。彼女はとても怒りっぽく，しょっちゅう担当スタッフにわめきたてた。関節炎の痛みが激しいせいもあるし，アルツハイマー病の影響もあって，周囲に対してつっけんどんで荒々しい態度をとりがちだったのだ。だが定期的にメイベルの部屋を訪れていた私は，そのようなつっけんどんな態度の殻がいったんうまく破れれば，彼女が自分の過去，なかでも農場での生活について，あれこれ話してくれることを発見した。娘さんのグラディスもできるだけ母を見舞うよう心がけてはいたが，「何を話したらいいかわからないし，私が誰なのか，わからない様子のときもある」と困っていた。

2．グループの背景

　多世代グループをはじめる前から，私はこの老人ホームのソーシャルワーカーをしていた。当時から，入所者に対するさまざまなグループ活動を行っており，そのなかには「家族によるケアを実践するグループ」といったものもあった。そのころ，ターナー・クリニックのソーシャルワーカーであるシェリルも，私たちのホームを定期的に訪問して，私と一緒にそれらのグループ活動のリーダーをつとめてくれていた。そうしたグループ活動の資金はミシガン州高齢者福祉局から交付されており，活動の目的は，回想したり創造性を発揮したりできる場を設けて入所者の生活を豊かにし，「自分は価値ある存在だ」という気持ちを高めてもらうことだった。その高齢者福祉局の交付金を利用して，シェリルは郡内のすべての老人ホームをまわり，各所のグループ活動のリーダーをつとめていた。そのなかには，記憶の回復に主眼をおいたグループ活動もあった。そんなある日，シェリルが私につぎのような話をしてくれた。「あるホームに入所している男の人の娘さんが，〈記憶回復グループ〉の活動のときに訪ねてきたことがあったの。その男の人，その回まではグループ活動のあいだじゅう，ほとんど何もしゃべらなかったのよ。ところが娘さんが一緒だったその回には，とてもはっきりした記憶をいくつか引き出すことができた

のでびっくりしたわ」。そうした経験からシェリルは，老人ホームに入所している高齢者とその子どもたちからなる多世代グループの活動を試してみたらどうかと思いついたのだという。当時，私のほうも，「老いた親に，何をどう話しかけたらいいかわからない」という家族の悩みを頻繁に打ち明けられていた。そこで，メイベルやジェインの娘さんたちも口にしていたその悩みを，シェリルに伝えた。また，一人ひとりに細やかな注意を払いにくい一般のグループ活動には，うまく適応できない入所者も少なくないことも話した。そこで，シェリルと私は力をあわせて，記憶回復を中心とした，複数の世代からなるグループ活動を実施し，つぎのような複合的な目的の実現をめざすことに決めた——入所者が家族と楽しく語りあう材料となる記憶をよみがえらせる力を高めるとともに，ホームに入所している愛する身内とどう心を通わせたらいいかわからない家族に，接しかたのモデルを示す。だが，そのようにして入所者と家族の多世代グループを実際にはじめてみると，その効果は，当初私たちが設定した目的をはるかに超えるものだった。

この多世代グループでは，入所者とその家族が一緒に参加することが大原則となっていた。ごくたまに入所者が一人だけで参加したこともあったが，その回はあまり効果があがらなかった。メイベルの場合には，息子さんと娘さんのどちらかが交代で参加した。家族が参加すると，ホームのスタッフにとって負担が大きい，活動場所への入所者の移動を手伝ってもらえるというメリットもあった。たいていの場合，参加するのは入所者と，成人したその子どもたちだったが，ときには姪や配偶者など，それ以外の家族や親族が参加することもあった。

このグループへの参加者は，こちらから誘って集めた。その際，私は基準をいくつか設けて，それに合う入所者を集めるようにした。第一の規準は，痴呆のある入所者で，徒歩か車椅子でセッションの場に来られること。第二に，当老人ホームで行われている一般のグループ活動にはうまく参加できない入所者であること。第三に，その入所者との交流をもっと深めることを望んでいて，グループのセッションに参加できる家族がいること。そのような規準を満たす入所者の家族に私は手紙を出し，一緒にグループに参加しないかと誘った。その手紙では，どのような活動を計画しているか，その目的は何かを簡単に説明したうえで，「入所していらっしゃるあなたのご家族は，このグループにぴっ

たりだと私は確信しています。このグループはまさしく，あなたのご家族のために計画されたといってもいいほどです。それを確かめるためにも，ぜひ1度，グループの活動に一緒にご参加ください」と記した。「うちのおじいちゃんやおばあちゃんは，そのような活動に参加するのは無理なんじゃないか」と考える家族も少なくないので，勧誘の手紙にこうした一文を加えるのはとても重要なのである。

そうした誘いの手紙は20名から30名の入所者の家族に送られ（私たちの老人ホームには200名を超える入所者がいる），参加予約の受付が開始された。受付は，6名ないし8名程度で締め切った。このようにして第1次の多世代グループが完了すると，今度は前回参加しなかった入所者の家族に向けて第2次グループへの参加を誘う手紙を出すといった手順を，私は繰り返していった。グループの集まりには，夕方の1時間をあてた。その時刻がいちばん部屋の予約が取りやすかったし，ホームの日課もたてこんでおらず，日中より，働いている家族も参加しやすかったからである。

3．介入の概要

グループは全8回にわたる，各1時間のセッションから成り立っていた。各セッションで行う内容は，他のいくつもの老人ホームでシェリルがやってきた「記憶回復グループ」の方法をもとにして工夫した。シェリルのやりかたは，たとえば単語の最初の1文字を手がかりに記憶を引き出すというように，記憶回復法としてよく知られたテクニックを利用したものだった。私たちはそれを多世代グループに合う形に変形し，そのうえで，以前から私がやっていた方法もつけ加えた。シェリルと私は，協力してグループのリーダーをつとめた。1回の集まりのなかでも，好みや経験に応じて，さまざまな部分を分担して担当したのである。各回の最初にはまず，第1回目に学んだ記憶回復法を利用して，それぞれの名前を思い出すところからはじめた。

参加が決まった入所者の大多数は，比較的抵抗なくグループにやってきた。知っている（あるいは見たことのある）人と一緒に参加し，セッションのあいだじゅう一対一で注意を向けられることが，心理的抵抗を小さくしている様子

だった。毎回，はじまるまでは落ち着かない入所者もいたが，いったんはじまってしまうと，たいていの人がリラックスした。

　第1回目のセッションの最初には，「名前連想ゲーム」をした。「皆さんそれぞれ，自分の名前の最初の1文字と同じ字ではじまる，自分にぴったりの形容詞を考えてください。考えついたらその形容詞をつけて，自分の名前を紹介してくださいね」という課題を出したのだ。このセッションのとき，ジェインはうまい形容詞を思いつくことができなかった。そこで彼女の家族だけでなく参加者全員でいくつも候補を考え，そのなかからジェインは「陽気なジェイン」という言葉を選んだ。メイベルは，「むっつりメイベル」という言葉を自力で思いついた。この時点ではまだ彼女はにこりともせず，いつものつっけんどんな態度のままで，両のこぶしは固く握られ，目は伏せられたままだった。

　つぎに，昔馴染んだ諺や童謡を思い出すゲームが行われた。まずはリーダーが，童謡の最初の部分を歌う。それにつづけて通常は全員で，つづきを歌うのだ。童謡のつづきを比較的よく思い出せる人と，そうでない人がいた。メイベルはどの童謡も誰よりも早く最後まで思い出し，その記憶力のよさには誰もが感心した。皆にほめられたメイベルは，初回のセッションが終わるころには車椅子の上でしゃんとからだを起こし，ときには微笑を浮かべるようにさえなっていた。

　2回目のセッションでは，視覚的な記憶を取りあげた。目を閉じて，誰か懐かしい身内，たとえば両親や祖父母などの姿を思い描くように言い，その人について，それぞれ思い出を語ってもらうのだ。この回にはまた，各人の名前の由来も尋ねた。うまく由来を話せた人も，そうでない人もいた。ついで，自分が育った家やその部屋部屋を思い浮かべ，いちばん好きだった部屋や場所について話してもらった。この回には，別の州から訪ねてきたジェインの娘さんのアンが，もう一人の娘さんのローリーと一緒に出席していた。その日ジェインは咳がひどくてとても体調が悪かったのだが，どうにか参加していた。あとになってからローリーが話してくれたところでは，アンは，「あのグループに出席してみて，お母さんをこのホームに入所させてよかったと思ったわ」と言ってくれたのだそうだ。母を遠方に連れてきたことに対して抱いていたローリーの罪悪感は，アンのその言葉でずいぶん和らいだようだった。

　第3回目には，「万国博覧会ゲーム」をした。参加者たちにはまず，アル

ファベットが 1 文字ずつ書かれたカードが配られ，空想上の万博にでかけることにする。その旅行に持っていく物として，カードに書かれた文字ではじまる物を一人ずつあげてもらう（たとえば，M だったら「お金(マネー)」というように）。それにつづいて参加者全員が，その言葉を復唱するのだ。ゲームがすんだあとには，万博だけでなくあちこちに旅行したときの思い出を，各人に話してもらった。

　するとジェインが突然，昔，州のはずれに遠く離れて住んでいた従姉妹のマーガレットを訪ねて何度も汽車で旅したことを思い出した。その話に触発されて娘さんのローリーも，若いころの母親が国内を横断するような大旅行をしたことを思い出して皆に語った。母親のジェインはそのとき，初老にさしかかった両親を自分の家に同居させるために，一緒に汽車で 5 日間ぶっとおしの旅をして連れてきたのだった。「そのことがあったからこそ，私も 2 カ月ほど前，母が私のそばで暮らせるように，ここに連れてきたのだと思います」とローリーは言った。そのような共通点が見つかったことで，この母娘の絆はいっそう深まったように思われた。そしてこの話はまた，老人ホームでの現在の姿からは想像もつかないような強さや勇気をジェインがもっていることを，皆に知らしめるものだった。後日ローリーは，「このあいだのセッションでの母の話を聞いて思い出し，今年 92 歳になるマーガレット伯母にも連絡をとってみたんです。そうしたら伯母も，とても喜んでくれました」と話してくれた。

　第 4 回目は「回想箱」という道具を使い，五感を総動員して記憶を刺激した。箱のなかに入っているさまざまな物（ハーシー社のキスチョコ，ベビーパウダー，牛の首につけるカウベル，シナモン，かぎ針編みのテーブルセンター，生花，古い写真など）を取り出してみせ，それに関係した思い出話をしてもらうのだ。たとえばカウベルの場合には，参加者たちに目を閉じてもらい，それを鳴らす。そして，「なんの音を思い出しますか」と尋ねる。それに対する返答は，人によってさまざまだった。「学校の始業ベルかしら」と言う人もいるし，「牛のベルね」「食事を知らせるベルみたい」と言う人もいたのだ。そこで，その言葉から連想して思い出されることをグループの参加者に話してもらった。この回，メイベルは，キスチョコにとりわけ大きな関心を示した。そしてチョコを 1 粒口に入れてから，昔よく行ったこの町のキャンディ屋

のことを話しはじめた。周囲に少しばかり助けてもらうことでメイベルは，キャンディが当時1個いくらだったか，どんな種類のキャンディが好きだったかまで思い出すことができた。

　第5回目は，音楽や，聴覚による記憶を取りあげた。私たちの老人ホームにはその前年，オートハープという楽器が寄贈されていた。当時，私が実施していたあるグループ活動でたまたまそれを使っていたのを入所者の家族が見て，寄付してくれたのだ。そこで私たちは，この回にそれを利用することにした。オートハープというのは，ボタンを押さえながら弦をピックではじくと，和音コードつきの演奏が楽しめる楽器だ。もともとの小さなピックではつまみにくい入所者のために，私は特大のピックをつくっておいた。まずは，私が演奏法を実演してみせる。それから参加者たちに弦をはじいてもらい，それにあわせて私たちが，ふさわしいコードのボタンを押さえたり，必要なら演奏者の手を支えたりして手伝う（たいていの参加者は，しばらく練習すれば，あまり複雑なコードでなければ自分でボタンも押さえられるようになる）。そして，若いころにうたった歌の歌詞を思い出すよう励まし，各人が思い出した歌詞を皆でうたうのである。

　幼いころから音楽に親しんで育ったメイベルは，オートハープの演奏法もすぐにマスターした。関節炎があるにもかかわらず見事に演奏するその腕前に，メンバーたちはすっかり感心した。というわけで，初回についでこの回もメイベルにとっては嬉しいひとときになった様子で，頻繁に笑顔を見せていた。音楽を中心にしたこの回は，参加者たちにとって特に楽しいものだった。皆はたくさんの古い歌を容易に思い出し，それを合唱した。一般に，痴呆や失語症の高齢者でも，昔よく知っていた歌を皆と一緒にうたうと，話すときとは別人のように滑らかに言葉が出ることが多い。

　「動作記憶」に焦点をあてた第6回目には，ジェインが大変身を見せた。この回には参加者たちに，それまでの人生で一生懸命やったことのある動作（たとえば桶の中身をこねる動作など）を思い出して，皆にそれを披露してもらう。それぞれの動作には（たとえば「桶こね」などといった）名前がつけられ，皆があとについてそれを真似する。ジェインは自分の番がくると，昔やったテニスのサーブの動作をやってみせた。その様子はまさに娘さんのローリーが言ったとおり，「ボールを相手コートに鋭く叩きつけようとするあまり，車

椅子から飛び出しそう」で，見ていた私たち全員が，その勢いにびっくりして目を見張った。そしてその瞬間，私たちの抱くジェインのイメージが，がらりと変わったのである。ついでジェインは私たちにサーブの打ちかたを教えてくれ，「昔はよく，こうやってテニスをしたのよ。お金持ちの友達がいて，その家にコートがあったものだから」と話してくれた。それはまさに，素晴らしい瞬間だった。目に見えないコートに向けて彼女が鋭くボールを打ち出すたびに，そのパワーとテクニックが，私たちにもありありと伝わってきたのである。

　第7回目は，「サーカス」と「アイスクリーム屋」がテーマだった。シェリルと私は，大きなフェルト布の台紙と，同じくフェルトでつくった，サーカスに関係のあるさまざまなキャラクターや道具類を用意していた。まずはフェルトの台紙を広げて貼り，そこにサーカスの舞台を三つ配置する。それから参加者たちに，それぞれの舞台に登場させるキャラクターや道具を選んでもらって貼っていく。そしてすべてを片づけてから，さっきまでそこに何があったかを思い出してもらうのだ。いっぽう「アイスクリーム屋ゲーム」では，聞いたばかりの物語を想起して語ってもらった。シェリルと私がまず，やはりフェルトでつくった台紙やキャラクターを使いながら，アイスクリーム屋に買い物に行く母と息子の物語を話す。そのうえで参加者たちに，その物語を想起して話してもらうのだ。だが高齢のメンバーの多くにとっては，はじめて聞いたばかりの話を想起するのはかなり難しかった。短期記憶が障害されているせいである。

　最終回には，回想する力，発表する力，話す力を総動員する取り組みが行われた。入所者とその家族がペアになり，いくつかのテーマについて，二人で相談したうえで，皆の前で発表する。テーマには，(「学校時代の出来事」といったように) 純粋に思い出を語るものもあれば，(「子どもの上手なしつけかた」といったように) 各自の意見やアドバイスを述べるものもある。こうやってペアで課題に取り組むと，入所者とその家族の一対一のシェアリングの，良い機会となる。ある母娘ペアは，二人とも同じ小学校に通った体験をシェアした。また別のペアは，故郷の町について熱心に語るあまり，もっと持ち時間を延長してほしいと希望した。2週間前に行われた，「動作記憶」がテーマだった第6回目にメイベルは，畑に作物を植える動作を披露してくれていた。そこで

今回は彼女に,「植物を植えたり,鳥獣の害からそれを守ったりする方法」を アドバイスしてほしいというリクエストを出した。するとメイベルは,アライ グマを追い払うために畑に空き缶をたくさんぶらさげるやりかたを詳しく説明 してくれた。また,さらに尋ねられると,イースターの卵をタマネギの皮で着 色してつくる方法も皆に教えてくれた。

　この回の後半には,あらかじめ家族に頼んで家からもってきてもらった,そ の入所者にとって大切なもの,あるいは入所者の人生の一側面をよくあらわし ているものを,皆に見せて説明してもらった。思い出の写真をもってきた人が 多かったが,なかにはさまざまなコレクションを持参した人もいた。ある入所 者の娘さんは,お客用として母親がかつて愛用していたティーセットを皆に披 露した。このセッションは,入所者たちの人生経験や個性の豊かさを存分に示 すものだった。

4．介入の分析

　老人ホームの入所者とその家族が一緒に参加できる活動を提供することに は,大きなメリットがある。入所者と家族がそれぞれ別々に集まりをもったの では味わえないような豊かな経験が,そこでは生み出されるのだ。入所者に対 する私たちスタッフの接しかたや,他の家族のさまざまなやりかたをモデルと して間近に見ることは,入所者の家族を非審判的に援助するうえで貴重な方法 といえる。多世代グループのセッションのなかで明らかになってきた入所者と 家族の絆は,シェリルと私が当初考えていたのよりはるかに強いものだった。 しかもその絆は,セッションによっていっそう強まったのである。

クライエントへの敬意を,どのようにあらわしたか

　多世代グループでは,参加者への敬意をさまざまな形であらわした。たとえ ば,入所者やその家族を本人の希望する呼び名で呼ぶようにしたのもその一例 だ。また私たちリーダーは,さまざまな基本的ルールを守るモデルとなるよう につとめ,メンバーたちもよくそれを守ってくれた。さらに,ちょっと危険か

もしれないと思うことでもこのグループのなかでは思いきって言ったりやったりできるように，安全で人をあと押しするような雰囲気をつくる努力をした。たとえ否定的な感情をあらわすような発言や行動でも，批判したり説得したりせずに受け入れたのもその一つだ。たとえば初回にメイベルが，いつものつっけんどんな調子で，自分のことを「むっつりメイベル」と紹介したときも，「もっと明るい言葉を考えましょうよ」といったことは言わなかったのである。また，参加者どうしの助けあいも，大いに奨励した。初回にジェインが自分にぴったりの形容詞を思いつけなかったとき，皆で案を出しあったことなどがその例である。

さらに，敬意をあらわす一方法として，参加者全員に同じように接した。家族にも，入所者とまったく同じ形で参加してもらったのだ。私たちはすべてのメンバーを，かけがえのない人生を生きてきた一人の人間として扱った。（回想を通じて語られる）過去をもち，（子や孫によってその人の習慣や価値観が引き継がれていく）未来をもった人間として，敬意をもって遇したのである。私たちは，入所者たちに対して，親としての役割を強化するようにも気を配った。たとえば，メイベルに畑仕事についての教えを乞うように，セッションのなかで入所者のアドバイスや経験談を語ってもらう機会を多くしたのはそのためである。

クライエント自身の力を，どのように活用したか

それぞれの入所者がそれぞれ異なる力をもっていることは，セッションのなかでもたびたび明らかになった。そうした力に気づいたときには，それに光をあてて本人に自覚させることで，その力を利用していった。たとえばメイベルは，オートハープをじつに上手に弾きこなし，音楽の才能を示した。また童謡も，人一倍よく覚えていた。そのような場合にはメンバー全員で大いにほめあうような雰囲気づくりを，私たちは心がけた。その結果，メイベルもしだいに防衛的な態度がとけて，楽しそうになっていった。

それまでの人生でメンバーたちが身につけた技能にも，セッションでは積極的に注目するようにした。たとえばある女性入所者は，かつて腕のいいケーキ屋だった。「母の焼くウェディング・ケーキは，それは素敵だったんですよ」

と娘さんがちょっと自慢げに話すのを聞いて，メンバーたちは，「すごいわね！」と口々に感心した。ジェインがテニスのサーブを披露したあと娘さんのローリーも言っていたことだが，入所者がそうした力を発揮すると，周囲がその人を見る目が変わってくる。あのセッション以降，ローリーは，「私，あなたのお母さんが大好きよ」と声をかけられることが増えた。「たぶんそれは，昔の母のイメージと，現在のグループ内での母の，両方に向けて言ってくれているのでしょう」とローリーは話していた。

立場は曖昧になったか

　この多世代グループに参加した入所者全員を，私はグループ開始前から知っていた。さまざまな形で彼らと接する機会がそれまでにあり，その経歴や家族構成，人柄などを，ある程度把握していたのである。老人ホームのソーシャルワーカーとしての私の役割と，このグループのリーダーとしての私の役割は，基本的に同じだった。入所者たちの心理社会的機能をできるだけ良い状態に保ち，「自分は人間として価値ある存在だ」という気持ちをもちつづけてもらうことが，つねに変わらぬ私の役割だったのである。長年，このホームで働いてきた私は，入所者たちに強い愛着を感じていたし，ホームのスタッフと入所者，家族のあいだには，「拡大家族」とでもいうべき気持ちがあった。しかしながらこの多世代グループにおいては，老人ホームでの他の多くの場面とは異なり，グループの構成員たちの役割は，それぞれはっきり区別されていた。グループの構造上，入所者たちは「親」としての役割，家族は「子」としての役割，そしてシェリルと私はリーダーとしての役割の重要性を強化したのである。入所者をいちばんよく知っていて，重要な記憶を刺激できる援助者として，家族はとても大きな意味をもつ存在である。スタッフが日常の具体的なケアを手がける老人ホームという場ではえてして，入所者の成人した子どもがケア提供者として果たす役割は軽視されやすい。その点，多世代グループは，親として子としての役割の重要性を再認識させてくれるものだともいえる。実際の肉親である彼らに対してなら，私たちリーダーも，立場が曖昧になるのではという心配なしに，自然な家族関係を強化しやすかった。

　多世代グループの第一のクライエントは入所者たちだが，それと同時に，家

族という第二のクライエントも存在している。そこで私たちは，その2種類のクライエントのどちらにも合うように，グループの進めかたを考えなければならない。たいていの場合には特に問題が起きることはないが，ときとして，私たちの意図とは違うものを家族から求められることもある。たとえばある娘さんは，運動障害のある母親に，多世代グループ内でもっと機能回復訓練をしてほしいと望んだ。また，母親をホームに入所させたことに大きな罪悪感を抱いていた別の娘さんは，セッションにあまり楽しく参加することができず，グループの時間以外にも他の入所者の家族たちと会って，いろいろ相談にのってもらっていた。しかし通常はそのような場合でも，それによってグループの進行が妨げられるようなことはない。そのような家族に対しては，私が個別に会って対応を相談すればいいのだから。参加した家族からの意見や提案はいつでも大歓迎で聞き，その提案を受け入れてセッションの進めかたを徐々に変えることもした。一緒に昔のことを思い出す「回想タイム」が，入所者にとっても家族にとっても楽しい時間だという意見が多かったので，その時間を増やしたのもその一例である。

時間の経過とともに，セラピー関係にどのような変化があったか

　時がたつにつれて，入所者の反応を促そうとする際には，その家族がグループのリーダー的役割を果たすことが増えていった。なんといっても，その入所者のそれまでの人生をいちばんよく知っているのは家族なのだから。もしローリーが母親の記憶をうまく引き出してくれなかったら，私はきっと，ジェインがかつて素晴らしいテニス・プレイヤーだったことを知らずじまいだっただろう。そんなわけで，リーダーシップという点では，シェリルと私はしだいに，一歩さがって，家族にリーダー役を担ってもらうことが増えた。そのいっぽうで，入所者たちにどう質問し，どうコミュニケーションをとればいいかのモデルを家族に示すという役割のほうは，どんどん重要性を増していった。高齢者が混乱し，事実と違うことを話たりしたときでも，それを受容する方法を，シェリルと私は示していった。メイベルの息子さんのロンが，個人的に見舞いにきたときにも多世代グループでも，母親のつっけんどんな物言いにうまく対応できなくて困っていることを，私は知っていた。だから，メイベルが自分

のことを「むっつりメイベル」と表現したとき,「もっと明るい言葉を考えましょうよ」などと言わずにその自己否定的な言いかたをそのまま受け入れることで, ロンに, メイベルには不機嫌な言葉や否定的な言葉を口にする自由があること, それでも私たちは彼女を受け入れることを示したのである。また, いろいろと質問することで入所者たちに昔の技術の師匠役になってもらうやりかたのモデルも, できるだけ見せるよう心がけていた。タマネギの皮でイースターの卵を染める方法をメイベルから聞き出したのも, その例である。

　ごくたまに, 家族の都合がつかなくて, 入所者が一人でセッションに参加することがあった。その入所者には個別についてくれる人がいないので, そのままでは皆と同じ進行ができなくなってしまう。そこで寂しい思いをさせないために, シェリルと私が交代でその入所者の隣に座り, 家族の代理をつとめた。だが私たちはその入所者の経歴を十分に知らないので, 実の家族ほどうまく役割を果たせなかった。なかにはグラディスやロンのように, 交代で出席する家族もいた。前回と違う出席者があると, 皆に紹介する手間はかかったものの, そのような顔ぶれの変化はむしろ, いい刺激になった。

　この多世代グループがもたらした予期せぬ成果の一つは, 出席した家族が自分の身内以外の入所者に対してもいろいろと興味を抱き, 気にかけるようになったことだ。何度かのセッションのあとローリーは,「(他の家族や入所者など) 大勢の人が, このホームでの弱々しい年取った姿以外の母を知るようになってくれて, とても嬉しい」と感激していた。母親であるジェイン自身も, 他の入所者の家族たちのうち何人かを見分けられるようになった。

　多世代グループがはじまった時点では, それぞれの家族が知っていたメンバーは, たいていの場合, 私だけだった。ところがグループでの交流を通じて, その関係に驚くほど大きな変化が起きた。私からの助力を待つだけでなく, お互いどうしが助けあいはじめ, 最終的には強いネットワークが生まれたのだ。「私たち, 家族どうしでよく話しあうんですよ。困ったことをどう解決するか, ホームにいる親とどうやったらうまく関われるかといったことについて, アイデアや経験を交換しあうんです」とローリーは言っていた。1週間のあいだ, グラディスもロンもこの町を離れなくてはならなかったとき, 母親のメイベルに見舞い客がないのは寂しいだろうというので, グループのメンバーの家族が何人も見舞いにきてくれたのも, ネットワークの強さを示す例だ。身

内以外の入所者とも知りあいになったことで，家族たちの視野や世界は広がった。入所している身内を見舞ったついでに，その身内を伴って他の入所者にも会いにいき，話をする家族も出てきた。痴呆のためにお互いどうしの顔を覚えていない入所者が多かったが，家族が一緒にいて手助けすれば，それなりに会話を交わすことができた。

　多世代グループの全過程が終結したあともまたこのメンバーで集まりたいと望む家族が多いことからも，この活動がうまくいっていることがわかる。たとえばある家族は，グループの終結後，入所者である母親のバースデーパーティを企画し，同期の参加者たち全員を招待した。母親自身は顔を覚えていない人も多かったのだが，それはたいした問題ではなかった。主役である母親にも，招かれた人たちにも，にぎやかな興奮がつぎつぎに伝染し，部屋はとても楽しい雰囲気に包まれたのだ。つまるところ，この多世代グループに参加した人たちの多くは，老人ホーム内に，自然な形でのサポート・ネットワークを手に入れることができたのである。

セラピー関係はホーム入所者と家族とリーダーに，どのようなメリットやデメリットをもたらしたか

　入所者たちは多世代グループによって，「自分は人間として価値ある存在だ」と実感できた。入所者たちが過去になしとげてきたこと，現在できることについて，他のメンバーは賞賛を惜しまなかった。グループのセッションでは，入所者たちはしばしば，先生のようだった。周囲から敬意を払われることで，入所者たちはプライドや自信をもち，楽しくすごすことができた。前にも書いたように，畑仕事に詳しいことを皆に認められ，ほめられたメイベルの顔に微笑みが広がるのを目にした私たちは，ゾクゾクするほど嬉しかった。ジェインもしだいにセッションを楽しむようになり，「娘のローリーが来てくれて，一緒にここに参加できるのがとても待ち遠しい」と，言葉に出して私に伝えてくれた。この地に移ってきてから日が浅く，近くに友達のいないジェインにとっては，グループでの友情ネットワークが特に役立った。娘さんのローリーも，「このグループでのつながりのおかげで，母がどんな人かが，とてもはっきりしたと思います。現在は弱々しいけれど，以前はエネルギッシュで勇敢な人

だったことを，私も思い出しました」と喜んでいた。
　「老人ホームに入所している身内を見舞っても，何をどう話したらいいかわからない」というのは，多くの家族に共通する悩みだ。そのような家族も，多世代グループでなら，一対一で話さねばならないというプレッシャーなしで，愛する身内と楽しい時間をすごすことができる。グループに参加した家族はしだいに，自分の身内だけでなく，他の入所者を見舞って交流するすべまで身につけていった。メイベルの娘さんのグラディスは，「見舞いに来たとき，ずっと母と二人だけですごすのではなく，母を連れて他の入所者のところへ話しにいけるのは，とてもありがたい」と話していた。もう一つグラディスにとってよかったのは，他の入所者の家族たちがメイベルの良いところを認めてくれたおかげで，彼女自身も母親の良いところが再確認できたことだ。それまで，母親が周囲につっけんどんな態度をとるのでハラハラしていたグラディスの気持ちを，そのことが大いに救ってくれた。
　リーダーである私にとってこの多世代グループは，家族ならではの知識を利用して高齢者一人ひとりの良いところに光をあてられたという点で，大成功だったと思う。この活動を行ったことで私は，入所者の反応ぶりや気分が改善されていくさまを目の当たりにし，それを各人のカルテに書きこむことができた。グループという形態がうまく働き，入所者に対してもその家族に対してもさまざまなレベルの介入を統合的に行えたのは，とてもやりがいがあった。たった1時間のセッションのなかで，孤立しがちな大勢の入所者たちを元気づけたり互いに結びつけたりすると同時に，家族への援助も行えたのだから。
　多世代グループは家族が脅威を感じないで参加できる構造になっているので，その他の場面ではなかなか助力やアドバイスを求めようとしない家族に対しても，無理のない形で介入を行うことができる。たとえば母親の否定的な言動に戸惑いがちだったグラディスやロンに，彼らの戸惑いを非難したり否定したりすることなく，そのような言動をどうやって受け入れたらいいかのモデルを示すことができたのも，その一例である。また，グループの活動を通じて家族が互いに支えあうネットワークができたおかげで，私だけが家族の力になろうと孤軍奮闘しなくてもすむようになった。
　さらには，参加した入所者たちのさまざまな面がわかったので，それをその後の仕事に役立てたり，その入所者に関わる他のスタッフにアドバイスしたり

できた。たとえば大の音楽好きであることが判明した入所者については，他のスタッフにも，音楽テープを利用することを勧めた。またメイベルが畑仕事に詳しく，人に教えるのも好きだとわかったので，入浴や衣服の着脱を介助するスタッフに，畑仕事についてあれこれ尋ねて彼女の気をそらすといいとアドバイスした。関節炎のあるメイベルは，入浴や着替えの際に痛みを感じることが多かったからである。

　私自身についていえば，この多世代グループのデメリットはほとんどなかった。入所者のなかからこのグループのねらいに合う人を選び出し，その家族に手紙を出すのに，若干余分な時間がとられたことぐらいだ。それ以外のデメリットとしては，特定の入所者とその家族だけを対象に行われるため，それ以外の入所者は恩恵を受けられないという点がある。また，遠方に住む家族，勤務時間の自由がきかない家族は，このグループを利用できない。しかしながら，そのような問題をはるかに超えるメリットが多世代グループにはあると，私は確信している。

この事例の教訓は？

　この多世代グループは，シェリルと私が当初考えていた目的をはるかに超える成果をあげた。私たちが最初に考えていたのは，入所者の記憶を少しでも取り戻すことと，見舞い時にどう振る舞えばいいかのモデルを家族に示すことだけだった。このように強力なサポート・ネットワークができることなど，まったく予期していなかったのである。グループの参加者たちは互いに助けあうようになっただけでなく，グループ以外の人たちに対しても支援の輪を広げていった。参加した入所者と家族の両方が，ホームの多くの人たちに利益をもたらしたのである。

　時間の経過とともに，私たちは参加者の意見を取り入れて，セッションの進めかたに改良を加えてきた。初回にやった，自分の名前の最初の1文字と同じ字ではじまる形容詞を添えての自己紹介（たとえば「陽気なジェイン」など）は皆にとても好評で，互いに協力しあおうという雰囲気づくりに役立った。そこで私たちはつぎからも毎回，いちばんはじめにその名前を皆に尋ねて思い出してもらうことにした。家族に意見や感想を聞いたとき，誰もがいちばん楽し

かったと答えたのは，動作記憶の回と音楽の回だった。一緒に歌をうたったり，よく知っている動作を真似したりするのは，誰にもやりやすいというのだ。これまでに私が，他のいくつかの老人ホームでも「動作記憶ゲーム」を試してみたところ，いずれの場合もうまくいって，参加者たちの評判もよかった。五感を駆使して記憶をよみがえらせることを目的とした「回想箱」のゲームは，人によって効果にばらつきがあった。すべての感覚を使いこなせない参加者も少なくなかったからだ。なかでも嗅覚を使うのは，多くの入所者たちにとって難しかった。そこで第2次以降の多世代グループではこの回に，家族についての記憶を掘り起こす試みをつけ加えることにした。入所者たちに家族の写真をもってきてもらって，それについて話すのだ。そのことによって，入所者たちの記憶はさらにふくらみを増した。いちばん人気がなかったのは，サーカスとアイスクリーム屋の回だ。入所者たちにとっては，この回がいちばん難しかった。このゲームに必要なほど十分な短期記憶能力を残している入所者は稀だったし，個人的な思い出にもつながらなかったからだ。そこでその後の多世代グループでは，このゲームは廃止した。

　入所者の家族も含めてグループ活動を行うことには，はかりしれないほど大きな意味がある。この多世代グループを実施したおかげで，老人ホームのソーシャルワーカーである私は，それまでの日常のつきあいでは想像もできなかったほど家族たちと深く知りあえた。家族がホームのスタッフのことをよく知らないと，心配事があってもなかなか相談しにくいことが多い。その結果，表面化したときには問題が大きくなりすぎていたり，最初から家族とスタッフの喧嘩腰のやりとりになってしまうこともめずらしくない。その点，このように日ごろから直接顔をあわせていれば，信頼関係を築くことができる。たとえ何か問題が起きても，同じ仲間として解決にあたることができ，家族も，手遅れにならないうちに私に相談にきてくれる。

　グループへの参加のよびかけは男性にも女性にも等しく行っているのだが，実際の参加者の大多数は，母親と娘さんのペアだ。娘さんは外で働いていないことが多く，参加の時間をとりやすいのもその一因だろう。また，男女が混ざったグループでもちゃんと成果があがっているものの，こうした試みは男性より女性の関心をひきやすいのかもしれない。その理由がなんであれ，男性のさらなる参加を促すような工夫が必要だろう。これと同じような試みを，夫婦

を対象に行うこともできる。その場合には、入所者の子ども時代の思い出に焦点を当てるのではなく、結婚生活や人柄、趣味などを話題にしていくのだ。夫婦のいっぽうだけが老人ホームに入所しているカップルの場合、そのような試みは大いに役立つことだろう。そうした夫婦が一緒に受け入れてもらえるような場、二人の関係が尊重されるような場は、きわめて少ないのだから。

　つけ加えて言えば、多世代グループにかぎらず、集団を対象とした働きかけ全般が老人ホームにおいて果たす役割は、とても大きい。私がこれまでにホーム内でリーダーをつとめてきた多くのグループ活動はどれも皆、それぞれ強い必要性があって生まれたものである。「新入所者グループ」は、新しく入所したばかりの人たちにホームでの生活のオリエンテーションを行い、自宅を離れてホームに入ったことへの気持ちを吐露する場を提供するためのものだ。新入所者の家族の力になるための「家族支援グループ」も、同じような理由でできた。「新入所者歓迎委員会」は、もとからの入所者の力を借りることによって「自分は必要とされている」と感じてもらうためと、新しく入所した人が「自分は歓迎されている」と感じられるように、ということで生まれた。「新談話スペース活動グループ」は、玄関や廊下が改築されたせいで、それまで入所者たちが腰をおろして休んでいた場所が閉鎖されたことからはじまった。痴呆のある人たちに、新しい談話スペースに慣れてもらう必要があったからだ。「回想グループ」は、ふさぎがちな入所者たちのこれまでの人生を再確認し肯定することで、「自分は価値ある存在だ」という気持ちを高めてもらう目的で行われている。その他、各老人ホームには、このようなグループ活動へのそれぞれ独自のニーズが、数多くあるはずだ。集団に働きかけるこのような形態は、容易に老人ホームに取り入れることができ、効果も大きい。グループ活動における相互作用を通じて入所者たちは、はかりしれないほど社会性を増し、自信をつけていくのである。

（メアリ・ラマン）

文献

Burnside, I. (1994). Reminiscence group therapy. In I. Burnside & M.G. Schmidt (Eds.), *Working with older adults: Group process and techniques* (pp. 163–178). Boston: Jones &

Bartlett.
Clair, A.A. (1996). Music as a therapeutic approach with people with dementia. In *Therapeutic uses of music with older adults* (pp. 63–90). Baltimore: Health Professions Press.
Fogler, J., & Stern, L. (1994). *Improving memory: How to remember what you're starting to forget*. Baltimore: The Johns Hopkins University Press.
Hepburn, K., Caron, W., Luptak, M., Ostwald, S., Grant, L., & Keenan, J. (1997). The family stories workshop: Stories for those who cannot remember. *Gerontologist*, 37(6), 827–832.
Orten, J., Allen, M., & Cook, J. (1989). Reminiscence groups with confused nursing center residents: An experimental study. *Social Work in Health Care*, 14(1), 73–86.
Smith, J. (1993). *Resident support groups: A resource manual*. Escondido, CA: Legal Beagle Press.
Tabourne, C. (1995). The effects of a life review program on disorientation, social interaction and self-esteem of nursing home residents. *International Journal of Aging and Human Development*, 4(3), 251–266.
Woods, B., & McKiernan, F. (1995). Evaluating the impact of reminiscence on older people with dementia. In B.K. Haight & J.D. Webster (Eds.), *The art and science of reminiscing* (pp. 233–242). Washington, DC: Taylor & Francis.

第 III 部

家族やシステムにおける実践

第9章
固定した家族のありかたを打破する

1．クライエントの背景

　61歳のベティ・オブライアンのカウンセリングを私に依頼したのは，彼女の夫が通ってきていたターナー・クリニックの医師だった。71歳の夫マイクの通院に付き添う彼女がひどいうつと不安の症状に悩まされているのを心配した医師が，私に紹介してきたのである。マイクはアルコール依存症の治療中で，アルツハイマー病の診断も受けていた。妻のベティには精神的な落ちこみのほかに，喘息，骨粗しょう症，狼瘡［侵食性紅斑性潰瘍］もあった。最近，人工股関節置換術を受けたばかりでもあり，ステロイド，抗うつ剤，鎮痛剤など，強い薬をたくさん服用していた。

　ベティは二人きょうだいの姉として育った。両親および父方の祖母と暮らしていたが，その三人ともがアルコール依存症だった。幼いころからベティは，両親からちゃんと面倒を見てもらった記憶がなかった。専用の寝室も与えられていなかったので，いつもリビングルームの長椅子で寝ていた。母親も，子どもたちの世話をちゃんとしなくてはと考えてはいたのだが，やらねばならない仕事は山ほどあり，お金はいつも足りなかったので，思うにまかせなかったのだ。あるとき，酔っ払った父親に口答えした幼いベティは，「殺してやる！」とすごまれた。それ以来ひどく内向的になり（「父に口答えするのは絶対にやめようと心に誓ったの」というのが，それについての本人の説明だった），ひっきりなしに起こる家族のもめごとから逃れるために，近くの公立図書館に通いつめた。年端もゆかぬ彼女が夜遅く戻っても，両親は気づきもしない様子だった。小学校では成績のよかったベティだが，中学以降は勉学に興味を失った。友だちを自宅に連れてくるのは恥ずかしかったので，いつもひとりぼっち

だった。高校卒業後は近所のドラッグストアに勤め，忌まわしい家庭からなんとか逃げ出したいとばかり思っていた。

　それでも卒業から数年間，両親と暮らしつづけていたベティは，自分より10歳年上のマイクと出会った。彼女の勤めるドラッグストアに商品を配達に来ていたマイクには，離婚した妻のもとで暮らしている三人の子どもがいた。つまり当時から危険な兆候がたくさんあったわけだが，実家での悲惨な生活を逃れて自分の家庭を持ちたくてたまらなくなっていたベティは，マイクから求婚されると，その話に飛びついてしまった。「私には誰か愛してくれる人が必要だったの。実家でのいろいろな問題から，なんとか逃げ出す必要があったのよ」と，当時の気持ちをベティは説明した。マイクとベティのあいだに生まれた一人息子は，グラントと名づけられた。

　ベティはグラントをたいそう可愛がり，精一杯育てようとした。そしてそのいっぽうで，病気のために50歳で退職しなければならなくなるまで，ドラッグストアでの仕事もつづけた。マイクはしょっちゅう家族を罵ったり脅したりし，酒を飲んだときには特にそれがひどかった。結婚したばかりのころには，ベティは何度も家出をした。しかし一人で生計を立てていく自信がなかったので，結局毎回，夫のところに戻るしかなかった。ベティが退職すると，マイクはベティの父親のハリーを呼び寄せて，一緒に住むことにした。少しでも家計の助けになってくれるのではないかと考えたからだ。そんなわけでベティはまた，昔と同じように，アルコール依存症の父親と暮らすことになってしまった。おまけに今回は，やはりアルコール依存症の夫と，これまたいろいろな問題をかかえている息子も一緒だった。

　マイクは最近では妄想も出てきて，いっそう暴力的になっていた。ベティは夫を心から恐れており，今の生活は耐えがたいと思っていたが，財産も自分の保険もなかったので，夫のもとを離れるわけにはいかなかった。父親のハリーとの絶え間ないいさかいも，ベティのうつと不安を増大させた。ハリーは怒りっぽくて要求ばかり多く，ベティがいくら努力しても，感謝の言葉など口にしたことがなかった。じつはベティやマイクより健康状態が良かったのだが，二人をいたわるようなこともなかった。グラントもまた，ベティの不安のたねだった。ドラッグをやって高校を中退してしまった彼は，ドラッグ・リハビリテーション・センターに通って高校卒業資格をとった。建設工事現場で働きつ

つ，地域の夜間大学に通っていたが，ベティに言わせれば，「あの子はいつだって，ぐうたらするのに忙しいの。家計を助けようなんて，これっぽっちも思っていないのよ」とのことだった。そんなわけで，現在の家庭内の葛藤と混乱ぶりは，ベティが育った家のそれにも匹敵するほどになりかけていた。

2．介入の概要

　最初のセッションにあらわれたベティは，杖を頼りに痛そうに歩く，実際の年齢よりもずっとふけた，やせ細った女性だった。家族の問題と病気のせいで自分がどんなに打ちひしがれ不安に思っているかを，涙を流し，からだを震わせながら，彼女は訴えた。最近は泣いてばかりで夜もよく眠れないとのことで，「もう死んだほうがましだわ。橋の上から飛び降りたいと思うこともしょっちゅうよ」と言う。ただ，信仰上，自殺が許されていないことと，息子に与えるショックを思って，それを実行しないでいるのだという。特にここ半年ほどは，マイクが前にも増してめちゃくちゃなことを言って家族全員を罵るようになり，まさに悪夢のようだと彼女は語った。「浮気しているだろう？」と妻のことをなじり，ヒゲ剃りも入浴も着替えもいやがって，暴力的にセックスを求める。そのようなマイクの妄想はアルツハイマー病のせいだろうと私は思ったが，痴呆が思考や行動にも影響を与えることを，ベティは知らなかった。彼女には家族以外に，支えになってくれる人がいなかった。これまでずっと争いを繰り返してきたにもかかわらず，この一家は互いに強く依存しあっていたのだ。これまでの経過からいって，そんなことをすればひどい状態になるのがわかりきっていたのに，ベティの父親が娘の家に同居したのも，そのあらわれだろう。

　セラピーの目標として私はまず，ベティと気持ちを通じあい，信頼関係をつくることからはじめた。「私はいつもひとりぼっちで，信頼しあえるつきあいなどしたことがない」と彼女が話していたからだ。話に親身に耳を傾けてもらい，彼女なりのものの見かたを認めてもらった経験が，ベティにはなかった。そんな彼女には，何も見返りを求めることなく支えてくれる相手が，ぜひとも必要だと思われた。そこで私は，つらい生い立ちについてや，夫や父親や息子

についての愚痴を連ねる彼女の言葉に，真剣に耳を傾けた。そして，「それは本当に大変でしたね」と相槌を打ち，「そのような生活をしていたらうつや不安になるのも当然ですよ」と安心させた。彼女が何種類もの薬を大量に服用していることも，私は気にかかっていた。いろいろな症状があるので何人もの医者にかかっており，それぞれからたくさんの薬をもらっていたのだ。たとえばリウマチ専門医に，狼瘡の薬だけでなく抗うつ剤ももらっているといった具合だった。そこで私は，彼女がターナー・クリニックの老年精神科を受診できるよう手配して，うつについてきちんと診断し，投薬状況も再チェックしてもらうことにした。診察した精神科医は，ベティが服用していた向精神薬は適切でないと判断し，薬の種類も服用量も大幅に減らした。

　セラピー初期の段階でベティ自身が設定した目標は二つあった。一つ目は，最近の夫の困った行動――特に，妄想，暴力的な性的要求，体の清潔に気を配らないこと――をやめさせるか，うまくそれに対処できるようになりたいということだった。これまでの夫婦の関係のありかたのせいもあって，なかでも特にベティが困っていたのは，暴力的にセックスを求められることだった。「マイクの攻撃的な態度を抑えるような薬を処方してもらえないか，彼の主治医に相談してごらんなさい」と私はベティに勧めた。それと並行して，痴呆になると記憶力が衰えるだけでなく，判断力や理性も影響を受けるのだということを，ベティに教えていった。それまでの結婚生活にあまり問題がなかった場合でさえ，痴呆になるとマイクのような振る舞いをする人が少なくないことを，ベティはしだいに理解した。私はベティにいくつか資料を渡して読むように言い，痴呆介護者のサポート・グループにも出席したらどうかと勧めた。だが彼女の返事は，「今の生活で手一杯で，新しい活動をはじめる余力なんてないわ。それに，他の人がかかえている問題の話なんか，聞いてもしょうがないでしょ？」というものだった。

　最初のうちベティは，夫の困った行動が痴呆という病気からくるものだということを，心から信じてはいなかった。なにしろマイクは，昔から扱いにくかったからだ。だが時間がたつにつれて，痴呆が記憶力だけでなく理性や判断力や行動にまで影響を与えるということを少しずつ納得し，セラピーで習った対処テクニックをうまく利用できるようになっていった。たとえば暴力的にセックスを求められても，言い争ったり諭したりするのではなく，うまく夫の

気をそらすようにし,「今は手が離せないから,これをやり終えたら,そのことについて話しましょうね」と言っておけば,マイクはじきに,そうしたやりとり自体を忘れてしまうのだ。もちろん,またいくらもたたないうちに同じやりとりが繰り返されることになるのだが,言い争うよりはずっと効果的で,ベティのストレスも少なかった。「浮気しているだろう?」と責められたときには,「そんなこと,あるはずがないじゃありませんか」と短く冷静に答えて,さっさと別のことをはじめてしまう。マイクとまともに言い争ったり諭そうとしても,かえって彼にストレスを与え,苛立たせるだけだということを,ベティは学んでいった。

　また,短い簡単な文章で,一度に一つのことだけ伝えるようにすれば,からだの清潔を保たせやすいこともわかった。たとえば朝も,「ヒゲを剃って着替えなきゃ駄目でしょ!」と言うのではなく,ヒゲ剃りの手順,着替えの手順を,一つずつ順番に指示していく。やがてベティはまた,なにも毎日必ずヒゲを剃る必要はないこと,無理に毎日それをやらせれば苦労ばかり多くて実益が伴わないことにも気づいた。

　ベティが設定した二つ目の目標は,生活を立て直すための計画をしっかり考えたいということだった。一家はこれまで,社会的援助はいっさい受けずに,ぎりぎりの生活をつづけてきた。「誰も助けてなんてくれないし,もうこれ以上,父や主人や息子との生活をつづけていくのは無理よ。もう我慢できないわ」と彼女は言い,維持に手間のかかる現在の家を出たいと言いだした。ハリーとグラントがそれぞれアパートを借りてくれれば,自分たち夫婦はもっと狭い住まいに移って,なんとか食べていけるだろうというのだ。息子のグラントには失望させられどおしで,腹の立つことも多かったのだが,ベティはそれでも,なんとか彼の力になって大学を卒業させたいと思っていた。だがマイクにはもう十分な判断力がなかったので,現在の住まいを売るためには,ベティが検認裁判所に後見申請を行わねばならなかった。「お父さんのハリーも,あなたがたご夫婦も,高齢者用の低家賃住宅に入居できるのではないかと思いますよ」と私は勧め,高齢者住宅局へ資格審査の申請書を提出するのを手伝った。ベティはハリーにグラントを付き添わせて,住宅見学に行かせた。ベッドルームが一つだけの高齢者アパート2カ所を見学して気に入ったハリーは,順番待ちのリストに登録した。

それからの１年間というもの，ベティは信じられないほど粘り強い奮闘ぶりを見せた。もてる力を振り絞って，グラントが奨学金を受けられるように手続きをし，マイクの後見人として，ベッドルーム二つの高齢者アパートへの入居契約を結んだ。これまでの家を売る準備は，グラントも手伝ってくれた。動きが不自由で，絶えず痛みやうつや不安に悩まされていたにもかかわらず，ベティは着々と計画を実行に移していった。やがて家が無事に売れ，夫妻と父親のハリーは，それぞれ別の高齢者アパートにある新居に移った。息子のグラントも，友だちとアパートを借りて暮らしはじめた。

　この間(かん)に私が果たした役割は，セラピストというよりむしろ，ケアマネジャーのようなものだった。しかしこのように，健康状態の悪化，住居問題，経済的困窮などが複雑に絡みあっていて，それぞれの問題を早急に解決しなければならないケースでは，セラピストの役割をあまり狭く考えすぎないほうがうまくいく。ベティは私に，「どの家がいいかしら？」「お金のことはどうすればいいと思う？」などと，なんでも相談してきた。そこで私は社会保障制度を詳しく調べたり，社会福祉局への手続きを行ったりして，彼女とマイクがいろいろなことを決めやすいように手伝った。その甲斐あって，もしマイクがいずれ老人ホームに入らなければならなくなっても，その費用はメディケイド［州と連邦政府が共同で行う，低所得者や身体障害者のための医療扶助制度］から支払われ，ベティは負担しなくてよいことになった。ベティの心身両面での問題を熟知し，彼女とのあいだに強い信頼関係もできていた私は，確固たる目標の実現に向かって歩む彼女の様子を，つぶさに見守ることができた。行動を起こすことで，ベティの心身の状態もかなり改善されたようだった。

　行動し，変化を起こせたことで達成感を得たベティだったが，事態がある程度落ち着くと，今度は，マイクの痴呆や自分自身の病気に向きあう生活がはじまった。マイクの病状や，その世話に手間をとられることについて，十分には世話ができていないという罪悪感と，なぜこんなに自分が苦しまねばならないのかという恨みの気持ちとが，交互にベティを襲った。狼瘡と骨粗しょう症も，さらに進んでいた。そのせいで以前にも増して動きが不自由になり，歩行補助器が必要になって，運転もできなくなってしまった。痛みを抑えるために強い薬に頼りがちで，服用過多が再び問題になってきた。医師はできるだけ薬を減らそうとしたのだが，そのせいで不安が増したベティは，長いことやめて

いた煙草を再び吸いはじめ，「お酒を飲みたいわ」としばしば口にするようになった。うつの症状もいっそう進み，「どうして私，生きてるのかしら？ もう死んでしまいたい」と繰り返した。

その間(かん)もマイクの痴呆は急速に進み，いっそう体が弱くなって，混乱した言動が増していった。ただしそれにつれて，喧嘩腰の態度や暴力的な振る舞いは減った。マイクに対する身体的なケアの必要性は急激に増加した。彼はしょっちゅう転んでしまい，ベティ一人では夫を助け起こすことができなかった。父親のハリーは転居先のアパートでかなり快適に暮らしていたのだが，自分が十分に満たされているとは思わず，ベティやグラントにしつこく手助けを要求した。そんなわけで，ベティ，マイク，ハリーの三人ともが，ひどくグラントを頼るようになった。まだ成人してまもないグラントは，フルタイムで働きながら夜間大学に通いつつ，三人の病気がちな高齢者の面倒も見なければならなくなってしまったのだ。さまざまな用足し，食料品の買い出し，通院の送り迎えといったことが，全部グラントの肩にのしかかった。いくらか気まぐれなやりかたながらも，グラントはできるかぎり三人の世話をしたが，母親とゆっくり話したり，思いやりのある言葉をかけたりする余裕はなかった。家族以外につきあいのないベティは，「あの子は食料品を届けにきても，ちょっと腰をおろして話そうともせずに，すぐに帰ってしまう」と愚痴った。そこで私は，生活に必要なことは地域の福祉サービスに頼み，グラントには主として精神的な支えになってもらったらどうかと提案した。だが，一家のこれまでのやりかたに固執するベティは，配食サービスや病院への移送サービス，食料品の買い出し請け負いサービスなどといった，家族以外からの援助を利用しようとはしなかった。

マイクの病状はいっそう悪化し，一日じゅう目を離せなくなってきた。マイクのメディケイドの認可手続きに役所が手間取ったことで，ベティの不安はつのった。もともと彼女は，本当にこの制度を利用できるのか，半信半疑だった。「大丈夫，マイクは必ず認可されますよ」と私はなだめつつ，役所に電話して，手続きを急いでくれるよう催促した。ようやく認可がおりたときには，ベティも私も本当にほっとした。そのようにしてマイクを老人ホームに入所させてからは，ベティはそれまでより自分自身の病状に気を配りやすくなったが，うつの症状はいっこうに軽くならなかった。身内の看護にあたる人のほと

んどが抱く複雑な思いに，彼女も悩まされていたのだ。もうマイクの世話に全責任を負わなくてもよくなったことへの安堵の気持ちと，そうした安堵感を抱いてしまう自分への罪悪感を，ともに感じていたのである。老人ホームのマイクを見舞うたびに彼女の罪悪感は深まり，それにつれてうつも悪化した。生きていくことになんの喜びも感じられなくなり，自殺を考えることも再び多くなった。いつも過大な要求ばかりしているように思える父親と，十分に力になってくれない気がする息子に対する怒りを，彼女はしばしば口にした。実際には，超過密なスケジュールのわりには，グラントはとてもよく，親や祖父の面倒を見ていたといっていい。しょっちゅう老人ホームに行けない母親に代わって父親を見舞い，きちんとケアが行われているかを確かめる役目まで，グラントはちゃんと果たしていた。だが，物事がなんとか運んでいるあいだは親をほうっておきがちで，何か起きると今度は，他のことを何もかも振り捨てて問題解決にあたろうとするところがグラントにはあったので，彼自身，親の面倒を見るときには怒りの気持ちがわき，「とてもやってられない」と感じることが多かった。父親のハリーに対しては，娘である自分の大変さを理解してくれないことへの怒りを感じていたベティも，やらねばならないことの多さに押しつぶされそうになっている息子の苦労はなかなか理解できなかった。両親に十分面倒を見てもらえず，認められもしないで育った彼女には，自分の子どもが求めていることに応えるのも難しかったのだ。そこでこの時期のセラピーでは，父親に求めるものと息子に求めるものが矛盾していることをベティが気づけるよう，手助けしていった。「私は，とても親孝行な息子さんだと思いますよ。やらなければならないことだらけで，彼は本当に大変ですよね」とじっくり説明したのである。

　このころになってもベティは相変わらず，痛みやうつや不安をコントロールするために，相当量の鎮痛剤や抗うつ剤に頼っていた。私の目にも，彼女のからだの震えがひどくなってきたことがはっきりわかったし，本人も，ひどく疲れて困ると言っていた。かかりつけ医に連絡してみると，「彼女はいつも，もっと薬を出してくれとうるさいんですよ。どうも，各科の医師から指示された服用量を守っていないようですね」とのことだった。そこで，ベティ本人の承諾も得たうえで，彼女がかかっている全科の医師たちにかかりつけ医が連絡をとり，すべての投薬を彼が一括して管理してもいいか尋ねてくれることに

なった。各科の医師たちは、それを快く了承してくれた。さらにかかりつけ医は、ベティが在宅ケアを受けられるよう、訪問看護師とホームヘルパー、理学療法士の派遣も手配してくれた。ベティはそのすべてを気に入り、特にホームヘルパーに来てもらえるようになったことを、とても喜んでいた。ホームヘルパーの費用はメディケア［主に65歳以上の高齢者を対象とした政府の医療保障］でまかなわれ、食事の準備や洗濯をはじめ、ちょっとした家事仕事も頼むことができた。いっぽう専門職である看護師や理学療法士は、医師の指示に基づくケアを行ってくれた。そんなわけでベティもしだいに、家族以外からのケアサービスを受ける便利さを理解するようになった。

　そのころ、ちょうどセラピーでベティがまた、「息子のグラントが役に立ってくれない」とこぼしている最中に、当のグラントから私宛てに電話がかかってきたことがあった。受話器の向こうのグラントはすっかり疲れ果てて、大儀そうな様子だった。そこで私はベティに、グラントと三人で会って話そうと提案した。ベティと私はあらかじめ二人で相談し、どうやったらその話しあいを成功させられるか考えた。「あなたやマイク、お父さんがしてほしいことを並べてる前に、いつも精一杯やってくれてありがとうという気持ちを伝えたほうがいいですよ」と私は勧めた。話しあいの場ではグラントも、「お母さんには本当にいろいろ力になってもらって感謝している」と述べてから、「大学も仕事もあるので、おじいちゃんや両親のために無制限に時間を使うわけにはいかない」と説明した。私も彼に、「何なら手伝えて何は無理かをはっきりさせておくのは、お互いにとっていいことだと思いますよ。ただ、いつでも家族のことは気にかけていて、何かあったら力を貸してあげてくださいね」と話した。そして二人に向かって、地域の福祉サービスをさらに活用するよう勧めた。このようにして、直接話しあって家族の問題の解決策をさぐれたのは、ベティにとってもグラントにとっても私にとっても、とてもよかったと思う。今後は問題が起きても対処しやすくなったという気持ちを、三人全員がもてたという気がするからである。

　私はベティに対して、家族以外の人とも交わるよう強く勧めた。「自分はひとりぼっちだ」と彼女が言い、「友達などいらないし、つくることもできない」と信じているのは、自分に自信がなくて社会生活に不慣れなためだろうと、私は考えていた。だが、相手を信頼し、緊張がとければ、彼女は親切で愛想もよ

く，思いやりもある人だということが，私にはよくわかっていた。そこで私は，ピア・カウンセラーに来てもらったらどうかと提案した。ピア・カウンセラーというのは，私たちのクリニックに登録している高齢者ボランティアで，時々クライエントの自宅を訪ねて話し相手になったり，他の高齢者の家に車で連れていってくれたりする人たちのことだ。最初はその提案に興味を示さなかったベティだが，ピア・カウンセラーが通院時の送迎もしてくれると聞いて，ついに承知した。彼女の担当になったピア・カウンセラーのジョーンは，てきぱきと仕事をこなすユーモアのある女性で，ちょっとやそっとではくじけない人だった。ジョーンの人柄を知り，信頼を深めるにつれてベティは，自分も友達をつくることができ，他の人との交わりを楽しめるのだという自信をつけていった。ジョーンがベティを好いているということはベティ自身にもよく伝わり，「自分は価値のある存在だ」という気持ちをはぐくむのに役立った。

　ジョーンがベティの生活に登場してからまもなく，ベティがアパートのそこここに大量の薬を隠しもっているのを，通いのホームヘルパーが発見した。そのなかには，服用しているのをかかりつけ医が知らない薬も含まれていた。そこで訪問看護師とかかりつけ医は直接ベティと話しあい，入院して薬物依存症の治療を受けるよう説き伏せた。専門家たち，息子のグラント，そしてジョーンの支えと励ましを受けながら，ベティは徐々に薬物依存症から立ち直っていった。2週間ほど高齢者薬物依存症病棟に入院したのち，さらに何カ月か，各種の依存症について教える教育プログラムに通ったのだ。この間，特に力になってくれたのがジョーンだった。ほとんど毎日電話をくれたほか，病院への送り迎えも引き受けてくれたのである。この教育プログラムでベティは，薬物依存症やアルコール依存症について多くのことを学び，それが彼女自身や家族を今までより理解することにつながった。皆が治療を支えてくれることを嬉しく感じた彼女は，自分が愛され大切にされていることも実感できた。新しいことを学ぶ能力が自分にあることに誇りを感じ，教育プログラムに通うことを楽しんでいた。

　私は入院中の彼女と，電話で連絡を取りあった。また教育プログラムの終了後には，どうやってひきつづきベティの支えになっていけばいいかについて，グラントの相談にものった。こうした一連の過程においては，関係者全員

がチームとしてヘルスケアにあたる効果が，はっきりとあらわれたと思う。医師，ソーシャルワーカー，訪問看護師，ホームヘルパー，ピア・カウンセラー，そして家族が，ベティの健康を取り戻すために主体的に力をあわせたのである。もし私たちがチームとして取り組まず，ばらばらに行動していたら，ベティの状況を全体的に把握し，広範なサポートを行って目的を達成することはできなかっただろう。退院後のベティから感謝の気持ちを綴った手紙をもらったときには，本当に驚いた。それまでの彼女はそのようなことをしそうもない人だったし，そもそもうつと薬物依存症に打ちのめされていたあいだは，そんな能力もなかったからだ。さらに直接会ってみると，抑うつ感が大幅に減っただけでなく，考えかたが明晰になっていることにもびっくりさせられた。

　彼女が教育プログラムで身につけた内容や，集団のなかにでかけていく習慣をさらに押し進めたいと考えた私は，彼女のアパート近くの教会で行われているアラノン・グループ［Al-Anon：身近にアルコール依存症や薬物依存症の人をかかえている家族や友人の集まり］に出席したらどうかと勧めた。ベティは，「ちゃんと通えるかしら」と心配はしていたものの，この提案に乗り気になった。そして毎回欠かさず出席し，アルコールが家族に与える影響について，多くのことを学んだ。グループ内で彼女はまだ，あまり自信をもてずに緊張していたのだが，参加者たちは彼女の置かれた立場に大いに共感し，父親からの理不尽な要求に毅然と対することができるよう，力になってくれた。たとえば，「父は私や息子に，ドラッグストアから自分の薬をとってこさせるんです。そのドラッグストアでは定期的に薬を配達するサービスをしていて，父の住んでいるアパートにも来てもらえるんですけど」と相談したときには，「それは理屈に合わない要求だよね。断っていいと思うよ」とアドバイスしてくれるといった具合だった。ベティは私に，「あそこでは皆が私の味方になってくれるから，父のことで不満を言っても，前ほど罪の意識を感じないですむわ」と報告してくれた。

　薬物依存症から回復してからは，ベティの健康状態は大いに改善されたのだが，それでもまだ，夫を老人ホームに入所させていることや，父親の要求に完全には応えられないことからくる抑うつ感や罪悪感は残っていた。また，今でも時々，息子から見捨てられたように感じることがあった。そこでセッション

で，ベティとグラントの関係に焦点をあてることにした。私はまずベティに，彼女がこれまでさまざまな場面で誠心誠意，息子の面倒を見てきたことを思い出させた，そしてそのいっぽうで，グラントのほうも，働きながら大学卒業を目指しているなど，一生懸命努力していることを指摘した。そのように二人とも立派にやっていることを繰り返し述べ，「あなたはちゃんと，家族のありかたを変えられたじゃありませんか」と強調していくと，ベティの自責の念はかなり和らいだ。惨めな子ども時代や，つらい結婚生活をおくってきたにもかかわらず，なんとか生き抜いてこられた自分には，それなりの力があったのだと気づきはじめたのである。そして，自力で困難を乗り越えていく強さを息子のグラントももっていることも，認めるようになっていった。「マイクの先妻の子どもたちがもっと惨めな人生をおくっていることを考えれば，私も少しは息子の役に立てたのかもしれないわね」とベティは言った。そして，自分の値打ちを認められるようになるにつれて，成人した子どもとのつきあいかたも上達した。息子が母親の要求より自分の仕事や学業を優先しなければならない場合にも，それを理解できるようになったのである。息子の判断を以前ほど批判しなくなり，彼を手助けする以外の目的で息子の住まいを訪ねた話が，セッションでもしばしば聞かれるようになった。グラントのアパートで催されたバーベキュー・パーティに参加した彼女は，「素敵な1日だったわ。あの子は，それはそれは立派にやってたのよ」と嬉しそうに話してくれた。

　それから約1年後にマイクが亡くなり，翌年にはハリーもそれにつづいた。それはもちろん悲しい出来事だったが，苦労に満ちた夫や父親との生活から解放されて，ベティの気分がずっと軽くなったのも事実だった。だが彼女は夫の死後，「夫を失ったのに私の悲しみは足りないんじゃないかしら」という罪の意識を抱いた。そこで私が，「マイクはもう長いことずっと病気だったから，彼が亡くなるまでに，あなたはもう十分に悲しんだのだと思いますよ」と話すと，ベティも納得してくれた。

　そこでセラピーの総まとめとして，私たちはこれまでの5年間に起こったことを振り返ってみることにした。その間にベティがなしとげた偉業は数えきれないほどあった——管理しやすい家を見つけて引っ越したこと。父親を手伝って，彼のために新しい住まいを見つけたこと。できるかぎり夫の世話をしたこと。ケアが行き届き，費用の心配もない老人ホームへの手続きをして，夫を入

所させたこと。夫の長期ケアにメディケイドが使えるようにし，自分の生活費を確保できたこと。薬物依存症に立ち向かい，長くて苦しい治療に耐えたこと。息子とのあいだに良い関係を結べたこと。

セラピー開始時にくらべて現在では，ずいぶん多くの面でベティの生活は改善されていた。「もう，お酒を飲みたいと考えることもないし，薬を増やしたいとも思わないわ」とベティは言った。鎮痛剤の量は大幅に減っているのに，痛みは前より和らいでいた。「かかりつけの先生には，どんなに感謝しても足りないし，ここ何年かのあいだにお世話になった人たち全員に，ありがとうを言いたい気持ちよ」と彼女は言い，「もう長いこと，こんなにすっきりした気分だったことはないわ」と満足そうだった。今後も息子と良い関係を保っていこうと決心しており，自分を認めてくれたり支えてくれたりした記憶のない両親とは違って，自分自身はこれからもずっと息子の心の支えになっていきたいと願っていた。

おそらく彼女は今後もずっと，抗うつ剤の助けは必要だと思われたが，とりあえず私のところでの定期的なセッションは終結することにした。そしてそれから1年後，再びクリニックを訪れた彼女の変貌ぶりに，私はびっくりした。なんと自分で車を運転してやってきて，軽い杖だけで歩いていたのだ。髪型もショートカットになっていて，幸せそうでリラックスした様子だった。彼女の話によれば，グラントは今でも時間に追われていて，いつもお金は足りず，仕事は山積みだということだった。母親の望むほど時間を割いてくれないのも相変わらずだったが，今の彼女は，ときおり自分のほうが息子を助けてやれることを誇りに思っていた。「ジョーンは元気？」とかつてのピア・カウンセラーのことを尋ね，「あの人は本当に素晴らしい人よね。感謝してるわ」と話したものの，マイクの死後は，1度もジョーンに連絡をとってはいなかった。ベティはこれからも，どちらかといえば人づきあいの少ない孤独な人生をおくるのだろうが，それでも他人と交わることへの自信はいくらか身についたはずだと，私は確信している。彼女にとっていちばんの支えは今でも家族だが，その家族が以前よりずっとうまく機能していることは間違いない。

3．介入の分析

　ベティのセラピーを行っていた5年ちょっとのあいだには、じつにさまざまなことが起きた。当初の彼女は、家族以外との交流の経験がほとんどなく、自分には外の人と交わる能力がないと思いこんでいた。そこでセラピーの効果をあげるためにはまず、私を信頼してもらうところからはじめなければならなかった。しかし時間の経過とともに信頼関係は深まっていき、状況が変わるたびに、私たちの関係も変化した。セラピストとしての役割だけでなく、ケアマネジャーや資料集め係、代弁者といった役割を果たしたことも、数えきれないほどある。そのように幅広い役割を引き受けてきたからこそ、たくさんの変化があった長い年月のあいだずっと、このクライエントのニーズを満たしつづけてこられたのだと思う。

クライエントへの敬意を，どのようにあらわしたか

　信頼しあえるつきあいをこれまでほとんど経験したことのないベティに対しては、少しでも彼女を裏切るようなことをしたら何もかもぶちこわしになるということが、私にはよくわかっていた。また、彼女の自尊心は、すぐに壊れてしまいそうにかすかなものだったから、変化を起こすための働きかけの前にはまず、現在の彼女がやっていることを認め、ほめるようにつとめた。たとえば、夫の暴力的な態度にうまく対処する方法を説明する前には、「あなたが忍耐強くマイクに尽くしているのは、本当に立派だと思いますよ」と話したのである。また、「あなたが大好きだ」ということを、惜しみなくしょっちゅう口に出すようにした。なぜなら、彼女は、自分には友達などつくれるはずがないと思いこんでいたからだ。どのぐらいの頻度でセッションを行うかの決定も、彼女に任せていた。問題があまりないときには会う回数を減らし、何か困ったことが起きたらいつでもセッションの回数を増やせるようにしておいたのだ。入院のために彼女がクリニックに来られないときには、電話で連絡をとりあった。何度かは、彼女の住まいを訪ねたこともある。私たちは年齢もそんな

には違わず、彼女には友達をもつ経験が必要だと思われたので、私はあえて、彼女を同年輩者のように扱った。ただし、彼女が生来そなえている知性には大きな敬意をはらっていたので、見下したような言いかたは絶対にしなかった。彼女は間違いなく生活をいいほうに変えることができると私は信じていたし、彼女のほうも、私がそう信じていることを知っていた。

クライエント自身の力を、どのように活用したか

ベティはこれまで、つらい人生を生き抜いてきた。「死んでしまいたい」としばしば口に出したものの、実際に自殺するつもりはなかった。そんなことをしたら、息子がひどく悲しむことがわかっていたからだ。親の愛と保護を受けられない子ども時代をすごし、結婚生活にも問題をかかえていた彼女は、そのうえさらに、ひどい薬物依存症にも苦しんでいた。だが、うつや怒りでぼろぼろになっていないときには、彼女はなかなか好ましい人物で、他の人と交わる能力も十分にあった。息子への愛情も、揺るぎないものだった。ときには息子に失望し、腹を立てることもあったが、それ以外のときはいつも、彼を誇りに思い愛していることが、表情からありありとわかった。夫や父親を恨むだけの理由は十分にあったし、セラピーで二人に対する怒りを吐露することで救われてもいたが、二人もそれなりに彼女を支えてくれ愛してくれているのだということを実例をあげて説明されれば、それを理解して受け入れるだけの心の広さももっていた。さまざまな試練にあっても、家族に対する彼女の忠誠心はけっして揺るがなかった。

ベティは本当に誠実な人だと私が心底感じていたことで、彼女自身も、自分がもっているたくさんの長所に目を向けはじめた。自分の価値を実感するのはなかなか難しかった彼女だが、他の人が彼女の長所を数えあげ、それをほめる言葉には、素直に耳を傾けられたのである。

立場は曖昧になったか

手がけたクライエントのなかではベティが最も自分の年齢に近かったために、私はつい自分の人生を彼女のそれと引き比べ、その苦境に深く感情移入し

がちだった。そこで，あまりに手をさしのべすぎて彼女を私に頼りきりにさせてしまわないよう，注意する必要があった。ときには，彼女の重荷があまりにも大きすぎるように思え，自力でできることまでやってあげたくなることもあった。しかしそのいっぽうで，独力で何かをなしとげるたびに彼女が自分の能力に自信を深めていくことも，よくわかっていた。あまりに経済的に困っているので，思わずお金を貸してあげたくなったことも1度や2度ではないが，それは明らかに自分の職務を逸脱した行為だと考えて，踏みとどまった。

　そのようにベティの境遇にとても同情的だった私だが，息子のグラントの立場や気持ちもよくわかった。ベティのセラピーを手がけている期間中にちょうど，私の両親が健康を害し，相次いで亡くなった。両親の世話をしたいのに時間に追われて十分なことができないつらさを味わった私は，グラントの苦労を思わずにはいられなかった。彼は私よりさらに忙しい毎日のなかで，介護の重荷に耐えていたからだ。そんなわけで私はいつのまにか，ベティの支えになるいっぽうで，グラントの代弁者としての役割も果たすようになっていった。

　父親のハリーが亡くなった直後に1度，セッションをしてほしいという依頼がベティからあった。彼の入院先の病院でのケアのありかたに腹が立ち，最後まで父親との人間関係をうまく築けなかったことに罪悪感を感じてもいたからだ。そのときに会ったのを最後にベティからの連絡は途絶えているが，もともとこのセッションは，彼女が必要だと思ったときだけ行うことにしてあるので，私はまだ，このケースが完全に終結したとは考えていない。連絡がないのは元気でうまくやっている証拠だろうから，このまま何年もこうした状態がつづけばいいと思う。もっともそのいっぽうで，彼女はもう長いことずっと私の生活の一部だったので，会えないのは少々寂しくもあるというのが正直なところである。

時間の経過とともに，セラピー関係にどのような変化があったか

　5年の歳月のあいだにベティのセラピーは，いくつかの段階を経てきた。はじめて会ったころの彼女は不幸せで，自暴自棄になっていた。セラピーを受けるのもはじめてだったので，私が指示的に目標を設定し，それに向かって導く必要があった。当時のベティの心には，死んでしまいたいという気持ちが絶え

ず渦巻いていた。セッションをはじめるやいなやからだを震わせて泣きだし、「あなたがいてくれなければ、どうにもならないわ」と訴えることも多かった。だが、私が手がけてきたクライエントのなかでも例がないほど、ベティは毎回のセッションによって元気を取り戻した。いつも必ず、来たときとは見違えるほどに明るい様子になって、帰っていったのだ。おそらく彼女は、つらい生活のなかで心の底から孤独感を感じ、特に息子までもが問題をかかえはじめてからは、それがひどくなっていったのに違いない。そんなとき、自分の話に耳を傾けてくれ、いつも気にかけて問題解決を手助けしてくれる私という存在を得たことが、大きな支えになったのだろう。

　だが、やがて家族全員の「保護者」として行動できるようになり、家を売ったり新居に引っ越したりといった手続きを進めるようになると、ベティの自信も増し、私に依存する度合も減った。このころにはグラントもずいぶん頼れるようになり、母と息子は力をあわせていろいろなことをなしとげた。何をしなければならないかが明確で、目標に向かって邁進していたこの時期には、ベティのうつも比較的おさまっているように思われた。だがマイクを老人ホームに入所させると再びふさぎこむようになり、「私の人生なんて意味がない」と繰り返すようになった。いっそうからだの自由がきかなくなって運転をあきらめざるを得なくなると、自分は自立した存在だという自信も大きく揺らいだ。そして、からだの痛みの激しいことから、さまざまな薬への依存を深めてしまったのだ。そのせいで健康がいっそう蝕まれ、気力も失われた。特別な問題が起きてどうにもならなくなったときしかセッションにやってこなくなり、心身の苦痛を紛らすために、ますます薬に頼った。当時の彼女は私にもあまり心を開かず、目標達成の意欲も減じていた。というわけで、薬物依存症の治療を受け、各種の依存症についての教育プログラムにも参加したことが、ベティにとっては本当に大きな転機になった。彼女自身や家族に対する理解が大幅に深まり、自分の人生をどうしたいかを主体的に考えるようになって、自らの設定した目標に向けて努力しはじめたのである。この時期はまた、外来での教育プログラムやアラノン・グループへの参加をとおして、周囲の人たちを信頼し、その助けを借りることを学んだ期間でもあった。

　夫と父親が亡くなってからは、残りの人生をどうおくりたいかをじっくりと考え、息子との関係を改善するようつとめることができた。これまでになしと

げてきたことを振り返って、自身の力に気づくことができたのもこのころだ。そのあいだ、私はずっとそばで、彼女の努力と成功を見守ってきた。そして、これまでにどれだけ多くの事をなしとげられたか、最初に会ったときとくらべたらどれほど気持ちが安定したかを言葉にして、彼女を支えつづけたのである。

セラピー関係はクライエントとセラピストに、どのようなメリットやデメリットをもたらしたか

　ベティがセラピーから受けた恩恵は、つぎのようなものだろう——それまで無視されつづけていた彼女の立場を理解し、認めてもらえたこと。夫の病気への対処法を学べたこと。金銭的な援助を受ける手続きを手伝ってもらえ、低家賃の高齢者アパートに引っ越せたこと。各科の医師や在宅ケア機関、精神科医、老人ホームその他の機関などとの折衝を代行してもらえたこと。ピア・カウンセラーやアラノン・グループなどのサポート・システムを紹介してもらえたこと。セラピーでの私との関係によって、他人を信頼する練習ができたこと。そうした数々のメリットのおかげで、ベティの自尊心はしだいに高まり、自分には人生をコントロールする力があるという自信をもつことができた。
　セラピーでは、いちばん最初の段階のありかたが、その後の展開を大きく左右する。ベティのケースは、最初にクライエントとセラピストが信頼関係を築くことがいかに重要かを示す、良い例だと思う。私と出会ったころのベティは、自分にはなんの価値もないと感じていて、いろいろな出来事にすっかり打ちのめされていた。だから少しでも批判的なことを言われたと感じれば、セラピーに来なくなってしまう恐れがあった。彼女は、親切にされたり気にかけてもらったりすればそれを嬉しく思い、感謝したが、そのいっぽうで、ちょっとでも自分を侮辱したと思う相手はなかなか許そうとしないところもあった。そんなわけで、ベティが私を信頼してくれたからこそ、彼女を励ましてさまざまな交渉をなしとげさせることが可能になったのだ。そうした交渉の相手は、必ずしも彼女の感情面でのニーズに敏感な人ばかりではなかったから、もし私への信頼がなければ、ベティは途中で投げ出してしまっていたかもしれない。また、このセラピーを成功させたもう一つの要因として、チームによるアプローチの力も忘れてはならない。このケースに関わった医師やソーシャルワー

カー，精神科医，ピア・カウンセラーはすべて，同一のクリニックに所属していた。在宅ケア・サービス機関も同じクリニックの紹介だったから，皆がいつでもこのケースについて話しあうことができ，誰もが自由に医療記録を見ることができた。ベティ自身と息子のグラントも，そのチームの一員として扱われた。同一の状況でも，それをどう解釈するかは，チームの各メンバーによって違う。全メンバーの見かたを総合することで，状況の全体像を正しく把握できたのである。

　セラピーの最終段階も，最初に劣らず重要である。マイクとハリーが亡くなったあとベティはようやく，自分自身の健康問題や息子との関係について，じっくり考えられるようになった。この時期のセラピーにおいては，それまでの出来事を最初から振り返り，多くの困難にもかかわらず，それに打ち勝つだけの強さがベティにあったことを確認しあった。長年つきまとってきた罪悪感や恨みの気持ちから解放されたベティは，自分には立ち直る力があることを自覚できるようになっていた。息子に対しても以前のようにプレッシャーを与えずにすむようになり，そのせいで，母親に対する息子の感謝の念も増していた。

　このセラピーからは，私も学ぶことが多かった。ことに，人間の精神がもつ立ち直り力には圧倒された。親からの愛情や保護をほとんど受けずに育っても，困難を乗り越えるだけの強さを，人はちゃんと身につけることができるのだ。また，誰かが亡くなることによってしか解決しない問題というのがあることも，よくわかった。たとえ家族のありかたが完全には変わらなくても，大きく前進することがあるのも，目の当たりにできた。自分の大変さを両親には全く理解してもらえなかったベティだが，努力を積み重ねることで，息子の大変さはちゃんと理解してやれるようになったのである。

この事例の教訓は？

　ベティのケースは，心理療法とケアマネジメントが一体化していたよい例だろう。高齢者のセラピーにおいては，このような役割の融合が起こるのはむしろ良いことだと，私は思う。セラピストはクライエントとともに長い時間をすごすから，彼らのことを深く知るようになる。その結果，状況のアセスメント

とケアマネジメントのためだけにたまに訪問するケアマネジャーよりもむしろ，どんなサービスを組み合わせたらいいかを的確に把握できることが多い。さらに，ケアマネジメントの仕事を通じて他のケア提供者たちと接することによって，セラピストのほうも，セッションだけでは得ることのできない情報や考えを知ることができる。ケアマネジメントも行えばクライエントの家族との接触も増え，その家族をセッションに引き入れることもできる。複合的な役割を果たすことでクライエントや周辺状況への理解が大幅に深まり，複雑に絡みあったケースを解決しやすくなるのだ。

　他のヘルスケア提供者たちと連絡をとりあってうまく協力できたことも，この事例では大いに役立った。ベティは自分のもらっている薬や受けている治療について，私に疑問をぶつけてくることが多かったが，そのたびに私はすぐに，彼女のかかりつけ医に連絡して確かめることができた。マイクのかかっている精神科医とも容易に連絡がとりあえたので，彼の攻撃的な行動について相談することが可能だった。ベティが隠し持っていた薬の山を発見してくれたのはホームヘルパーの女性だったし，誰が勧めても「うん」と言わないベティを説得して，薬物依存症の治療を受ける決心をさせてくれたのは，訪問看護師だった。そのおかげで他のチーム・メンバーたちは，ベティが治療を受けつづけるのを，それぞれの立場から援助できたのである。

　高齢者のセラピーに際しては，クライエントの家族とどう関わるかがきわめて重要になることが多い。いっぽう，クライエントがもっと若い一般成人の場合には，家族療法の場合を除けば，セラピストがクライエントの家族と接触をもつことは稀だ。このケースでは，ベティの息子のグラントとうまく関われたことが，とても役に立った。そのことによって，私のほうでもベティの家族関係のありかたを深く理解することができたし，ベティとグラントも，きちんとした場で考えを率直に述べあう機会がもてたからだ。彼らの話しあいの場に私が立ち会ったことで，批判され責められているとベティに感じさせることなく，理解を深め問題解決につながるような考えを伝えあうことが可能になった。セラピスト抜きでこのような話しあいを行うと，罵りあったり恨みを残したりという展開になりやすい。もちろん私は，できるだけ公平な立場に立つように十分気を配ったし，ベティのほうも，私の発言がセラピストとしてクライエントに向けたものだということを，よく理解してくれていた。

多面性をもつこのケースで最後にふれておきたいのは，高齢者のセラピーは往々にして，きわめて長い時間と広範囲の介入を必要とするということだ。ベティのセラピーは数年間にわたり，その焦点も，健康問題，経済的困窮，ケアマネジメント，肉親の死が高齢者やその家族に与える影響など，刻々と変化していった。このケースからは，家族のありかたのパターンは親から子へと受け継がれていくものであり，場合によっては家族の誰かが重大な健康問題に陥りでもしないかぎりその打破は難しいということが，よくわかる。医療クリニックのチームに支えられたセラピーがあったからこそベティは，そうした長年の困難に打ち勝って，比較的健康状態のいい平和な生活を手に入れることができたのである。

(ジャネット・フォーグラー)

文献

Blow, F. (1998). *Substance abuse among older adults. Treatment Improved Protocol (TIP) Series (Publication No. [SMA] 98-3179)*. Washington, DC: U.S. Department of Health and Human Services, Center for Substance Abuse Treatment.

Luescher, K., & Pillemer, K. (1998). Intergenerational ambivalence: A new approach to the study of parent–child relations in later life. *Journal of Marriage and the Family, 60*, 413–425.

Mace, N.L., Rabins, P.V., & McHugh, P.R. (1999). *The 36-hour day: A guide to caring for persons with Alzheimer's disease, related dementing illnesses and memory loss in later life* (3rd ed.). Baltimore: The Johns Hopkins University Press.

Robinson, A., Spencer, B., & White, L. (1991). *Understanding difficult behaviors: Some practical suggestions for coping with Alzheimer's disease and related illnesses*. Ypsilanti: Eastern Michigan University.

Wright, L.K. (1993). *Alzheimer's disease and marriage*. Thousand Oaks, CA: Sage Publications.

第 10 章
信頼関係を築く
——創造的なケアマネジメントのキーポイント——

1．クライエントの背景

　ミス・クラークはアフリカ系アメリカ人の独身女性で，69歳だった。彼女のかかりつけの開業医が，私の勤務するターナー・クリニックでは院外者へのケアマネジメント・サービスも行っているのを知っていて，紹介してきたのだ。申し込みを実際に行ったのはミス・クラークの甥と姪で，ミス・クラーク本人の了承も得たうえで，私が状況把握のためのアセスメントに出向くことになった。そのアセスメントの際には姪と甥にもミス・クラーク宅に来てもらったが，私は面談の大部分をクライエント本人と二人だけで行い，姪と甥には別室で待っていてもらった。訪問に先立って私は，クライエントのかかりつけ医から提供されたカルテに目を通してあった。カルテによればミス・クラークには，高血圧とコレステロールを抑える薬が処方されていた。2年近く前から痴呆の症状があらわれはじめ，妄想が強くなってきていることも記されていた。食欲も衰えていて，ここ1年間で7キロ近くも体重が減っていた。2カ月前に行われたフォルスタインの痴呆テスト（MMSE）では30点満点中18点で中度痴呆と判定され，「ミス・クラークが運転をつづけるのは危険ではないか」という肉親やかかりつけ医の懸念が裏づけられる形になっていた。
　訪問前にかかりつけ医や親族から聞いたところでは，ミス・クラークは以前，ある大学の管理的地位にあり，責任ある専門的な職務を果たしていた。地域のアフリカ系アメリカ人社会では先駆的成功者だとみなされており，一族の女性のなかで大学にまで進学したのは彼女が最初だった。一人っ子だった彼女は，両親が年老いて亡くなるまで自宅で面倒をみた。「昔から彼女は，意志の

強い決然とした性格の人だった」と肉親たちは口をそろえた。両親の介護の際も肉親の助けはいっさいあてにしないで一人で乗り切ったし，教会仲間からも尊敬されていて，周囲の人から経済上のアドバイスを求められることも多かった。姪や甥とは以前から特に親しくつきあっていたわけではなかったが，二人の学歴や社会的地位には，ミス・クラークもそれなりの敬意をはらっていた。かかりつけ医とは12年来のつきあいで，もともとは医師のアドバイスをよく守る患者だった。

2．介入の概要

　ターナー・クリニックのソーシャルワーク部門では，近年，同クリニックと直接関わりのない開業医や高齢者ケア機関からのケアマネジメント依頼が急増したため，「よりよく生きる」という名称の各回払いのケアマネジメント・サービスを行うようになっていた。地域の住人であれば誰でもこのサービスに申し込むことができ，今回のケースのように，クライエントのかかりつけ医から要請を受けた肉親が申し込むのも自由である。申し込みの電話があると，まずはクライエント宅への訪問が実施され，ソーシャルワーカーによる全般的なアセスメントが行われる。肉親やかかりつけ医からの情報収集が可能な場合には，ソーシャルワーカーは訪問前に，それもやっておく。訪問アセスメント実施後は，その結果に基づいて，クライエント本人や親族とも相談しながら，ケアプランを作成する。そしてそれ以降は，クライエントの必要に応じて，訪問しての面接を繰り返していくことになる。クライエントのニーズが変化すれば，それにあわせてケアプランも変更される。

初回面接

　最初の訪問に先立って私は，ミス・クラークの姪と甥に電話をかけ，「今回の面接の目的はクライエントご本人のお話を伺うことなので，もしかしたら，あなたがたのことをないがしろにしてミス・クラークにばかり関心を向けているように思われるかもしれませんが，その点はご理解ください」と前もって説

明した。そして訪問当日の朝にはミス・クラーク本人に電話をし，自己紹介をしたうえで，「かかりつけ医の先生のご紹介で伺います」と挨拶しておいた。だが，いざミス・クラークの家に着いてみると，彼女は食料品の買い出しに出かけてしまっていて，約束の時刻を15分ほどすぎたころ，やっと戻ってきた。どうやら，私と会うことになっていたのを忘れていたらしい。私より先に到着した甥は，ミス・クラークから鍵を預かっている隣のお年寄りに扉を開けてもらって，家に入ることができたのだという。ミス・クラークは，完全には信用しきれないというので，甥にも姪にも鍵を預けてはいなかったのだ。帰ってきたミス・クラークは，自宅に私たちが上がりこんでいるのを見て困惑していた。自分の生活が無理やり変えられてしまうのではないかと恐れている様子で，私たちがどのような意図で訪問したのかを警戒していた。そんなわけで面接のあいだじゅう，ミス・クラークの口からは，「親戚やあなたがなんと言おうと，私はこの家から離れるつもりはありませんから」という言葉が幾度となく発せられた。だが面接自体を拒否するようなことはなく，私が，「私たちの目的は，お一人で暮らしつづけたいというあなたのご希望がかなうよう，お手伝いすることなんです」と言うと，満足そうな様子を見せた。彼女の話しぶりはしばしば途中で本題をはずれ，別の話題に深く入りこんだりしたが，1，2分のうちにはもとの話題を思い出し，「私は絶対にこの家を離れるつもりはありませんから」と繰り返すのだった。話題がそれたときでも，私のほうでひとこときっかけになるようなことを言えば，すぐにもとの話題に立ち返った。長期記憶にはまったく問題がなく，具体的な物事に対する判断ならできたが，判断力全般については，若干の衰えが見られた。自分がおかれている状況についてはあまりよく把握できていないようで，姪や甥にあらぬ疑いをかけるような妄想が明らかに認められた。短期および現在のことがらについての記憶は，かなり衰えているようだった。私はミス・クラークの不信感を少しでも和らげるために，「おうちのなかを案内していただけませんか」と頼んだ。姪や甥のいない二人だけの場で，ミス・クラークのペースにあわせて，彼女の指示に従って行動することに，意味があると思ったからだ。家を案内してまわるあいだじゅうずっと，彼女はせかせかと早足に歩きまわり，何かに追い立てられているようだった。いったん腰をおろしても，1，2分もしないうちにすぐに立ちあがり，ドアや窓の戸締りを何度も確認した。

アセスメントのためのこの初回面接のときから，ミス・クラークとのあいだに信頼関係を築く努力を，私は開始していた。彼女にはさまざまな長所や強みがあることを強調し，「周囲のサポート態勢にも恵まれていていいですね」と話した。また，彼女自身が大切だと考えていることに同調するようつとめた。彼女が自宅をとても誇りに思っていることはすぐにわかったので，「よく手入れされた立派なお宅ですね」とほめるのも忘れなかった。アセスメントは，クライエント自身にそなわっている力（自立心，生活技術，忍耐力，信仰心，信念など），サポート態勢（親族が，外部からのケアを受けることや，自分の果たすべき役割について，どう考えているか），経済事情（外部のケアに対して金銭を支払う能力や意思があるか）といったことについて行った。

　私の見たところミス・クラークは，いちおうの食物はとっているようだった。キッチンに腐った食べ物が放置されているようなことはなく，食品類はちゃんとしまわれていた。料理をしている痕跡はほとんど見られず，スナック類や果物が彼女の「食事」らしかった。痩せてはいたものの，彼女のからだは比較的頑丈そうだった。煙草もお酒もたしなまないという彼女は，血圧とコレステロールを抑えるために服用している薬を見せてくれた。自分が医師の処方どおりに薬をのめていないことは，彼女自身も認めていた。彼女の気持ちを害したくなかったので，おおよその数しか確かめられなかったが，どうやら処方の1.5倍近くを服用しているようで，1日おきぐらいに2倍量をのんでいるのではないかと思われた。キッチンのカウンターには，空になった薬瓶がいくつもころがっていた。

　日常の行動に関しては，身のまわりのことはすべて自力で行うことができ，着衣も身じまいもきちんとしていた。動きにも不自由さは見られず，苦もなく階段をのぼることができ，バランス感覚に問題はなかった。家の掃除も庭の芝刈りも，自分でやっていた。ゴミを間違った袋に入れてしまうといった判断の不確かさはあったものの，たいがいの点では，かなりうまく生活できているようだった。電話も，問題なく使えた。お金の扱いについて，ミス・クラーク本人は，「なんの問題もなくやってるわよ」と断言したが，姪や甥からは，「伯母は時々，請求書の支払いを忘れてしまって困るんです」という声が出ていた。お金のことについては，これまで姪や甥はいっさい手を出しておらず，他の誰かに支払いを任せることについてミス・クラークは，あるときには同意したと

思うと，すぐにまた気が変わるといった具合だった。

クライエント宅の安全性についてのアセスメント

　こうした全般的なアセスメントのなかでも，クライエント宅が安全かどうかについてのアセスメントは，欠くことのできない要素である。その結果によっては，環境の整備が必要になるからだ。それに，いきなりクライエント本人に問題があるかどうかを検討するよりは，住まいについての検討からはじめるほうが，信頼関係を築きやすい。

　ミス・クラークの住まいは，両親から譲り受けたものだった。自分たち親子がどのように家を改修しつつ暮らしてきたかを細かく語るミス・クラークは，自分の住まいを本当に誇りに思っていた。実際，家は手入れが行き届いており，高齢者が暮らすのに最適な構造になっていた。寝室，浴室，トイレ，洗濯場などが，全部1階にあったのである。浴室には，十分な広さのシャワー・コーナーも，手すりも完備されていた。もっともまだ彼女は，それらが必要なほど衰えてはいなかった。キッチン内の配置も，とても使いやすそうだった。ただしレンジはガスで，電磁調理器よりは危険が大きいと思われた。炎がむきだしで，パイロットランプによる表示も出ないからだ。キッチンの仕切りカーテンがレンジのすぐそばにさがっており，火災が心配だったが，火災報知器はない。危険そうな電気コードやコンセントは，特に見当たらなかった。通路には足をとられそうな敷物類などはなく，障害物になるようなものもなかった。家の裏手のカーテンは全部閉められ，部屋は暗かったが，照明の数は十分だった。電話はちゃんとつながっていた。非常時にはホームセキュリティ会社に通報できるようになっており，そのことを知らせるステッカーが，目立つところに貼られていた。地下室の窓には警報装置がついており，あらゆる窓やドアにはしっかりした鍵がつけられていた。家の周辺は治安の良い地域で，近隣の人たちとは互いに顔馴染みだった。

　このようなアセスメント結果に基づいて，私はいくつかの提案を行うことにした。まずはミス・クラークのかかりつけ医に依頼して，妄想を軽減するような薬の投与を検討してもらう。痴呆のあるクライエントは妄想を抱くことが多く，援助がぜひとも必要なときでも，そうした妄想のせいで援助を拒むことが

めずらしくない。また，妄想をコントロールできれば，ミス・クラークの積極性や決断力も，もっと生きてくるはずだ。投薬はごく少量からはじめ，しだいに増やしていくことになるから，良い結果があらわれてくるまでには，ある程度の時間がかかる。したがってそれまでのあいだ，指示どおり服薬しているか，効果はどうかをきちんとチェックする必要がある。そのためにはこまめに家庭訪問を行い，頻繁に医師の診察を受けるようにすべきだろう。できれば，1日に1回だけ服用すればいい薬が望ましい。それならクライエントも忘れにくいし，1日1度，飲み忘れを防ぐ働きかけを行えばすむからである。

　かねてから医師が抱いていた，服薬が指示どおりに行われていないのではないかという懸念については，私は敢えて，初回のアセスメントでミス・クラークを強く問い詰めたりはしないでおいた。服薬は1日に1回なので，私はつぎのような方策を考えた。まずはカウンターに散乱していた古い薬瓶を処分したうえで，「目覚まし時計を定刻にセットして，薬をのんだらカレンダーに印をつけるといいですよ」と勧めてみる。そして，もしそれがうまくいかないようなら，救世軍か近所の人に依頼して，毎日服薬確認の電話をしてもらう。さらに，服用すべき薬についての説明を印刷して，彼女に渡しておくことも必要だろう。

　訪問前にかかりつけ医から聞いた話では，ミス・クラークと肉親に，「危険だから，もう運転はしないほうがいい」とアドバイスしてあるとのことだった。アセスメント時にミス・クラーク本人に確認してみると，そうしたアドバイスを受けたことをよく覚えていない様子だったが，かといって強く否定もしなかった。彼女の免許取り消し願いは姪と甥によって，すでに州当局に提出されていた。もし免許を取り消されてもミス・クラークが運転してしまうようなら，私が手伝って車を処分し，バスやタクシー，高齢者通院サポートサービスなど，それに代わる移動手段を確保する必要がある。

　衝動買いをしたり，ペテン師にだまされてお金を出したりといった心配はあまりなさそうだったが，ミス・クラークの自立をできるだけ損なわない形で財産を守る手だてを講じておく必要はあるだろう。少なくとも請求書の支払いについては，銀行の講座からきちんと引き落とせるようにしておかねばならない。そこで私は，病気が悪化したり痴呆がさらに進んだりした場合には，お金の出入りをチェックしたり請求書の支払いを代行したりできる権限を，姪か

甥，あるいはミス・クラークの弁護士に与える手続きが必要だという報告書をつくった。もしミス・クラークのほうで，それらの人物に任せるのはいやだということであれば，検認裁判所を通じて誰か別の人に依頼することもできる。

ミス・クラーク宅の安全に関しては，最も危険なキッチンの仕切りカーテンの位置を直ちに変え，火災報知器を2カ所（キッチンの入り口と，寝室近く）に至急設置する必要がある。外部に通じるドアの戸締りはきちんとしていたが，火災の折りにはすぐに逃げ出せるよう，手を加えるほうがいいだろう。また，ホームセキュリティ・システムをミス・クラークがちゃんと使えるかどうか，1度実験してみる必要もある。

というわけでまずは，新しい妄想の薬についてかかりつけ医からミス・クラークによく説明してもらうことと，ミス・クラークに書類上の手続きをすませてもらうことが先決だった。そのうえで私が2度目の訪問を行って，服薬を忘れないための工夫について説明し，「変化の具合を見るために，今後2カ月は毎週訪問させてください」と話す。それだけの期間があれば，服薬の工夫がうまく機能しているかどうかを確かめられるし，安全確保のための改修も終わり，妄想の変化の様子も観察できるだろう。車の運転ができなくなったことに慣れるまで心の支えになって，他の移動手段を確保するのを手伝うことも可能だ。短期記憶が怪しくなっていることについては，昔から馴染んだ環境だし，毎日ほぼ決まった生活なので，なんとかやっていけるだろうと判断した。以上のような見通しと，クライエント本人が自宅で暮らしつづけたいと強く望んでいること，それに肉親の支えがあることを考えあわせると，ミス・クラークのひとり暮らしをできるだけ維持する方向にもっていくのが最良だろうと思われた。

信頼関係を深める

ミス・クラークも姪も甥も，私が毎週訪問することに同意してくれた。訪問がはじまり，目標を設定していく際にも，私はできるかぎりミス・クラークの信頼を得られるようにつとめた。彼女自身の希望を尊重し，お互いが納得できる目標を立てることを最優先したのだ。記憶力の衰え，判断力の低下，妄想，自力できないこと，などといった諸問題について，何を目標としてどのような

第10章　信頼関係を築く

ケアプランを立てるかを，あくまでもクライエント自身の意思を尊重しつつ，相談して決めていったのである。そのようにして，クライエント自身の判断を大いに認めてほめながら，それをいかしたアプローチを行っていくと，それまで頑として受け入れなかったことも，比較的簡単に承知してくれることが多い。そんなわけで私は，それまで姪や甥がてこずっていたいくつかの点についても，ミス・クラークの態度を和らげることができた。たとえば，よく知らない人はけっして家に入れようとしない彼女の用心深さを大いにほめたうえで，「他人を家に入れるときには，信頼できる人に同席してもらうか，すぐに来てもらえるようにしておいたらいかがですか」というように話したのである。また，「あなたに勧められたことについてはすべて，かかりつけ医の先生と相談してから，受け入れるかどうか決めたい」と言う彼女に，「ぜひそうしてください」と応じた。

　初回面接で明らかになったいくつかの懸念のうち，ミス・クラーク本人が自覚していたのは指示どおりに服薬できていないという点だけだったが，それはかかりつけ医に，「言われたとおりに服薬しないと心臓が危ないですよ」と強く言われたのを覚えていたからだった。また，初回訪問の2日後に電話するとミス・クラークは私のことを忘れていたが，「かかりつけのお医者さんの依頼で伺ったソーシャルワーカーです」と言ったところ，すぐに思い出してくれた。そんなわけで私は2度目の訪問の際，てっとりばやく家に入れてもらうために，かかりつけ医への強い信頼を利用することにした。あらかじめその医師に頼んで，私の到着時刻ぴったりに彼女に電話してもらったのだ。このやりかたは効を奏し，「ソーシャルワーカーが訪問するが，短時間ですぐに失礼するから，心配せずに家に入れてやってほしい」という医師からの電話に受け答えしながら，ミス・クラークはしぶしぶといった様子で私を自宅に招き入れてくれた。そして，彼女を手伝って残っている薬を整理するところまでは許してくれたが，空の薬瓶を捨てたり，他のものを動かしたりすることは承知してくれなかった。そこで私は救世軍のボランティア組織に連絡して，ミス・クラークに服薬確認の電話をしてくれるよう頼んだ。電話の際には，「あなたのかかりつけ医からの依頼で，確認のご連絡をしています」と言ってもらうよう，つけ加えるのも忘れなかった。新しく処方された妄想の薬の効果は，ゆっくりだが着実にあらわれてきた。まだ完全には私を信頼していなかったが，提案事項を

紙に書いて渡せば以前より冷静に受け入れてくれるようになったし，家のなかをせかせか歩きまわるのは相変わらずだったものの，常軌を逸した感じはなくなってきたのである。

　最初の1カ月間は，「かかりつけ医の代理」として薬箱をチェックすることしか許してもらえなかった私だったが，4度目の訪問のときにはじめて，「これまで家に相当なお金をかけていらっしゃるのですから，もしもの場合に備えて火災報知器をつけたほうがいいんじゃありませんか？」と勧めてみた。しかし，そのときには同意してくれたものの，次回に火災報知機をもっていってみるとすっかり忘れていて，「絶対にいやよ」と言い張った。そこで，その場はいったん話を打ち切り，その日のうちに再度その話題をもちだしてみると，火災報知器をつけることは承知してくれたが，取りつけは自分でやると言ってきかない。ただし，梯子を支えながら取りつけ説明書を読む役は，私にやらせてくれた。そんなわけでこの回の訪問はひどく長い時間がかかってしまったが，どうやらそのあいだにミス・クラークは，私のことを，危険のない，助けになる人間だと認めてくれたらしい。「来週また伺いますので，そのときに何かやってほしいことがありますか？」と尋ねると，「前庭の植木を移動してもらいたいんだけど」と言う。そこで私は業者に電話して，当日に来てくれるよう頼んでおいた。だが，あいにくなことに業者は，約束の時刻より早く来てしまった。そのとき，私はまだ到着していなかったので，猜疑心の塊になったミス・クラークは，熊手を振りまわして彼らを追い返してしまったのである。そこで私は到着後，業者に電話をして，また戻ってきてもらわねばならなかった。そして，彼らの作業中ずっと庭に立ちっぱなしで見張っているミス・クラークのかたわらに付き添って，彼らが植木を盗もうとしているわけではないことを何度も説明したのである。だがそうやって一緒にすごしたおかげで，気になっていたいくつかのことがらを話題にのせることができた。「あまりちゃんとした食事がとれていないのではありませんか」「お訪ねした際に時々，腐りやすい食べ物が出しっぱなしになっているのを見かけるのですが，大丈夫ですか」「ご自宅にいらっしゃるときも，身の安全をとても心配していらっしゃるように見えるのですが……」。それらの懸念をミス・クラークはすべて，「そんなことないわ。大丈夫よ」と否定したが，彼女のほうから会話を打ち切ってしまうようなことはなかった。業者の仕事ぶりを監督しながらの「雑談」とい

う形であり，わざわざ腰をおろして話しあうときのような圧迫感がなかったので，おそらくこの会話はうまくつづいたのだと思う。このように私は，正しく服薬したり家の手入れをしたいというミス・クラーク自身の目標の達成をはかりながら，それと同時に，私の設定したケアマネジメント上の目標も実現できるよう工夫していった。

●セラピー関係をつくる

　ケアマネジメントの際に信頼関係を築くプロセスは，心理療法においてセラピストがクライエントの気持ちに寄り添い，信頼を結んで協力関係を築く過程とよく似ている。ただし異なるのは，ケアマネジメントのクライエントのほうが，判断力も鈍っており，自立度も低く，助力を受け入れるよう「強制されている」という気持ちが強い点だ。したがってケアマネジメントを継続的に受け入れてもらうためには，クライエントがどう受け止めているのかをよく考え，その気持ちに配慮しながら，時間をかけて関係を築いていくことが，心理療法の場合以上に重要になってくる。私とミス・クラークとの関係も，説得したり言いあったりすることによってではなく，彼女の気持ちに寄り添うことで，しだいに深まっていった。ミス・クラークが語る心配事にじっと耳を傾け，彼女の気持ちに沿った受け答えをする。（たとえば，「あの人たちは私の庭木を盗もうとしている」などというように）話の内容が真実と異なっている場合でも，それを正面から否定するのではなく，その言葉の裏にある（「この家にいても，私の身は安全ではない」という）不安な気持ちをくみとる必要がある。妄想のあるクライエントが事実をゆがめて認識している場合には，その裏にどんな不安や恐怖心があるかを探ることが，とても大切なのだ。私はまた，ミス・クラークの生活の一部として，自分が徐々にとけこんでいけるよう努力した。毎回訪問するとまず，前回いっしょに何をしたかを話題にして思い出してもらう。そうやって，前回うまく関係を結べたことを下敷きにしながら，私の存在を印象づけ，信頼を深めてもらうようにしたのである。

　そして何より，彼女が私とのやりとりに興味を失ってしまわないよう，あれこれ言葉を尽くして話をつないだ。植木の移動に長い時間のかかったあの日も，ミス・クラークに自由にしゃべってもらってそれに耳を傾けつつ，職人たちの振る舞いに対する苛立ちがちょっとでも彼女に見えはじめたら，すぐさま

私のほうでも，庭のバラのことなど，彼女が関心をもちそうな話題をつぎつぎに持ち出した。ふだん，人と接することが少ない高齢者のなかには，人間関係に飢えていて，私たちが辟易しそうになるほどあれこれ話しかけ，関わりをもとうとしてくる人も多い。だがミス・クラークの場合には，私と関わった全期間を通じて，私という存在を心から歓迎することも，私がやったことに感謝の言葉を返すこともなかった。せいぜい，「しかたがないから受け入れてあげる」といった態度だったのだ。しかしそれでも，時の経過とともに，私にいろいろなことを任せてくれるようになっていった。

●クライエントとともに，目標のとらえなおしを行う

ミス・クラークには，「自宅で暮らしつづけたい」という，はっきりとした目標があった。認知機能が衰えた人にとって変化がいかに恐ろしいものかを，私たちはよく理解しておく必要がある。そこで私は，時間をかけてゆっくり接していくなかで，まずは彼女自身のその目標から出発して，自宅で安全に暮らしつづけるためにはどんなことが必要かを話しあうところまでもっていくことができた。そしてその過程で，「何がなんでも自分でやる」というミス・クラークの気持ちを，「お互いに力をあわせて問題を解決する」という方向に変えていくことにも成功した。「あなたはこの家で暮らしつづけたいと思っていらっしゃるし，それができるとも考えていらっしゃる。それでは，そのためには何が必要か，どういう状況になったら自宅を引き払ってよそに移ったほうがいいかを，ご一緒に考えていきましょう」と話していったのである。

●適切なサービスを適切なタイミングで導入する

ケアマネジメントが成功するかどうかは，自宅で生活していくうえでクライエント本人が設定した目標に対して，「過不足のない」サービスを導入できるかどうかにかかっている。余分なサービスまで導入すれば，クライエントに依存心を植えつけたり，怒りの気持ちを起こさせたり，サービス資源の無駄使いになったりしかねない。逆に導入するサービスが足りなければ，クライエントを危険にさらしたり，信頼を損ねたりする。クライエントの自尊心を損ねないように配慮しながら各種のサービスをうまく組みあわせて導入していけば，最初は抵抗感をもっていたクライエントもしだいに，必要なケアを受け入れてく

れるようになる。たとえば，ミス・クラークの服薬確認サービスも場合もそうだった。かかりつけ医の依頼を受けてそのサービスを行っているという形をとることで，彼女の抵抗感は大いに和らいだのである。また，どんなタイミングでサービス導入を提案するかも，とても大切だ。初回訪問時にいきなり服薬確認サービスの導入を提案せず，段階を踏んだことで，ミス・クラークから拒絶される危険を減らすことができたと思う。

サポート・システムを育む

　クライエントが家族や肉親とどのような関係を結んでいるかも，とても重要な点だ。家族や肉親も疲労困憊しており，彼ら自身にも手助けが必要な状態であることもめずらしくない。そこでケアマネジャーは，クライエント本人だけでなく，彼らにも注意を向けていくことが必要である。進んでケアに関わっていこうという前向きな気持ちが家族や肉親に生まれるよう，ケアマネジャーが先導していくべきだ。有能なケアマネジャーは，家族や肉親が疲れきったりもめたりした「危機の時」こそ，むしろ良いチャンスだと考える。そのチャンスを利用して，各人の役割やケアのありかたを見直し，気持ちの行き違いを解決していくのである。
　ミス・クラークの姪と甥は，私が伯母のケアに関わることが決まった段階で，すっかり肩の荷をおろした気持ちになってしまっているようだった。ケアマネジャーの介入について家族や肉親が，あまり適切とはいえない複雑な感情を抱くことはめずらしくない。家族や肉親は往々にして，プロの介入によって状況がたちまち改善されると期待しがちなのだ。そしてそのような高すぎる期待のせいで，かえってすぐに失望し，その結果，ケアがうまくいかなくなりやすい。そこで私はつねづね，「いちばん最初に立てたケアプランというのは，言ってみれば〈揺れ動く流砂〉の上に乗っている建物のようなもので，永久的なものではありません。今後も，変化していくニーズを絶えず再検討して，プランを再調整していくことが前提になっているのです」と説明するよう心がけている。ミス・クラークの姪や甥にも，「ケア・サービスの導入は，ゆっくりと徐々に行っていきます。何を優先的に導入するかについては，お二人のご意見も伺っていきますのでよろしく」と話しておいた。

逆に，外部の助けを借りることに大きな罪の意識を感じる家族や肉親も少なくない。そういう人たちに対しては，自分の果たすべき役割をとらえなおし，負担に思えるこまごまとした役割はケアマネジャーに任せて，姪や甥，息子や娘としての本来の役割に心おきなく専念できるよう，力を貸していく。ここで大切なのは，家族や肉親自身が，「負担だ」とか，「本来は私がやるべき仕事ではない」と感じていることだけをケアマネジャーが引き受けていくことだ。家族や肉親がどのような役割を果たすべきかをケアマネジャーのほうが決めつけることは，絶対に避けなければならない。ミス・クラークのケースでは，それまで姪や甥が果たしていた仕事の一部を私が肩代わりしたことが，とても役に立った。「私がどうすべきかについて，姪や甥がうるさく口出ししなくなった」という理由から，二人に向けられるミス・クラークの敵意が大幅に減ったからである。

　ケア・サービスの導入開始から半年ほどたったころ，ミス・クラークの栄養状態が急激に悪化しはじめた。痴呆が進んで，食事の準備に必要な手順がよくわからなくなったからだ。だが，「〈知らない人〉が家の敷地内に出入りするのは絶対にいやだ」と言い張るミス・クラークは，配食サービスを受け入れようとはしない。そこで私はミス・クラークの甥に，一役買ってくれるよう頼んだ。まず最初の1週間は，彼が配食サービス会社まで出向いて食事を受け取り，ミス・クラークの家に届ける。それまでにも彼が伯母に食べ物を届けることはよくあったので，ミス・クラークもこのやりかたなら抵抗なく受け入れた。2週目になると，車で食事を配ってまわるボランティアと甥が，いっしょに食事を届けた。すると3週目には，ボランティアだけが行っても食事を受け取ってもらえるようになった。

　ミス・クラークに関しては，プロの助けと肉親のサポートのバランスをうまくとっていく必要のあることが，もう一つあった。痴呆が進むにつれて，本人に財産管理を任せておくことが，ますます難しくなっていったのだ。彼女にはかなりの資産があったので，誰かにだまされる危険も十分に考えられた。だが甥も姪も，「そんな大役を引き受けるのは無理だし，やりたくもない」と言う。二人とも健康状態に不安をかかえていたし，以前，「財産目当てなんでしょう？」とミス・クラークに勘ぐられていやな思いをしたことを，忘れかねていたからだ。姪からの推薦によって，私は，ミス・クラークが信頼を寄せている

従兄弟にその役を頼むことにした。その従兄弟には進行性麻痺の息子があり，以前からその息子の財産管理も彼が引き受けていることを，ミス・クラークは知っていたのだ。そんなわけで彼になら「支払い代行人」を任せてもいいとミス・クラークも承知してくれたので，その従兄弟がミス・クラークの弁護士と協力して，彼女の財産を管理していくことになった。このように，家族や肉親と外部の専門家が共同で責任を果たすのが，妄想症のクライエントにとっても身内にとってもいちばん抵抗が少ないことが多い。その他にも家族や肉親がかかえているニーズがあれば，ケアマネジャーは素早くそれに対応し，彼らがクライエントに気持ちよく関わりつづけていけるよう配慮することが大切だ。たとえば私はミス・クラークの姪や甥に，高齢の肉親を世話している人たちを対象とした講義シリーズを紹介し，痴呆についていろいろと学べるサポート・グループへの参加も勧めた。ケースによっては，小さい子どもの面倒を見てくれる人を手配したり，請求書の支払いや保険請求の代行を頼める人を捜したり，介護休暇手当が出ないか調べたり，ちょっと一息つけるサービスの利用を勧めたりといったことが効果的なこともある。

　クライエントを支えるサポート・システムの一環として欠くことのできないのが，地域の福祉サービスだ。ケア・サービス導入の際には，ケアマネジャーが地域のサービス提供者とクライエントの橋渡しになることが多い。そうすることで，新しいサービスを受けることへのクライエントの恐れや抵抗感が和らぎ，サービス提供者に協力的になりやすいからだ。もしサービス導入の際に私がかなり強力に介入しなかったら，ミス・クラークはおそらく，植木の植え替えも，配食サービスも，財産管理代行も，受け入れようとしなかったにちがいない。サービス導入時には，ケアマネジャーがいっしょに付き添って，クライエントの手を引くようにしてサービスに馴染ませることが大切だ。サービス提供者が訪問することをクライエントに思い出してもらうために電話したり，どんな人が来るかをあらかじめ詳しく伝えておいたり，説明や指示をメモ書きして渡しておいたりといった配慮が，継続的なサービス提供につながるのである。

　さらにまた，他職種の専門家やケアワーカーたちとよく話しあい，いつでも意思疎通がはかれるようにしておくことも，ケアマネジャーの大事な仕事である。みだりに口外すべきでない事柄については特に，最初に確認しておく必要

がある。そしてその内容を，ケアに関わる者全員に周知徹底しておかねばならない。ケアマネジャーという立場だからこそ知り得たこと，クライエントが知られたくないと思っているだろうこと，明かさなくてもケアに支障がないことなどについては，私はできるかぎり秘密を守るようにしている。ミス・クラークのケースでも，私は姪と甥に状況を詳しく報告はしたが，二人を悪く言うミス・クラークの言葉などは敢えて知らせなかった。ケアマネジャーが親族内の悪感情や対立などを知らずに終わるケースも多いのだから，そのような内容をわざわざ仲介して伝える必要はないと思ったのである。

　ケアマネジャーとしての私のいちばん大切な役割は，十分に状態や希望を伝えられないクライエントの代弁者となることだろう。サービス提供者に対して，クライエントのニーズや，必要なサービスの質を正確に伝え，クライエント一人ひとりの状態にあったサービスが受けられるようにする。サービスを受けることに抵抗のあるクライエントは往々にして，せっかく受けられることになったサービスにいい顔をしなかったり，自分だけの判断で断りの連絡をしたり，ケアワーカーを怒らせてしまったりする。そんなとき，ケアマネジャーは，ケア提供者側の不満を鎮め，クライエントの気持ちをうまく代弁して伝える必要がある。ミス・クラークの場合にも，そのような代弁の必要が何度も生じたが，その際に私は，どう工夫したらケア提供者の仕事が少しでもやりやすくなるかを考え，「彼女のためにケア提供者側も精一杯努力してくれていることはよくわかっているし，感謝もしている」ということを最大限に伝えるよう心がけた。それとともに，ミス・クラークの警戒心や忘れっぽさにはひどく苦労させられるだろうということを，ケア提供者側にあらかじめきちんと伝えておいた。もちろん，彼女には良いところもたくさんあることをつけ加えるのも忘れなかった。また，私が彼女と接するうえで役立ったことも，必ず伝えるようにした。たとえば，ミス・クラークの母親はちょっと名の知れた肖像画家で，家のあちこちに飾られているその作品を，ミス・クラークは自慢そうに私に見せてくれた。そこで彼女の家を訪問するケアワーカーには，「もし彼女がいらいらした様子を見せたら，その絵について質問するといいですよ」と伝えておいた。すると効果はてきめんで，母親の作品について話しているあいだは必ず，ミス・クラークの敵意は鎮まるのだった。

　私が関わるようになって2カ月もしないうちに，ミス・クラークは自分か

ら，車の運転をしなくなった。隣人の話では，ミス・クラークが狭いガレージから自分の大型車を出そうと四苦八苦したあげく，どうにもうまくいかなくて腹立たしそうに家に戻っていく姿が，それまでに何度も目撃されたという。半月ほど悪戦苦闘した末，ミス・クラークは運転を諦めてしまった。配食サービスが受けられるようになり，財産管理の問題も解決してからは，ミス・クラークは目に見えて落ち着いた。月2回ほどの私の訪問を受けながら余生を楽しんでいる様子が，見受けられるようになったのである。相変わらずぶっきらぼうな物言いながら，私が行くと，「今日は二人で何をしようかね？」などと言いながら迎えてくれるようにもなった。

　そのようにして1年以上がすぎたころ，ミス・クラークは呼吸器系の重い感染症にかかった。そして自宅に一人でいるのを怖がるようになり，馴染んだ環境だから落ち着けるという様子ではなくなってきた。それに，いろいろなものの置き場所を間違えるといった以前からの傾向がぐんとひどくなって，家のなかでも自分の今いる場所がわからなくなってしまうようなことも出てきた。だいぶ前に私は，姪や甥，そしてミス・クラーク本人にも，この家で生活できなくなったらどこに移るのがいいか相談をもちかけていた。そんな可能性については詳しく話しあいたくないミス・クラークはそのとき，「今の教会から離れたくはないわね」と答えただけだった。お金に困ることはなかったので，ミス・クラークの姪と甥は，いくつかの高齢者施設を比較して最善だと思われるところを選ぶことができた。普通は経済面での制約があって，なかなかそうはいかないものだ。高齢者施設のほうでも，ミス・クラークのような入所者は大歓迎だった。スタッフの世話を拒むようなことはないし，うろうろと歩きまわりはするものの，建物の外に出ていってしまうようなことはなかったからだ。十分に話しあったうえで姪と甥は，ある施設に伯母を入所させることに決めた。そこにはこぢんまりした痴呆高齢者生活棟があり，入所者の大多数がアフリカ系アメリカ人で，かつてミス・クラークと同じ教会に通っていた人も何人かいたからだ。そこならミス・クラークもいちばん落ち着けるだろうし，「教会から離れたくない」という希望を最大限にかなえることにもなるだろうと，姪や甥は安心した（もちろんミス・クラークの教会の牧師は，彼女がどの施設に入ろうと，そこまで訪ねて行ってくれるはずだったが）。親族があらゆる面を熟考して施設を選ぶ様子を私は素晴らしいと思い，その難しい決断を側面か

ら支えていった。

　施設の入所手続きや面接などの際にも私は力を貸し，ミス・クラークの履歴，人物，好みといったことを詳しく記したレポートを施設用に作成した。ミス・クラークの日常にとって，歩きまわることがとても大きな意味をもっていることもそのレポートで伝えたところ，施設では彼女を，「散歩プログラム」に参加させてくれることになった。さらに，ミス・クラークが愛してやまない母親の作品を，彼女の自室だけでなく，施設内の何カ所かにも展示してくれた。施設で行われたミス・クラークについての第1回目のケア会議には，姪や甥とともに私も出席したし，その施設に入所している他の担当クライエントを訪問する際には，ミス・クラークのところにも顔を出すようにした。彼女は移転先の生活に，とてもよく馴染んでいた。そばにいつもスタッフがいてくれるので，不安感も消えているようだった。

　私はまた，それまで長いことミス・クラークの世話をしてくれた人たちには，彼女の転居について，忘れずに知らせるようにした。ずっと親しかった隣家のお年寄りは，ミス・クラークの転居の際にちょうど入院中だったので，高齢者施設への入所のことを伝えてくれるよう，娘さんに頼んだ。食事を届けているうちにミス・クラークのことが大好きになっていたボランティアの一人は，私の電話に，「転居先のことまで知らせてくれてありがとう」と言い，今までの親切に私がお礼を言うと感激していた。

3．介入の分析

　ミス・クラークのケースでは，介入はゆっくりと時間をかけて，少しずつ進めていった。訪問を重ねるたびに，前より少しでも信頼関係を深められるようにつとめ，彼女の世界に入りこめるよう私は努力した。それと同時に，彼女の肉親やケア提供者たちとの協力関係を大切にすることも心がけた。具体的な介入のありかたは，ミス・クラーク本人の病状や痴呆の進行具合，そして姪の健康状態などといった肉親の事情に応じて変わっていった。このように，クライエントがそのときそのときにおかれている状況にあわせてケアプランを変えていくことが，どんなケースでも大切である。

クライエントへの敬意を，どのようにあらわしたか

　どのようなケースでも，信頼関係を築くためにはクライエントへの敬意が不可欠だが，痴呆があったり情緒的に不安定なクライエントの場合には，特にそれが大切になってくる。そんなケースでは，ケアマネジャーはぜひ，クライエントの自宅で，しかもクライエント自身が主導権をもつ形で，アセスメントを行うべきである。ミス・クラークに家じゅうを案内してもらうことで私は，身の安全に対する彼女の不安感だけでなく，家が彼女にとってどんなに大きな意味をもっているかも知ることができた。私はまた，現在のサポート・システムのうち役立っているものはどれか，ケアの目標をどこに置きたいかといったことについても，彼女自身の言葉で語ってもらうようにした。姪や甥への敬意も，彼らの見解や心配，目標にじっくり耳を傾けることで示した。納得できる適切な目標を設定するための私の介入を見ていると，ミス・クラークにばかり関心を向けているように思えるかもしれないが，それはけっして姪や甥を軽んじているからではないことも，最初に説明した。そしてそれ以降も，私がどのような対応をしているかを姪や甥に絶えず連絡し，必要なときには彼らの意見も求めた。

クライエント自身の力を，どのように活用したか

　ミス・クラークには心配してくれる親族がおり，いろいろといやな思いもさせられていたのに，彼女が最適なケアを受けられるよう願ってくれていた。またミス・クラーク自身も，自立して生きようと強く決心していて，そうした点をほめられれば喜んだし，それに沿った目標を提示されればその気になった。そこで私は彼女の自立心を鼓舞するような言葉を会話のそここにちりばめ，信頼関係を深めたり彼女の自信を強めたりするのに利用した。かかりつけ医のことはとても信頼しており，そのことは長期記憶のなかにしっかりとどめられていて忘れてしまうことはなかったから，私が彼女の自宅内に入ることも，その医師のケアの一環という形をとることで受け入れてもらえた。また，気にかけてくれる隣人たちの存在も大きかった。家のなかには母親の作品など，ミ

ス・クラークにとって大きな意味をもつ品々があり，それを新しい住まいにも持っていくことができた。また，彼女には強い信仰心があり，牧師も親身に支えてくれた。

立場は曖昧になったか

ケアマネジメントを必要とする多くのクライエントにあてはまることだが，このケースでも私は，クライエントがあれこれ頼ってくるのを受け入れた。ある程度痴呆が進んだ段階では，ミス・クラークはしょっちゅう夜中に，私の自宅まで電話をかけてきた。昼夜が逆転してしまい，夜中に起きていることが多かったからだ。姪の健康がすぐれなかったあいだも，ミス・クラークは１日に何度も私に電話してきて，姪の治療について同じ質問を繰り返した。もちろんそうしたことは私にとって少々負担だったが，いつでも私に連絡をとれるという安心感がミス・クラークにとっては大事だということがわかっていたので，黙ってそれを受け入れた。さらに，そうした行動は妄想症患者にはよく見られることも理解していたので，さほど苦にはならなかった。もし私がそのような気持ちのはけ口にならなかったら，ミス・クラークも，妄想にかられて不安になったクライエントがよくやるように，電話で救急車をよんだあげく，しなくてもいい入院騒ぎを起こしたりしていたかもしれない。

いっぽう，絶対に踏み越えないように私が気をつけていたのは，肉親とそうでない者との境界線である。クライエントのなかには私たちケアマネジャーのことを，「実際にはいない娘の代わり」のように思いはじめる人も多い。だが私は，それはまずいと思う。「娘」という呼びかたはやはり，肉親に対してだけ許されるものだと思うからである。ケアマネジャーはクライエントを支え，その力になるが，肉親に取って代わることはできない。私たちはクライエントの肉親に，自分の役割を奪われたなどと感じさせてはならない。むしろ，肉親ならではの役割を彼らに教え，それを果たすよう励ましていくべきである。ミス・クラークは私を肉親のような存在だと考えることはなかったが，姪や甥のほうは，私たちの関係をそのようなものだととらえているふしがあった。そのような誤解があるようだったら，早めに各自の役割を説明して明確化しておいたほうがいい。

時間の経過とともに，セラピー関係にどのような変化があったか

　一応の信頼関係が築かれ，ケア・サービスが徐々に導入できるようになると，それ以降の変化は，主としてミス・クラークの痴呆の進行や認知機能の低下に伴って生じた。どんなにふんだんに在宅サービスを導入しても，生物学的な衰えを押しとどめることはできない。それに，記憶に問題のある高齢のクライエントの場合にはよくあることだが，もはや慣れ親しんだ自宅であることさえわからなくなってしまえば，無理にそのまま自宅にとどまるより，活動や人との交わりが保障される施設でのほうが生活しやすくなる。ミス・クラークの場合には，それまでに本人や肉親と意見交換ができていたおかげで，施設への移転は，何かことが起きてからあわててではなく，あらかじめ計画し，皆で相談しつつ進めることができた。ミス・クラークへの私の対応も，認知機能のレベルに応じて変えていく必要があったが，しだいに訪問回数を増やすことによって，絶えず状況を的確につかめるよう配慮した。

セラピー関係はクライエントとセラピストに，どのようなメリットやデメリットをもたらしたか

　最初のうちは私に対して不信感や敵意をもっていたミス・クラークだが，しだいに信頼感も増し，私の提案を受け入れてくれるようになった。彼女の自立を助けるためという言いかたをすれば，二人で考えた案も承知してくれることが増えていったのだ。また，私を信頼して家に入れてくれるようになると，やがて，他のケアワーカーたちを家に入れることへの抵抗感も減っていった。そのうちに自分のほうから私に助力を求めるようになり，それも最初は心の面でのケアだったのが，やがて日常のこまごまとしたことについても助けを求めてくるようになった。

　肉親も，私があいだに立って緩衝体になるのを歓迎していた。それまで，自分たちに直接向けられるミス・クラークの妄想や敵意に，ひどく悩まされていたからだ。引き受けてもいいと思うことやできることだけをやればよくなったことで，彼らはほっとしていた。甥が，食事を届けるのは快く承知してくれた

が財産管理はしたくないと断ってきたのも，その安心感からである。ミス・クラークの不安感がしだいに強まり，姪や甥に対する敵意は逆に減った時期には，二人はとてもよく伯母の心の支えになってくれた。もしそれまでずっと，二人にすべての責任がかぶさりつづけており，ミス・クラークの妄想のせいで関係がとことんまでこじれてしまっていたら，おそらくそれは不可能だっただろう。重荷が軽減されていたおかげで，二人は姪や甥としての本来の役割を果たせばよくなり，ミス・クラークの転居先を決める際には，あらゆる選択肢を十分に考え抜いたという自信をもって決断をくだすことができた。

　私の介入によってミス・クラークが受けたメリットとしてはまず，具体的なものがあげられる。薬を正しく服用できるようになったり，家の修理や整備が可能になったり，栄養状態が改善されたり，財産管理の問題が解決したりといったことがその例である。それに加えて，公正な代弁者として私を利用できたメリットも大きいだろう。私が介在したことでミス・クラークの不安や孤独感は和らぎ，簡単な判断なら私と相談しながらくだせるようになった。また，抱いて当然のものも妄想上のものも含めて自分の不安を私に話せるようになり，その結果，それまで妄想が原因で生じていた肉親との軋轢が解消された。

　最初のころは明らかに私に敵意を抱いていたミス・クラークだが，認知障害の影響で人格や振る舞いが変わってしまっていることをよく理解したうえで接した結果，しだいに信頼を寄せてくれるようになった。私は，肉親を導きつつサポートし，各ケア提供機関にミス・クラークの立場や気持ちを代弁し，医師の指示が具体的に実行できるようにした。高齢者施設に移って何カ月かすると，ミス・クラークはもう，私が誰だかわからなくなってしまったが，彼女は施設によく馴染んで，手厚いケアを受けていた。そんなわけで，私だけが喪失感を味わい，その喪失感は心からのものだった。

この事例の教訓は？

　ケアマネジャーが臨床的なアセスメントを行ったり，ケアサービスを手配したり，ケアプランを立てたりする場合，ややもするとその過程で，クライエントの姿が見えなくなってしまうことが多い。利用できそうなサービスはなんでも導入したり，クライエントが望んでいないサービスまで，「これは絶対に必

要だから」と盛りこんでしまったりしやすいのである。こうしたやりかたは特に，妄想を伴う軽度ないし中度の痴呆があり，ケアを受けることに抵抗が大きい高齢者や，肉親が十分にサポートできる態勢にない高齢者がクライエントである場合，問題を招きやすい。そのようなクライエントは，自力でやれるのか人の手を借りなければならないのかといったことや，自分にコントロール権があるかどうかといったことをとても気にするので，ケアの開始にあたって，よく納得してもらってからはじめなければならない。クライエントの性格，病気の進行具合，家や敷地が外部から入りやすい構造かどうかといったことによっても，状況はさまざまに違ってくる。

　実りあるケアマネジメントをしたいと思ったら，ケアマネジャーは，クライエントがケアに抵抗感を見せるのは当然だという前提から出発するほうがいい。そう考えれば，弱々しいクライエントが頑迷と思えるほど現状にしがみつこうとしたり，どうしても必要な変化を受け入れたがらなかったりしても，その気持ちを理解できる。そのようなクライエントにこちらの存在を受け入れてもらい，有用な変化をうまく導入するためには，ゆっくりと時間をかけて信頼関係を築くことが先決となる。

　ケアマネジャーとクライエントのつきあいは長期にわたるということを，ケアマネジャーは介入の最初から，よく頭に入れておくほうがいい。命にかかわるような状況以外では，とにかくものごとをゆっくり進めることが肝要であり，問題を解決することよりもむしろ，いい関係を築くことに力を注ぐべきである。一夜にして信頼関係が生まれるなどということはまず考えられないから，忍耐強い，順を追ったアプローチが必要だ。クライエントをよく知り，尊重することが，親身なケアや質の高いサービスを行う基本なのである。クライエント本人の希望や肉親の意見によく耳を傾けてクライエント本位のアセスメントを行い，それぞれの事情にぴったりあったケアやサービスの導入をはかることが，質の高いサービス提供につながる。まず最初に時間をかけて信頼関係を築くことで，円滑な意思疎通も，状況に応じたケアプランの変更も行いやすくなり，何よりも大切な，クライエントと肉親とケアマネジャーの強固な協力関係を結ぶこともできるのである。

（キャサリン・P・スピアーノ）

文献

Aronson, J. (1999). Conflicting images of older people receiving care: Challenges for reflexive practice and research. In S.M. Neysmith (Ed.), *Critical issues for future social work practice with aging persons* (pp. 47–69). New York: Columbia University Press.

Emlet, C.A., Crabtree, J.L., Condon, V.A., & Tremel, L.A. (1996). *In-home assessment of older adults: An interdisciplinary approach.* Gaithersburg, MD: Aspen Press.

Kalish, R.A. (1969). Of children and grandfathers: A speculative essay on dependency. In R.A. Kalish (Ed.), *The dependencies of old people* (pp. 73–83). Ann Arbor, MI: Institute of Gerontology.

Lustbader, W. (1994). *Counting on kindness: The dilemmas of dependency.* New York: The Free Press/Macmillan.

第 *11* 章

母娘の絆を守る
──ネグレクト（介護放棄）への介入──

1．クライエントの背景

　ずっと前からターナー・クリニックの患者だったミセス・エリスは90歳の未亡人で，中年で独身の娘さんのアンといっしょに自宅で暮らしていた。ミセス・エリスの夫は40代前半の若さで亡くなったが，成功した実業家で，妻と娘に大きな屋敷とたくさんの財産を残していた。ミセス・エリスは以前から，疑い深くて人を信用しない性格だった。夫の死以来ずっと世話になってきた会計士にはミセス・エリスもアンもそれなりの信頼をおいていたのだが，法的な書類にはミセス・エリスは頑として署名しようとせず，心身がもっと衰えたときにどうしてほしいかの意思表示や，誰に医療上の決断を任せるかといったことについても，書面に残すのを拒んだ。そんなわけで，自宅の管理や手入れを誰かに任せることもなかったので，屋敷は荒れ果ててしまっていた。

　娘さんのアンにもかなり前から強い妄想があり，精神疾患の症状がたびたび見られた。これまで1度も働きに出たことのないアンが，母親の介護にあたっていた。アンには，お金についての強いこだわりもあった。財産は十分にあるのに貧乏をひどく恐れていて，何かを買ったりさまざまなサービスにお金を使ったのするのをひどくいやがり，ゴミ同然のガラクタを山のように溜めこんでいたのである。ただしアンには，精神病院への入院歴はなかった。

　ミセス・エリスはしだいに弱って，体が不自由になっていった。痴呆も中度まで進み，妄想も強くなって，アンにひどい言葉を浴びせたり，暴れたりすることも増えた。そんなわけで母娘の関係は，強い愛着とひどい憎悪のあいだを何度も激しく揺れ動いた。健康状態の悪化につれてミセス・エリスはいっそう

激しく娘の介護に抵抗するようになり、食べ物を吐き散らしたり、殴りかかったりもした。やがて体の自由はいっそう失われ、ほとんどの時間をベッドですごすようになった。トイレに間にあわないことも増えて、失禁も多くなっていった。

　ターナー・クリニックの担当医に対しては、ミセス・エリスもアンも、信頼を寄せていた。二人にはいろいろと問題行動も多く、特にミセス・エリスは服薬の指示にいっこうに従おうとしなかったのだが、担当医は辛抱強く彼女たちに接していた。ミセス・エリスが今後の処置についての意思表示をどうしても書類にしたがらないので、折りにふれて彼女が口にする、「無理な延命はしてほしくない」といった言葉を、担当医は気をつけて書きとめ、母娘の難しい人間関係を注意深く見守っていた。

　やがてミセス・エリスの健康状態がさらに悪化したため、担当医は在宅ケアを行うよう指示を出した。アセスメントのために看護師が訪問してみると、家は荒れ果て、腐った食べ物が散乱していた。ミセス・エリスの寝ているベッドは古い病院用のもので、マットレスはなかった。「高すぎて無駄だ」という理由で新型の病院用ベッドを買おうとしないアンは、毛布やシーツを何枚も重ねてベッドのスプリングを覆っていた。さらに、在宅ケア機関から派遣されたヘルパーが身体的なケアをしようとしても、ミセス・エリスはそれを受けつけなかった。暴れて抵抗したり、ヘルパーを悪しざまに罵ったりしたのだ。ミセス・エリスの皮膚に赤くなっているところや青あざがあること、皮膚にも衣類にも便がこびりついていること、栄養状態もひどく悪そうであることを、ヘルパーは上司に報告した。その間にも在宅ケア機関には、アンから何度も電話が入り、「特に必要ないので、ケアに来てもらわなくていい」と言ってきていた。スタッフが自宅を訪問しても、アンは居留守を使って応答に出てこないこともあった。そのいっぽうで彼女はたびたび救急隊に電話をし、母親をトイレに連れていくのを手伝ってほしいとか、母親が転んでしまったので起こしてベッドまで運んでほしいと依頼していた。そんなわけで、ミセス・エリスの身の安全を心配した在宅ケア機関と担当医の双方から、高齢者保護サービスを行ってほしいという依頼が私たちのところに届いた。

2．介入の概要

　こうした状況に対して私たちが最初に設定した目標は，以前にミセス・エリスが口にしていた，「娘と一緒に自宅で暮らしつづけたい」という希望を尊重して，外部からの介入を最小限にしつつ，できるかぎり彼女の身の安全を確保するということだった。そのために私たちは，ミセス・エリスの強みだと考えられることを利用することにした。その強みとは，娘さんのアンとのあいだの，複雑で問題は多いものの強い絆と，担当医に対する信頼である。ミセス・エリスやアンにソーシャルワーカーが関わるのはこれがはじめてだったから，最初の訪問ができるだけ脅威と受け取られないように，配慮する必要があった。そこで，私は正確にはターナー・クリニックのソーシャルワーカーなのだが，敢えて，「ミセス・エリスの担当医に派遣されて来たソーシャルワーカーです」と名乗ることで，比較的容易に家に入れてもらうことができた。同じように精神科の看護師も，ミセス・エリスとアンたちが信頼している会計士の紹介という形をとることで受け入れてもらえた。

　初回訪問時には私は，二人の住み慣れた環境のなかで信頼関係を築くことを最優先にした。ちょうどそのとき，アンは母親に食事をさせようとしていた。だが何度スプーンを口に近づけようとしても，ミセス・エリスはそれを払いのけてしまう。当然ながらアンは苛立って，「ほらね，母はお腹がすいていないんですよ！」と言った。だが私には，ミセス・エリスは近づいてくるスプーンを恐がっているのだと見当がついたので，アンに母親の横に座ってもらい，ミセス・エリス自身にスプーンを握らせてみてほしいと頼んだ。すると，母親の手にアンの手を添えることで，食器と母親の口に交互にスプーンを運ぶことができた。そんなわけで，私の助言はかなり役に立ったはずなのだが，このやりかただと食事をさせるのにとても時間がかかることに，アンはまた苛立ちを見せた。これはアンのいつものパターンで，いちおう母親のケアをしようとはするのだが，少しでもうまくいかないことがあると，何もかも投げ出して部屋を飛び出し，そのあと何時間も母親をほったらかしにしてしまうのだった。母親の痴呆がかなり進んでおり，困った状況でも助けを呼べないことが，アンはど

うやらあまり理解できていないようだった。

　ミセス・エリスの精神機能を評価するために，精神科の看護師と私はそれぞれ個別に，フォルスタインの痴呆テスト（MMSE）と老人性うつ検査を行った。MMSE の結果は 30 点満点中 11 点で，重度痴呆と判定された。いっぽう老人性うつ検査のほうは，該当したのは 15 項目中 3 項目だけで，治療を要するほどのうつ症状はないと考えられた。こうした結果から見て，24 時間体制の看護ケアと監視が必要だと，精神科の看護師は報告してきた。服薬についてだけなら，いろいろな薬をまとめて 1 日に 1 度だけ服用すればいいようにすることで，看護師自身が訪問した際に確実にのませることができる。しかし状況がかなり深刻で，アンによるネグレクト（介護放棄）も改善される見通しが少ないことから，ターナー・クリニックのスタッフたちは，検認裁判所に後見人の申請をすることに決めた。

　何週間かあとに行われる裁判所の聴聞会までに，私はミセス・エリスとアンの関係を少しでも良い状態にしようと努力した。ヘルパーがケアをするようになったことで，アンは自分の役割が奪われたように感じていたので，私は彼女に頻繁に電話をかけてなだめ，娘には娘ならではの役割があることを思い出させるようつとめたのだ。その間も，このケースに関わる専門家たちは，誰をミセス・エリスの後見人にすべきかの検討を進めた。裁判所は通常，肉親を後見人にするのが最善だとしていたが，衝動にかられやすくケアについての考えもころころ変わるアンはその任に向かないと，私たちは確信していた。しかしながら私たちもアンと母親の絆は断ち切りたくなかったし，「自分は疎外された」という気持ちをアンに抱かせたくもなかった。そこで，かねてからクリニックに出入りしていた，私立後見人を仕事としている女性に依頼したらどうかと考えた。その女性なら難しいケースについても経験豊富で，クライエントの自主性を尊重してくれる人だとわかっていたからだ。「もし後見人に指名されれば，引き受けてもかまいませんよ」とその女性は言ってくれた。

　ちょうどそのころ，ミセス・エリスが呼吸困難を起こして入院した。アンは，救急隊員が母親を病院に搬送することは承知したものの，いざ入院が決まるとすっかり動転して，家に連れて帰るから退院させてくれと言い張った。しかしミセス・エリスの病状から見てこのまま家に帰すわけにはいかないと，病院側は判断した。するとアンは，「老人ホームに入所させる」と言ったり，家

へ連れ帰るという主張をまた持ち出したりを何度も繰り返した。その時期には私は毎日アンに連絡して，決まったことは逐一報告するようにつとめ，彼女がなんとか自分の役割を果たしつづけられるよう支えた。

　結局，ミセス・エリスは，後見人の件は保留したまま老人ホームに移されることになった。ホームを選ぶ際には，アンが徒歩や自転車で楽に通えることを最優先して考えた。ミセス・エリスの担当医は，彼女のケアで注意すべきことやアンとのつきあいかたを，詳しく老人ホームに申し送った。私もホームのスタッフに面会して，アンとどうつきあえばいいか，彼女の役割をどう設定すればいいかをアドバイスした。母親を見舞った際にちゃんと自分の役割があるほうが，ケア・スタッフへのアンの反感も和らぐのではないかと考えたからである。

　アンは，自分が後見人になるのが当然だと主張していたが，担当医の強い説得によってようやく，推薦された後見人候補と会うことだけは承知した。そしていざ会ってみると，母親のケアについての自分の希望に後見人候補がよく耳を傾けてくれるので，アンの態度はかなり和らいだ。「お母さんが何を望んでいるかをいちばんご存じなのはもちろんあなたですが，何かを決める際には，客観的に見られる人にも加わってもらうほうがいいんじゃありませんか？」という私の言葉にも，素直にうなずいてくれた。そこで会計士がアンを部屋の隅に連れていき，「お母さんにとって，あなたはたった一人の娘です。別の人が後見人になったからといって，その事実は変わりませんよ」とさらに説得した。こういった説得が効を奏して，アンはついに，私たちの推薦した女性を後見人にすることに同意した。おかげで，アンが後見人にはふさわしくないことを法廷で証明しなければならないといった事態は避けられたわけだ。微妙な配慮をしつついろいろなことを決めていかねばならなかったこの時期，私は頻繁にミセス・エリスの担当医に連絡をとった。また会計士にもよく電話で相談し，助けを求めた。こういったことはすべて，関係者全員が情報を共有して同じ目的に向かって行動できるようにするためだ。そうでないとアンの気が突然変わって，せっかく決まりそうになったことも覆りかねなかったからである。

　ミセス・エリスが老人ホームに入所したてのころは，世話をしてくれるヘルパーたちに対してアンはとても批判的で，他の人たちの面前でもかまわず，ひどく罵ったりすることが多かった。そこで私はミセス・エリスの入所後もひき

つづき，ホームのスタッフにアンの行動を少しでも理解してもらえるよう気を配る必要があった。私も参加してホームで行われた最初のケア会議では，「今後，ホームのスタッフは，見舞いに来たアンと顔をあわせたら必ず自分のほうから挨拶し，母親についての最新情報を進んで伝えよう」ということが決まった。また，自転車をホームの玄関口に置きっぱなしにするといったアンの行動も大目に見て，そっと見守ってくれることになった。ホームにいた何カ月かのあいだに，ミセス・エリスの皮膚の状態はずいぶん回復し，体重も増えた。だがやがて，死期が近いと診断されたため，後見人とアンの同意を得たうえで，ホスピスに移された。その移動についても私は手助けし，アンの支えになるとともに，母娘の関係についてホスピスのスタッフに伝えることにも努力した。

3．介入の分析

　高齢者に対するネグレクト（介護放棄）は必ずしも，介護者が意図的に虐待を行おうとして起こるのではない。それよりもむしろ，高齢者の衰えに伴ってニーズが増していることに，介護者が気づかないために起こることのほうが多いのである。ミセス・エリスのケースもまさにそれで，うまくケアができずに腹を立てたアンは，ケアを投げ出して長時間，母親を置き去りにしてしまった。しかもこうしたケースでは，外部からの援助を頑なに拒むことが多く，プロが介入しにくい。ミセス・エリスの痴呆が進み，からだもきかなくなっていくにつれて，母の介護はもはや，どうにもアンの手に余るようになっていった。そんなわけで私としては，まださほど介護が困難でなく，家族でも十分に世話ができる段階から，こまごまとした具体的なケアはプロに任せ，家族は家族ならではの役割（たとえば，娘として親密に接し，心の支えになるなど）に専念するほうがいいと思う。

クライエントへの敬意を，どのようにあらわしたか

　このケースでは，私は，ミセス・エリスとアンが，後見人申請や在宅ケア，施設への入所などといったプロセスを経ていく全期間を通じて，母と娘として

の絆を保ちつづけられるよう努力した。娘に対して暴言を浴びせたり，乱暴な振る舞いをしたりしたミセス・エリスだが，心の底ではつねに娘を愛し，頼りにもしていた。娘のアンのほうも，母親の世話をするのは自分の役目だと思っていたし，なんとか母親のニーズに応えたいと考えていた。したがって，このケースにおける専門家としての私の役目の中心は，ミセス・エリスのニーズの変化に伴って，アンが娘として果たすべき役割は何なのかを明確にしていくことだった。そしてそのためには，頻繁にアンに接触し，忍耐強く話を聞くことが必要だった。またケースによっては，痴呆についてや，行動への対処法，介護者自身の心身のケアについての教育が必要になる場合もある。

　私は，どのような状況になってもアンが母親のケアに参加できるように手筈を整えることで，アンの気持ちを尊重した。老人ホームの選定にあたってもアンが通いやすいということを最優先したし，見舞いに行ったときに問題が起きないような配慮もした。法的な決定権はアンにではなく後見人にあったが，ミセス・エリスのケアについてはアンにもあらゆる情報を伝え，彼女の意見を聞いてとり入れた。

　また，ミセス・エリス本人とアンの希望ができるだけかなうよう，努力もした。検認裁判所から，もはやミセス・エリス自身には意思表示をする能力がないという判断がくだったときには，本人に代わって，かつて彼女が，「無理な延命はしてほしくない」と述べていたことを証言し，以前からの彼女のパーソナリティを尊重してくれるであろう後見人を捜した。また，老人ホームやホスピスに移った際には，ミセス・エリスのパーソナリティや過去，性格などについて，スタッフに詳しく伝えた。

クライエント自身の力を，どのように活用したか

　ミセス・エリスとアンにも強みや力があることを，私は十分に認めていた。このようなケースでは，ややもすると，クライエントの人格傾向や行動をすぐに病的なものだと考え，問題視しやすい。妄想があったり，なかなか指示に従ってくれなかったりすると，たしかにケアは行いにくい。しかし私はそれを，母娘の結びつきが強いからだと考えた。そして，二人の自立心をいかしながら，私たちのケアへの信頼を育ててもらうようつとめた。具体的には，担当

医や会計士に対してアンがもとから抱いていた信頼感にいわば「おんぶする」ことで，それが比較的スムーズに進んだ。妄想がとても強く，周囲の人を信じないクライエントでも，誰か一人ぐらいに対しては，強い信頼感をもちつづけていることが多い。クライエントが信頼しているのは誰かをつきとめて，その人物に近い立場の人として振る舞えば，敵視されにくくなる。

　さきほど述べたように，私はアンとミセス・エリスの関係性こそが二人の強みであり，それぞれの人生にとってもいちばん大切な要素なのだろうと考えていた。そこで，変化していく状況のなかでも二人の関係性が途切れないようにつとめ，それまで以上に絆が強まるように努力したが，この点はとてもよかったと思う。アンの役割を尊重していることを言葉に出して伝えると，アンは嬉しげで，素直に反応してくれた。

　さらに，ミセス・エリスとアンが経済的に豊かだったことも見逃せない。当初そのことは，むしろ悪いほうに働いた。外部のケア・サービスを頼んだりして財産を減らしたくないという気持ちが働き，ケアを拒絶してしまったからである。だが財産があったからこそ，ちゃんとした後見人を雇い，質のよい老人ホームで十分なケアを受けることができた。また，後見人と会計士が注意深く財産を管理してくれているおかげで，アンには，誰かに騙しとられたりする心配のない信託財産が残されたのである。

立場は曖昧になったか

　このケースで私が特に気をつけたのは，娘としてのアンの立場をあくまでも尊重することだった。だが，「あなたのお母さんについては，あなたより私のほうがよくわかっている」と私が思っているとアンに受け取られないような言いかたで専門家としての意見を述べるのは，なかなか難しかった。また，検認裁判所で，通常は肉親が行うことになっている後見人申請書へのサインをしたときには，微妙な気持ちを味わった。本来ならアンが果たすべき役割を，私がやってしまっているという気がしたからだ。娘としてのアンの立場を損なわずにミセス・エリスのニーズを満たすためには，アンにできるだけよい精神状態でいてもらうことが必要だった。アンの気持ちが不安定になると外部からのケアを拒絶しがちで，そうなればミセス・エリスが困ったことになるからであ

る。そこで私は，何がなんでも自分が直接，ミセス・エリスのニーズを満たさねばと考えるのをやめて，むしろアンのニーズに応えていくことに主眼を置いた。また，ミセス・エリスに安全な環境ですごしてもらうという目標の達成のため，担当医や会計士をはじめ，アンが少しでも信頼を置いている人とは積極的に協力しつつ仕事を進めた。

　クライエントのために話しあったりさまざまな交渉をしたりしていると，ケアマネジャーはつい，職業上の立場を踏み越えて深く関わりすぎてしまうことが多い。そこで私は，クライエントが信頼している人たちと相談したり，老人ホームのスタッフがミセス・エリスやアンと交流するのを積極的に手助けしたりすることで，クライエントと自分だけの狭い輪から脱し，ミセス・エリスとアンを取り巻く広い世界に身を置くようつとめた。役割が曖昧になりがちなケアマネジメントの仕事では，スーパーバイザーに報告し相談することが自分の立場の確認に役立つことも多い。

時間の経過とともに，セラピー関係にどのような変化があったか

　在宅ケアが必要になるまでは，私はミセス・エリスやアンとまったく面識がなかった。初回訪問のときの私の役割は，自宅でミセス・エリスが安全にすごすのにはどんなサービスが必要かを判定するため，病状や暮らしぶりについてアセスメントを行うことだった。だが時がたつにつれて私の役割は，長期にわたって彼女のケアを手がける人たち（担当医やアン，在宅ケア・サービス機関のスタッフなど）を手助けし，新しいケア提供者（精神科看護師）を紹介し，そうした人たちのあいだの意思疎通を円滑にすることへと変化していった。そして，在宅ケア・サービスを増やしてもミセス・エリスの衰えに対応しきれなくなってからは，後見人申請の法的手続きをしたり，適切な老人ホームをさがしたり，病院やホームのスタッフ間の調整をしたり，ホスピス入所の手配をしたりといったことが役割になった。

　また，最初は具体的なケアに関することが主眼だったのが，いくらもたたないうちに，母と娘の絆を支えることが仕事の中心になった。ミセス・エリスの病状が進み，もう私が誰なのかの区別もつかなくなってからは，彼女よりもむしろアンのニーズを考え，彼女の役割を明確にするようにつとめた。ミセス・

エリスが亡くなったとき，アンが，「やるべきことはやれた」という心の平安を得られるよう，母と娘の最後の日々を支えることが大事だった。そのためにはアンと頻繁に連絡をとって，その意見によく耳を傾け，自宅，老人ホーム，ホスピスでプロからケアを受けることについて，アンが肯定的に考えられるよう支えていくことが必要になった。

セラピー関係はクライエントとセラピストに，どのようなメリットやデメリットをもたらしたか

　私たちが敬意を抱きつつ介入したことで，そのままではミセス・エリスの身に危険が生じかねなかった家庭介護のありかたを改善できた。また，できるかぎり自宅にとどまりたいというミセス・エリス本人の希望を最大限に尊重して，もはやそこが自宅であることも認識できなくなるまで在宅ケアを行ったのち，老人ホームに移すことができた。ホームでミセス・エリスは心身両面にわたる手厚いケアを受け，無理な延命はしないでほしいというかねてからの希望も尊重された。親身なケアを受けながら最期を迎え，それまでずっと，アンも母親のケアに関わりつづけることができたのである。

　私たちが協力して介入した効果があって，アンも，母親と自分の関係がいいほうに変わっていくのに満足していた。当初は母親が外部のケアを受けることに強い抵抗を見せていたアンだが，もしあのままミセス・エリスが苦痛と老衰のうちに亡くなっていたら，アンはきっと，大きなトラウマをかかえることになっただろう。アンが介護者としての自分の役割の変化をゆっくり受け入れていくのを私が辛抱強く見守ったことで，彼女は最後まで，母親の人生の不可欠な一部でありつづけることができた。ミセス・エリスがホスピスに移るころには，アンももう，スタッフをひどく罵ったり，怒って施設から飛び出してしまったりすることはなくなった。

　このケースでは私は内心，いらいらすることも多かった。いちばん気がかりだったのは，クライエントの身に危険があるかもしれないのに，介入がなかなか進まなかったことだ。在宅ケアを行っていた期間には，ケアワーカーや救急隊員の不満をなだめて，彼らがミセス・エリスのケアから手を引いてしまわないよう配慮するのもひと仕事だった。そのためには，各所に頻繁に電話してよ

く話を聞き，早めに不満に対処する必要があった。アンとも絶えず連絡をとったが，満足のいく反応が得られることもあれば，腹立たしい思いをさせられることも少なくなかった。それはまるで，危ない綱渡りをしながら彼女のところにたどり着き，できるだけ脅威と受け取られないように援助を申し出るというような，神経を使う仕事だった。その点，チームとしてケアに取り組めたことで私は大いに助けられたし，担当医やケアワーカーたち，後見人，会計士などの協力を求めつつ仕事をしたのは，クライエントにとっても，全体の進行のうえでも，私のスタミナ切れを防ぐ意味でも，とてもよかったと思う。

この事例の教訓は？

　このケースから何より言えるのは，ソーシャルワーカーもセラピー関係において辛抱強くクライエントと関わっていけるよう，忍耐心を養わねばならないということだ。クライエントに信頼してもらえるようになるまでにはとても時間がかかるし，いったん信頼が得られても，絶えず関係を保つ努力をしていかなければ，すぐに途切れてしまう。緊急の場合にはつい，クライエントの気持ちなどあとまわしにしてしまいがちだが，そのようなときも，信頼関係を損なうような性急な行動は慎むよう注意しなければならない。後見人の選定も時間と手間のかかる仕事だし，担当医とクライエントには彼らなりのペースがあるので，それを無理に急がせることもできない。
　寛容さや度量の大きさといったことも，このケースではとても重要だった。扱いの難しいクライエントと接する場合には，相手を広い心で受け入れ，起こったトラブルの裏にはクライエントのどのようなニーズが隠されているのかを見つけていくことが大切になる。トラブルの原因になるような行動はむしろ，そのクライエントの強みや力だと考えていくことも大切である。ミセス・エリスの入院中，アンの行動に困り果てた看護師の一人は，「ミセス・エリスにとっていちばんいいのは，娘さんをできるだけ遠くに引き離してしまうことだと思います」と強く主張した。そのような「解決法」はじつに魅力的で，ついついそれに頼りたくなるのはわかる。だがプロとしてクライエントに接する私たちは，どのような状況においても，クライエントのもつ力をなんとか探し出し，それを利用して変化を起こしていくことが必要だ。ことに，クライエン

トがこれまで長い時間をかけて培ってきた対人関係については，その積み重ねのもつ力を十分に認識して，そのいい面を探していくことが大切である。

　そして最後にあらためて強調したいのは，チームづくりの重要さだ。私は，ミセス・エリスの生活に重要な関わりをもっていると考えられる人全員に連絡をとり，情報や協力を求めた。状況が変われば，そのたびに全員にそれを知らせもした。そうした努力の結果，医師や会計士，ケアワーカー，家族，友人の誰もが単独ではなし得なかったであろう成果をあげることができたと思う。皆が情報や手段を共有したことで，それぞれの立場をいかして危機に素早く対応し，問題を解決することができたのだ。そうしたチームをつくりあげるためには各方面への連絡と折衝が不可欠であり，多大な時間とエネルギーがいる。それぞれの意見に耳を傾け，不満も聞き，クライエントの自主性を尊重しつつ，共通の目標をめざすことが何よりも大切である。

（キャサリン・P・スピアーノ）

文献

American Association of Retired Persons. (1987). *Domestic mistreatment of the elderly: Towards prevention*. Washington, DC: Author.
American Medical Association. (1993). *Diagnostic and treatment guidelines on elder abuse and neglect*. Chicago, IL: Author.
Baumhover, L., & Beall, S.C. (Eds.). (1996). *Abuse, neglect, and exploitation of older persons: Strategies for assessment and intervention* . Baltimore: Health Professions Press.
Breckman, R.S., & Adelman, R.D. (1980). *Strategies for helping victims of elder mistreatment*. Thousand Oaks, CA: Sage Publications.
Fulmer, T. (1989). Mistreatment of elders: Assessment, diagnosis and treatment. *Nursing Clinics of North America*, 24, 707–711.
Goodrich, C.S. (1997). Results of a national survey of state protective services programs: Assessing risk and defining victim outcomes. *Journal of Elder Abuse and Neglect*, 9, 69–86.
National Center on Elder Abuse, Westat, Inc. (1998, September). The national elder abuse incidence study: Final report. Administration on Aging. Available: http://www.aoa/gov/abuse/report.
Quinn, M.J., & Tomita, S.K. (1997). *Elder abuse and neglect: Causes, diagnoses, and intervention strategies* (2nd ed.). New York: Springer Publishing.
Steinmetz, S.K. (1988). *Duty bound: Elder abuse and family care*. Thousand Oaks, CA: Sage Publications.

第 12 章
高齢者の依存症克服を手助けする

1．クライエントの背景

　私がはじめてミセス・グリーンに会ったのは，彼女がターナー・クリニックに初診患者として来院したときだった。彼女はその少し前に，メディケア［主に65歳以上の高齢者を対象とした政府の医療保障］が適用されるHMO［会費を払って加入する総合的な健康管理組織。health maintenance organization の略］に加入した。そのおかげで，医師による検診と，ソーシャルワーカーによる心理社会的評価を受けられることになり，来院したのである。ミセス・グリーンはヨーロッパ系アメリカ人の未亡人で，77歳だった。クリニック近くの高齢者用アパートで一人暮らしをしている彼女は，初回の面接にも一人であらわれた。白髪を流行の髪型にカットし，三人の孫の写真をはめこんだネックレスをした彼女は，健康状態や家族のことについて尋ねる私の質問に，微笑みながらよどみなく答えた。
　彼女は眼鏡と補聴器を使ってはいたが，「どちらもたいして必要ない」とのことだった。結婚以来53年間この町に住みつづけており，スポーツの試合，なかでもホッケー観戦が大好きで，2年前に亡くなった夫とはよくダンスにも行ったのだそうだ。夫妻がそろっていたころには，二人とも比較的健康で，人づきあいも多く，病院にかかることも稀で，特に医師からの薬の処方もされていなかった。今回も，HMOから検診を受けるように言われたので受診したが，さしあたって特に困っていることはないとのことだった。
　成人した息子さんと娘さんがいて，どちらも車で1時間以内のところに住んでいた。その二人との関係も良好で，「夫の死後は，二人とも力になってくれるわ。私の今の状態について，息子も娘も，特に心配だというようなことは

言っていないわね」とのことだった。経済的な問題もなく，自分の車もあるので自由に運転でき，日常生活は何も困らないという。心身がもっと衰えたときにどうしてほしいかの意思表示についてはまだ書類にしておらず，そうなったら医療上や経済上の決断を誰に任せるかも，まだ決めていないとのことだった。

関節炎があって痛いのと，朝すっきり目覚められないのが少々つらいが，日常の家事は十分にこなせ，足元がふらつくようなこともほとんどないという。昼寝をすると夜寝つけないことが時々あるので，売薬の痛み止めや入眠剤を使うことはあるが，そうしょっちゅうではないし，服用の注意書きも守っている。食欲はあり，体重も変わっていない。食事については，レンジで加熱するだけの冷凍食品を愛用しているとのことだった。

若いころから愛煙家だったミセス・グリーンは，今でも1日1箱の煙草を吸っていた。本数を減らそうとは思っているが，喫煙自体をやめる気はなかった。夫の生存中から，夕食前には夫婦でカクテルをたしなむ習慣があり，今でも毎晩1オンス半から3オンス［およそ50 ccから100 cc］ほど飲んでいる。「ご家族や親戚のなかに，お酒のことで何か問題があったかたはいませんか」と尋ねると，「母方の叔父が，アルコール依存症で死んだわね。それと私の妹も40代のころ，お酒が手離せなくなった時期があったけど，特に治療を受けたりはせずに自分で断酒して，今は飲んでいないわ」との返事で，「私のお酒の飲みかたに問題があるというようなことは，これまで誰からも言われたことはない。夫も私もごく普通にお酒を楽しむだけで，カクテルの時間前の明るいうちから飲んだりしたことは1度もないもの」とのことだった。

精神科への通院歴もなく，これまででいちばんつらかったのは最初の妊娠時に男の子を死産したときで，ひどく落ちこんだが，つぎにまた妊娠したので，「どうにか自分を立ち直らせることができた」ということだった。「つらい最中に，カウンセリングを受けようとは思わなかったのですか」と尋ねると，「個人的なことは家族以外に漏らすべきじゃないでしょ？ それに，人は強くなきゃいけない。困難に出会ったら，信仰の力でそれを乗り越えなきゃいけないのよ」という返事が返ってきた。

記憶力の減退について尋ねると，「人の名前をなかなか思い出せないことが，昔より多くなったわね。でも年をとると，誰でもそういうものでしょ？」との

返事だった。運転中に道に迷ったことはないが，運転するのは，通院や，馴染みの食料品店への買い出しのときに限られていた。

　私たちのクリニックでは，こうした高齢者の面接の際には必ず，フォルスタインの痴呆テスト（MMSE）を行うことになっていた。このテストは，見当識，記銘，注意，計算，再生，知覚，言語能などの観点から認知機能を測る簡便な検査法だが，ミセス・グリーンは30点満点中29点で，再生問題を1問間違えただけだった。つまりこの時点では，痴呆はほとんどないとみてよかった。私はまた，老人性うつ検査も実施した。この検査では，全15項目のうち該当する項目が5つ以上あると，うつの可能性ありと診断される。ミセス・グリーンが「はい」と答えたのは，「新しいことをするために外出するより，家にいるほうがいい」という項目と，「退屈した気持ちになることがよくある」という項目の2つだけだった。ついで，初期医療担当のクリニカル・ナース・スペシャリスト［大学院レベルの専門教育を受けた認定専門看護師］であるルイスが，ミセス・グリーンから詳しい聞き取り調査を行った。ミセス・グリーンはこれまでに受けた医療記録を持参しておらず，そのことについて，「もともとめったに医者にかかったことがないし，昔かかっていた医者はもう引退してしまったからよ」と説明した。

2．介入の概要

　初回の検診と心理社会的評価がすべて終了すると，私たちヘルスケア・チームは今後についての提案事項をまとめ，ミセス・グリーンに伝えた。医師からは，定期的な受診の勧めとともに，健康維持のために気をつけるべきポイントが告げられた。特に，これから2週間ほど自宅で血圧を測り，その結果をもって再来院するほうがいいとのことだった。初診時のミセス・グリーンの血圧が，とても高かったからだ。また，彼女の歩きぶりに，どうも危なっかしい，バランスをくずしがちなところが見受けられることから，次回の受診時には歩行の専門家による検査を受けたほうがいいとも勧められていた。さらに，煙草をやめたほうがいいと私たち全員で忠告し，そのためのさまざまな治療の選択肢を紹介した。

ソーシャルワーカーである私からの提案は，心身がもっと衰えたときにどうしてほしいかについての意思表示の書類を，子どもたちと相談して作成し，特に治療上の意思決定を誰に任せるかをはっきり決めておいたほうがいいというものだった。私はまた，老化に伴う変化について説明した教育用パンフレットも渡した。そのパンフレットには，正常老化による記憶力の衰えとはどんなものかということや，売薬および医師の処方による薬の安全な使いかた，禁煙についての情報などが記載されていた。

　クリニックを去りぎわにミセス・グリーンは，「思っていたよりずっと徹底的な検査なのね。いろんなことを言われすぎて，消化するのが大変だわ」と感想を述べ，「なぜ私が医者嫌いだったか，思い出したわ。私の知りたくないことまで見つけちゃうから，いやだったのよ」と私にこぼした。そして，わずか2週間後にまた来院するのは気が進まないと渋っているので，私は，「ひと通りの検査が終われば，そのあとはそんなに頻繁に通わなくてもよくなると思いますよ。最初にちゃんと調べていろいろなことがよくわかっていたほうが，私たちも，グリーンさんの自立性を尊重しながら手助けするにはどうすればいいか，検討しやすいんです。自立性はぜひとも失いたくないと，先ほどおっしゃっていたでしょう？」と説得した。

　だがミセス・グリーンはやはり，2回目の予約時刻にやってこなかった。電話をしてみると，午前中にブリッジの集まりがあったので，予約を忘れていたという。私は，初診時の体験が彼女にとってはかなりの重荷だったのだろうと思い，「私たち，グリーンさんの高血圧を心配してるんですよ」とだけ穏やかに告げた。「死ぬときには〈大きなやつ〉（脳卒中のことを彼女はそう表現した）で一気にあの世に行きたいから，べつにかまわないわ」と言うミセス・グリーンに私も調子をあわせて，その，実際に起こっては困る可能性について冗談を返しつつ，高血圧の治療はそんなに大変なものではないし，治療しないで放置するよりずっと快適な生活がおくれるはずだと安心させた。自宅で血圧をちゃんと測っているかどうか尋ねると，まだ血圧計を薬局に注文している最中で，来週，いつもの注文の品々と一緒に届けてくれるはずだという。初診時の結果について子どもたちには，「クリニックの人たちったら，私の血圧を絶えず見張っていたいらしいわ——特に，ホッケーのシーズン中はね」とだけ話したが，医療上の意思決定者のことについては，まだ何も相談していないとのこ

とだった。「そのことについてご自分で説明しにくいようなら，つぎに来院なさるとき，お子さんたちとご一緒にいらしたらいかがですか」と私は勧めた。

その日，もっとあとになってから，ミセス・グリーンの息子さんから私に電話がかかってきた。「母は，〈病院では，あんたは馬のように丈夫だと言われたわ〉と言っているのですが，本当に検査は全部終わったのですか」という問いあわせだった。どうやら息子さんは，きっと病院で何か言われたはずだと思っているらしい。「何か気になることがあるのですか」と尋ねると，「以前よりずっと家にひきこもりがちだし，このごろはアパートの掃除もいい加減で，会話の内容を忘れることも多いんです」と言う。そこで私は，「あなたがお母さんの代理として，今後のケアについてクリニックのスタッフと相談してもいいか，ご本人に伺ってみたらいかがですか。それとも，つぎにお母さんが来診するとき，あなたも一緒にいらっしゃったらどうでしょう」と勧めた。

それから何週間かたって，ようやくクリニックに姿をあらわしたミセス・グリーンの額には，もうだいぶ治りかけた傷の跡があった。その前の週に，キッチンでつまづいて転んだのだという。一緒に付き添ってきた息子さんが，「転んだつぎの日，私はしきりに，救急病院に行けと勧めたんですが……」と口をはさんだ。ミセス・グリーンは，「息子は大袈裟に考えすぎるんですよ。私はこのとおりピンピンしてるのに」と言い返す。「でもお母さん，転んだのは今月になってこれで2度めじゃないか」となおも反論する息子にミセス・グリーンは，「私は，ちょっとしたことで，いちいちあなたやあなたの妹に電話をして騒ぎたてたりしたくないのよ。二人とも忙しいんだしね。私なら大丈夫。万一，何かあったときは，隣の部屋のジョアンに声をかければすぐにとんできてくれるんだから，そんなに心配しないでちょうだい！」とにべもなかった。

この2回目の来診時には，ミセス・グリーンがもっと衰えた時，誰に意思決定を任せるかについての話しあいがもたれた。経済的なことは息子に，医療上のことは娘にというのが，ミセス・グリーンの意向だった。「関係のある」検査結果は息子さんに知らせてもかまわないという同意書に彼女は署名したが，「どうして，細かいことまで，いちいち息子が知らなきゃいけないの？」と不満げだった。「だって，お母さんが大丈夫だってことを，僕もちゃんと知っておきたいじゃないか。血圧もバランス感覚も記憶力も問題ないってことを確かめて，安心したいんだよ。お母さんだって，具合が悪くて今度の冬にアリゾナ

州の避寒地に行けなくなったりしたらいやだろう？」と息子さんがなだめると，ミセス・グリーンはまた，きっとなって言い返した。「まだ起こってもいないことを，あれこれ心配したってはじまらないわ。私は十分に充実した人生をおくってるの。だから，ちょっとした具合の悪さをいちいち言い立てて時間を無駄にするのなんかごめんだわ」。

　この回から医師は，降圧剤の処方をはじめた。喫煙や高血圧がもたらす危険について再度説明したところ，ミセス・グリーンも，煙草をやめるためにニコチンパッチなら試してみてもいいと言いはじめたが，グループを対象にした禁煙指導やサポートには興味を示さなかった。降圧剤をのんでいるあいだは禁酒する必要があることも，私は説明した。お酒の影響で，薬の効果が変わってしまうかもしれないからだ。この回には，歩行の専門家によるバランス・チェックもはじまった。ミセス・グリーンがそうしたチェックを受けているあいだを利用して，私は彼女に，地域の「高齢者自立支援サービス」を利用してみてはどうかと勧めた。この組織に依頼すると，高齢者の自宅の安全チェックを無料で行ってくれ，必要に応じて転倒防止器具の取りつけなどもやってくれる。「それはいいわね」とミセス・グリーンも同意してくれたので，私はさっそく「高齢者自立支援サービス」の社会資源活用担当者に電話をした。

　ミセス・グリーンはアルコール依存症ではないかという強い疑いを私は抱いていたのだが，その問題について，全体を見通した効果的な働きかけを行うためには，この「高齢者自立支援サービス」の協力をあおぐことが，ぜひとも必要だった。というのも，この組織の担当者は，高齢者の自宅の安全チェックを行ったり，通院介助をしたり，日用品の買い出しや薬の購入の補助をするなかで，依存症を示す赤信号に注意を払い，もしそれが見つかれば知らせてくれるからだ。そうした赤信号とは，たとえば，薬の減りかたが普通でなかったり，請求書の支払いが滞りがちだったり，腐った食べ物がそのまま放置されていたり，クライエントが自分の身の危険にひどく無頓着だったり，家庭内の人たちとの関係がうまく結べなかったり，ケアを受けることをひどくいやがったりといったことである。そのような，クリニックではつかみきれないさまざまなサインを，クライエントの自宅を訪れる「高齢者自立支援サービス」はチェックしてくれるのである。

　「高齢者自立支援サービス」の社会資源活用担当者であるジョージは，ミセ

ス・グリーン宅を訪問してバスルームに手すりをつけ，キッチンと玄関の床から滑りやすい小敷物を取り除いたあと，クライエント本人の了承を得たうえで，そのときの様子を私に連絡してくれた。作業の途中にジョージは，キッチンに飲みかけのウォッカの瓶があること，食料貯蔵室の奥にも空の酒瓶がたくさんあることに気づいた。「この空瓶は，私がもって帰って処分しておきましょうか。グリーンさんさえよければ，2週間ぐらいしたらまた，何かご用はないか来てみますよ」とジョージが言うと，ミセス・グリーンはそれを承知した。あとになって彼女が私に語ったところでは，「あの担当の人は気に入ったわ。ユーモアもあるし。それに，家のことを全部息子に頼らなくてもいいってのは，いいもんだわね。息子にいろいろ頼むと，重荷になりそうで気が引けるもの」とのことだった。

　2週間後に再びミセス・グリーン宅に出向いたジョージは，前回取りつけた手すりなどの具合を点検しつつ，スポーツの話題でミセス・グリーンと盛りあがった。そしてバスルームでさりげなく，「薬はどこにしまっておくのですか」と尋ねた。それに応えてミセス・グリーンは薬棚のなかを見せてくれたが，そこには，一般的にはアレルギー薬として使われることの多い塩酸ジフェンヒドラミンの飲みかけの瓶が何本か入っていた。「何かアレルギーがあるのですか」とジョージが尋ねると，「前にかかっていた医者が，夜中に目が覚めて眠れないときにはこれを使えばいいって言ってたのよ」と言う。「どれぐらいの量を飲めば眠れるんですか」と聞くと，「1回の服用量は，だいたい守ってるはずよ。でも，眠れずに悶々としている夜中の3時に，いちいち量を測ったりする気にはなれないの，わかるでしょう？　とにかく早く眠りたい一念なんだから，眠れるまでに，だいたい2口か3口は飲むわ」という返事だった。ミセス・グリーン本人は，この売薬をたびたびのみすぎているとは思っておらず，「せいぜい，週に1度ぐらいのものよ」と言っていた。「夜中に起き出してこうした薬を飲むとき，バランスをくずして転びそうになったりしたことはないのですか」と重ねて尋ねると，ミセス・グリーンは，「もう何カ月も転んでないわ」とだけ答えて，話題を変えてしまった。

　帰りがけにジョージは，わざと食料貯蔵室を通り，2週間のあいだにまた空の酒瓶がたまっているのを確かめた。そして，「この瓶，また私が片づけておきますね」と言って，ミセス・グリーンがしぶしぶという様子で同意の言葉を

口にするが早いか，空瓶の入っていた袋をさっともちあげた。「今度のホッケーの試合，楽しみですね。試合が終わってから，来週また来ますよ」と話しつつ玄関に向かいながら，その袋のなかをさりげなくチェックすると，パイント［およそ半リットル］瓶が8本入っていた。しかしその場では，そのことについてはふれないことにした。ミセス・グリーンが，質問を警戒するようなそぶりを見せたからである。そこでジョージは話題を変えることにし，最近は以前に比べて家事をするのが億劫になってきたと話していたミセス・グリーンに，「家事援助サービスが受けられるよう，私から連絡してあげましょうか」と勧めた。そして修理に出すキッチンの時計を預かり，ミセス・グリーン宅を辞去した。そうした一部始終をジョージはまた私に報告してくれ，私はその内容を，医師に渡すカルテに書きこんだ。面接のときに言っていたより明らかに飲酒量が多く，塩酸ジフェンヒドラミンも服用しているミセス・グリーンが喫煙をつづけていて大丈夫かどうか，ジョージも私も心配だった。転倒の危険もあったし，失火の可能性も大きそうだったからである。

　翌週，またミセス・グリーン宅を訪問したジョージは，地元のホッケーチームが先週の試合で負けてしまったことについて彼女とにぎやかに論じあいながら，火災報知器をチェックし，消火器はどこにあるのか尋ねた。そして，「このアパートで火災があったことはありませんか」と聞くと，ミセス・グリーンはちょっときまり悪げに，「じつは私，煙草の灰をソファに落として，ボヤ騒ぎを起こしちゃったことがあるの。消防車が来て，大変だったのよ」と答え，「ほんと，困っちゃうわ。そのせいでアパートの管理人は今でも，私にひどい態度をとるの。結局，たいしたことはなかったのにね」と訴えた。そして，「もう1カ月もしないうちに，私，アリゾナに出発するから，春に戻ってくるまでは，あと2回だけ家事援助サービスに来てもらえばいいわ」とのことだった。

　ジョージと私は，家事援助のためにミセス・グリーン宅を訪問するホームヘルパーにも，私たちの仕事に協力してもらうことにした。ミセス・グリーンの正確な様子を確かめるために，1日のうち不定期な時刻に訪問してもらうようにしたのだ。マージという名前のそのホームヘルパーは，「高齢者自立支援サービス」の職員でもあり，依存症の兆候を見つけるトレーニングも受けていた。マージは，1度は午前中，1度は午後にミセス・グリーン宅を訪問して，

掃除をしてくれた。午前中に訪問したときには，帰りがけに，クリーニング屋に出す衣類を預かり，「つぎに来るときには，薬局に寄って，注文の品をとってきましょうか」とも申し出たが，「私，薬局の配達の女の人とは仲よしなので，彼女が来てくれるのが楽しみなの。だから結構よ」という返事だった。午後に訪問したときには，ミセス・グリーンは，お酒片手にテレビでホッケーを観戦中だった。「あなたもここに来て，一緒にどう？」と勧められたが，マージは丁寧にそれを断り，アパートの掃除をして辞去した。

　ミセス・グリーンはアリゾナ州に発つ前に，もう1度降圧剤を処方してもらうために，クリニックにやってきた。私はアリゾナ州での生活についてちょっと彼女とおしゃべりし，「こちらに戻ってきたら，必ずまたいらしてくださいね」と話した。そして，初期医療担当のクリニカル・ナース・スペシャリストであるルイスと二人で，ミセス・グリーンの滞在予定先の近くで実施される禁煙プログラムへの紹介状を手渡して，「ぜひ，これに参加してみてください」と勧めた。

　それから4カ月後，私のところにミセス・グリーンの息子さんから，「母のためにまた，クリニックの予約をとってくれませんか」という電話があった。ミセス・グリーンはアリゾナ滞在中に転倒し，大腿骨を骨折してしまったのだという。ただちに現地で手術が行われたが，その際に，麻酔に対して普通でない反応が出たため，執刀医たちは，彼女にはアルコール依存症による譫妄があるのではないかという疑いを抱いた。ミセス・グリーンは，痛みを抑えるために新たな鎮痛剤を処方され，リハビリ途中の状態で帰ってきた。

　そんなわけで，クリニックでの初診から8カ月後，私は再びミセス・グリーンの面接をつづけることになった。「新しい薬のおかげで夜もぐっすり眠れるし，入院中に煙草も1日半箱に減らせたわ」と，ミセス・グリーンは上機嫌だった。理学療法もいやがってはおらず，また運転できるようになるのを楽しみにしていた。こちらに帰宅して半月ほどは娘さんが泊まりがけで世話をしに来ていて，クリニックへも一緒にやってきた。「お母さんのご様子について，どんなふうにお思いですか」と娘さんに尋ねてみると，私と二人だけで話したいという身振りをする。そこで，「娘さんともっと仲よくなりたいので，グリーンさんがルイスの検査を受けているあいだ，二人で話していてもいいですか」とミセス・グリーンに尋ねると，承知してくれた。

娘さんは，疲れきった様子だった。前の面接のときに一緒に来なかったのは，なんとか母親の酒量を減らそうとしてもなかなかうまくいかないので，疲れ果てていたからだという。「母の体調がすぐれないのや，行動が以前と変わってしまったのは，お酒を飲みすぎることと関係があるのではないかと，私はとても心配なんです。でも兄は，そんなことはないだろうと言います。ですから私は孤立していて，絶望感を感じてしまうんです」と娘さんは言い，「家にあるお酒を私が処分しても，薬局の配達の人に頼んで，すぐにまた買ってきてもらってしまうんです。いくらお酒を配水管に流してしまっても，たちまち新しい瓶が出現するんですよ」と嘆いた。そして，「〈こんなことをつづけていると，遊びにきてあげないわよ〉と母を脅しもするのですが，本当にそれを実行したら，孫であるうちの子どもたちも可哀想ですよね」と言葉をつづけ，「父が亡くなってすぐに気づいたのですが，母には父以外に，親身に支えてくれる人がいなかったんです。スポーツの試合やダンスに一緒に行く相手がいないから，家に閉じこもるようになり，お酒の量も増えたのだと思います。母はプライドの高い人ですから，哀れみや同情でつきあってもらいたくはないんでしょう」と話してくれた。

　私は娘さんから聞いた内容をすぐにルイスにも伝え，二人で協力して，ミセス・グリーンに提案すべき内容をまとめた。そしてまず，娘さんがミセス・グリーンのからだのこと，なかでも特に飲酒の影響をとても心配していることを本人に伝えた。そのうえで，「アリゾナ州に行ってるあいだに健康状態も服薬している薬もだいぶ変わりましたから，ここで１度，薬や飲酒がグリーンさんにどんな影響を与えているか，一緒にきちんと考えてみませんか。それがはっきりすれば，飲酒についてどう対処するかも，決めやすくなりますからね」と提案したのだ。ミセス・グリーンは，「私はアル中なんかじゃありませんよ！」と反論したが，ルイスは，「いろいろな薬やお酒の影響が重なると，自立した生活をおくるのが難しくなりやすいんですよ」と説得した。

　「どうして自分はアルコール中毒でないと思うんですか」と私が尋ねると，「だって私は，その気になればいつだってお酒をやめられるもの。それに，もしお酒のせいで行動が変わるようなことがあれば，自分でそれに気づくわよ」と答える。そこで娘さんが，「でもお母さん，今でももう，前とは行動が変わってるわよ。招待しても，うちに夕飯を食べにきたがらないし，電話をして

も，すごくぼんやりした感じのことがよくあるわ」と口をはさむと，ミセス・グリーンは，「そんなこと，当然でしょ？ 私は大腿骨を折ったばっかりなのよ！」と鋭い口調でやり返した。私たちはミセス・グリーンを，「高齢者自立支援サービス」とはまた別の地域サービス組織である，「高齢者の回復を支える会」に紹介することにした。この組織は，高齢者が依存症から抜け出すのを援助することを専門にしており，入院と通院，双方のプログラムが用意されている。ミセス・グリーンは娘さんの手を借りて，しぶしぶながら「高齢者の回復を支える会」に電話をし，アセスメントの予約をとった。同組織のソーシャルワーカーであるデイヴィッドは，結果を私たちのクリニックにも知らせていいという許可をクライエント本人から得たうえで，ミセス・グリーンが彼と相談して作成した今後の計画書を私にも送ってくれた。その計画書によると，まずは自分の意思による禁酒（どのぐらいの期間お酒をのまずにいられたか，自宅でのアルコール断ちを妨げやすい要因は何かを本人が申告するという方法）を試してみて，それがどうしてもうまくいかないようなら入院治療を行うということになっていた。

　再びクリニックにやってきたミセス・グリーン，息子さんと娘さん，それにルイスと私は，全員でその計画書を確認しあい，ミセス・グリーンは，「なんとかお酒をやめるられるように，頑張ってみるわ。そして，もし自分だけでうまくいかないようなら，きちんと治療を受けることにする」と皆の前で約束した。彼女はまた，ホームヘルパーのマージによる家事援助サービスと，ジョージによるときおりの訪問も再開してもらうことに決めた。マージやジョージとの関係はしだいに強まっており，その関係のおかげでミセス・グリーンも，クリニックの指示を守ろうという気持ちを保ちやすいようだった。その後，1年半ほどにわたって，息子さん，娘さん，それに学齢期のお孫さんたちも，ミセス・グリーンの回復を上手に見守りサポートするにはどうすればいいかの指導を受け，アラノン・グループ［Al-Anon：身近にアルコール依存症や薬物依存症の人をかかえている家族や友人の集まり］に出席するようにもなった。

　そんななかでミセス・グリーンが，火のついた煙草を手にしたままアパートで転倒したのは，約8ヵ月後のことだった。それを機に，事態の改善をはかるための話しあいが，ミセス・グリーン，マージ，ジョージ，デイヴィッド，ルイス，アパートの管理人，ミセス・グリーンの家族，私の全員が参加して，ク

リニックで開かれた。ミセス・グリーンが飲酒をやめられないためにどういうことが起きつつあるかを、参加者たちはそれぞれの立場から、本人に説明していった。健康状態がいっそう悪くなり、生活していくうえでの危険も増え、家族や知人との人間関係もうまくいかなくなりがちで、日常生活動作も不自由になっていく……そういったことを並べられてミセス・グリーンもついに、もっときちんとした治療を受ける必要があることを納得した。そこで、クリニックから「高齢者の回復を支える会」の入院プログラムのほうに移り、2週間をすごすことになった。その後さらに1カ月の通院治療を受けたのち、再発防止ケアのため、彼女は私のもとに帰ってきた。

3．介入の分析

　このケースでは、ミセス・グリーンが健康的かつ建設的な方法で自らの目標の達成をめざすのを手助けするいっぽうで、彼女の依存症をかえって助長するようなサポートをしてしまわないように気をつける必要があった。そこで私は、このケースに関わった大勢のケア提供者たちから絶えず情報を提供してもらい、それを活用していくことを心がけた。初期の段階から性急に介入せず、アルコールの害を彼女が心の底から納得するまで待ったのも、ミセス・グリーンの自主性を最大限に尊重したからである。

クライエントへの敬意を、どのようにあらわしたか

　私たちヘルスケア・チームのメンバーは全員、ミセス・グリーン本人が彼女自身のヘルスケアの重要な実行者の一人であるという考えをもっていた。したがって、どのようにケアを進めるかは、ミセス・グリーン自身と必ず話しあって決めた。彼女の全般的な価値観やヘルスケアに対する態度を理解しなければ、効果的な介入はできないからだ。そういう意味で、彼女が十分な情報を知らされたうえで決断できるように、教育用パンフレットなどを渡すことも欠かせなかった。依存症に関しても、まずは、アルコールや薬が彼女の人生にどのような役割を果たしているのかを尋ねるところからはじめた。また、正常老化

による衰えと，アルコールや薬の影響で起きる変化の違いについても，よく説明した。特に，彼女にあらわれているようなバランスの問題や歩行の不自然さ，記憶力の減退，感覚機能の喪失，慢性的な痛み，睡眠障害，高血圧，悲嘆をまぎらすための飲酒などが，アルコール依存症の典型的な影響であることは，繰り返し指摘した。

　私たちはこのように，中立的，情報提供的な態度で依存症を語るように，いつも心がけている。それは，以前はともすれば表立っては口にしにくい雰囲気の強かったこの話題について，率直に語りあえるようにしたいからだ。現在では依存症は，ヘルスケアや福祉の場でごく普通に扱う問題になっている。そうすることで，従来のような，「依存症は，恥ずかしい，モラルに欠けることだ」という偏見を払拭したいと願っているからである。私たちはミセス・グリーンの，「自立した生活をつづけたい」という希望を尊重し，その価値観を反映した方針を立てるようにした。アルコールがもたらす身体的な問題がどのような形で自立をおびやかすか，それに対して医療面，生活面，環境面でどのような対策が可能かを，絶えず本人に説明していったのである。

　家事援助，家の安全性評価など，ミセス・グリーンが関心を示したサービスについては，それを受けられるように，私たちから紹介した。そしてそのためには，高齢者の依存症をよく理解し，継続的なケアの必要性をわかってくれている各組織との連携が不可欠だった。場合によっては，サービスを提供することで，かえって依存症を助長してしまう場合もあるのだが（サービス提供者に知識がない場合，クライエントの依存症のあらわれに気づかずに，それをそのままつづけさせるような援助をしてしまうことがある），本ケースでは，そのような危険は最小限に抑えられたと思う。連携したサービス提供者たちがきちんとしたトレーニングを受けた人たちだったので，力をあわせて依存症に対応してくれたからである。「自分自身のやりかたで，自分がやりたいと思ったときに，ものごとに取り組みたい」というミセス・グリーンの気持ちも，私たちは最大限に尊重した。それを尊重しつつ，彼女のからだや心にあらわれた問題が飲酒と深く関連していることを気づかせるような介入を，辛抱強くつづけていったのである。

クライエント自身の力を，どのように活用したか

　白人で，同性愛者ではなく，経済的にも豊かなミセス・グリーンは，おそらくこれまで，女性差別には出会ったことがあるかもしれないが，人種差別や同性愛差別，貧乏などに苦しんだことはなく，比較的おおらかに生きてくることができた。長く幸せな結婚生活をおくり，子どもたちも立派に育てあげ，地域の活動にも積極的に参加していた。健康状態も最近までは比較的良好で，問題を自分で解決することに慣れていた。これまでの人生に満足しており，ひどく悔いているようなことはなかった。穏やかで社交的な人柄で，さまざまな話題について，知的で楽しい会話もできた。私たちは，ミセス・グリーンのこのような身体上，知性上，人間関係上の強みをうまく活用して，彼女とのあいだにいい関係をつくりあげ，依存症について話しあうという難しい課題をできるだけ円滑に進めようとした。そしてそのためには，彼女自身が気にかけていること，依存症以外で関心をもっていることに，よく耳を傾けることが必要だった。ケア提供者たち全員がミセス・グリーンの話に真剣に聞き入り，肯定的な受け答えをしつつ，依存症についても率直に語りあうようにつとめたのである。

　ミセス・グリーンはまた，実際的な人柄で，論理的な討論を好んだ。そのおかげで，情緒的には受け入れにくいことでも，論理にかなった内容なら，興味をもって聞いてくれたのである。たとえば，自分自身の生活がアルコールによって大きな影響を受けているということはなかなか認めようとしなかったが，アルコールは人の健康にさまざまな害を与え得るということを，頭では十分に理解できた。また依存症に関しても，問題になるほど酒量が増えたのは老年期になってからで，それまでの情緒的発達は損なわれずに進んでいたから，回復の見込みも大きかった。私たちはミセス・グリーンの知力を賞賛し，自分がアルコール依存症であることを否定したい気持ちと戦う彼女を支えた。また，「医者は私の知りたくないことまで見つけちゃう」かもしれないという恐怖感に打ち勝ってクリニックに通いつづけた勇気も，大いにほめた。

　私たちは会話の内容からできるだけミセス・グリーンの生活ぶりを知るように心がけ，彼女が問題に前向きに対処した例を見つけては，同じやりかたを依

存症克服にも利用するよう働きかけていった。これまでの彼女の人生でうまくやれたこと，これからの年月をどうすごしたいと思っているのかということも，たびたび話題にした。冷静に考えられるという彼女の長所を利用して，夫の死についてもあらためて振り返り，その寂しさが彼女の酒量を増やしたのだろうということも話しあった。ミセス・グリーンがユーモアに富んだ人だった点も，深刻な話題をあまり重苦しくなく語りあったり，意見が対立したときに場を和らげたりするのに役立った。「〈大きなやつ〉が来たら困るでしょう？」といった言いかたをきっかけに話をはじめ，人生の意味について考えたり，守るべきことがらを説明したりできたのである。

立場は曖昧になったか

　このケースでは，クライエントの側にもケア提供者の側にも，立場の曖昧化がさまざまな場面で生じた。そして実際のところ，健康状態改善の動機をミセス・グリーンのなかにはぐくむという点で，立場の曖昧化はしばしば大いに役立ったといえる。私たちは，ミセス・グリーンが必要としているさまざまなサービスを提供しつつ，それぞれの立場から彼女との交流を深めて，全員に共通した目標の実現のためにそれを利用した。私たちは，各分野の専門家であると同時に，応援団であり，便利な使い走り，共感に満ちた傾聴者，子ども代わり，情報提供者，スポーツ愛好家仲間，現実を伝える人などでもあったのだ。さまざまな立場から同じ一つの基本的メッセージをミセス・グリーンに伝えることで私たちは，彼女のおかれている状況に継続的な働きかけを行うことができた。

　私たちはまた，ともに働くケア仲間それぞれの専門性を理解し，互いによく知りあっていたので，他のメンバーがどんな役割を果たしてくれるかが予想できた。つまり，自分の職務以外の様子もわかっていたので，今後起こることの見通しを，ミセス・グリーンに伝えることもできたのだ。たとえば「高齢者の回復を支える会」に紹介しようとしたときにも，ミセス・グリーン本人は，もしそれに申し込むと，自分の意思に反してどんどん物事を進められてしまうのではないか，何か一つのやりかたを無理やり押しつけられるのではないかと心配していた。だが私はその組織のことがよくわかっていたから，どんな人たち

が彼女に関わることになるのか，どのくらいの期間がかかるのか，他のクライエントの体験談を入手するにはどうすればいいのかといったことを，こと細かに伝えて安心させることができたのである。

このケースで中心になって活動した「チーム」の正式メンバーは，ターナー・クリニックのソーシャルワーカー（私），「高齢者自立支援サービス」の社会資源活用担当者，「高齢者の回復を支える会」のソーシャルワーカーの三人で，その活動資金は，自治体の保健部門から出る少額の交付金でまかなわれていた。この三人はもちろん，それぞれが属している組織のために働いていたわけだが，お互いどうしのあいだにも強い絆があった。自治体から受けている交付金はけっして多額ではなく，しかも所属先の組織の多くは高齢者の依存症への対応を中心的な業務にしているわけではなかったので，私たちはかえって，かなり自由に仕事を進めることができた。いろいろな方法を試して，何が役に立つかを確かめることができたし，その過程では多少の失敗も許されたのである。たとえば，厳密にいえば参加の必要がないときでも私たちは，それぞれの組織で行われるクライエントやその家族との話しあいに，お互いに参加しあった。そのようなやりかたをするとたしかに時間はとられるが，クライエントをよく知り，お互いの組織への信頼を深めるうえでは，それがとても役立ったからだ。秘密の遵守，職権の重なり，見解の相違，相互依存などといった，難しくもあり興味深くもある問題が生じたときには，お互いをトレーニングしあえるような機会を設けることにしていた。そしてそのような機会には，他のスタッフにも参加を呼びかけて，全員の知識や技量を高めるようにした。私たちはさらに，正式メンバー以外の人たちとも，極力連携をとるようにつとめた。高齢者用アパートの管理人，高齢者保護サービスのスタッフたち，顧問弁護士，親しい訪問看護師やヘルパーたちなどがそれだ。こうした人びと全員が協力して取り組むことで，ミセス・グリーンに安心感を与えるとともに，私たちをお互いに仲たがいさせようとしても無駄だということを強く印象づけることもできたと思う。

そんなわけで，私たちの役割はかなり流動的だったため，ときとしてミセス・グリーンは，どういう場合に誰に連絡をとればいいか，迷うこともあったようだ。もちろん，生活上の具体的ニーズ，医療，依存症のアセスメントと治療というように，専門分野ごとに分担して仕事を行うことも多かったが，とき

には，その時期にクライエントと最も長い時間をすごすスタッフをリーダーと考え，クライエントのニーズが変化したらリーダーも交代するといったやりかたをとることもあった。場合によっては，その時期にクライエントを引き受けている機関の者がコーディネーター役もつとめたこともある。たとえば，ミセス・グリーンが依存症治療のために入院していたあいだは，「高齢者の回復を支える会」のソーシャルワーカーが，治療，家族との連絡，今後の計画作成といったことすべての責任者となった。そしてミセス・グリーンが退院すると，今度は私がまたリーダー役となって，依存症の再発防止につとめた。

　このようなやりかたは，クライエントにとってはいささかわかりにくい点もあるかもしれないが，私たちケア提供者の側からすれば，状況に応じて柔軟に対応できるという点で，とてもやりやすい。Eメールやボイスメール［音声をEメールのように送信したり転送したりできるシステム］で絶えず緊密に連絡をとりあえば，混乱は最小限に抑えられるはずだ。ただし，秘密保持の問題には，十分に気をつけなければならない。個人を特定できるような情報は，そのような電子媒体で送ってはならないのだ。連携組織や協力組織を紹介する場合には，必ず同意書にクライエントのサインをもらうことも忘れてはならない。ケースを手がける初期の段階で，関係のある組織の人間が全員集まってケース会議を開くことは，さまざまな問題を率直に話しあえる土壌をつくるうえで，たいへん役に立つ。また，治療計画を立てる話しあいの際にクライエント自身にも参加してもらえば，これからどんなことが起こるのか，どういった人たちが関わるのか，状況の推移によっては計画がどう変わるのかといったことを，本人もつかみやすい。ミセス・グリーンのケースでも，入院治療が必要になったとき，本人にそれを納得してもらううえで，この方法はとても役立った。

時間の経過とともに，セラピー関係にどのような変化があったか

　依存症のあるケースでは，ケア提供者の側で関わりの段取りを前もって立てても，クライエント本人が「変わらなければ」と強く決心するまで，辛抱強く待たねばならないことが多い。クライエントに関わる人たちのできるだけ多くを巻きこんで協力してもらいながら，クライエントの決心を促すきっかけとなるような，しかもクライエントを決定的に痛めつけてしまわないような出来事

が起こるのを待つのである。ミセス・グリーンのケースでも私たちは、彼女がクリニックにあらわれた最初のときから、有益な情報を集めつつじっくり待った。彼女はどういう価値観の持ち主なのか、どんな強みをもっているのか、家族の状況はどんなか、現時点で利用できるものは何か、といった情報を、絶えず集めていったのだ。そして家族にも指導を行って、変化への動機づけになるような情報を集めるのに協力してもらった。

そんなわけで、ミセス・グリーンが大腿骨を骨折し、それまでとは違う医療上のニーズが生じたことは、私たちにとってみれば、介入や治療の計画を一歩進めるチャンスだった。それをきっかけに娘さんと直接会って話すことができ、娘さんが母親の飲酒をとても心配しているということを、ミセス・グリーンにぶつけることができたからである。そのおかげで、今後のおおまかな治療方針が立ち、回復への見通しが出てきた。

そして、ミセス・グリーンが火のついた煙草を手にしたままアパートで転倒したときまでには、関係者たちの協力関係はいっそう緊密になり、それ以外にも手を借りられそうな候補者が、彼女をとりまくサポート・ネットワークのなかで何人か浮かんでいた。そんなわけで、「飲酒のせいで賃貸契約に反するようなことがあれば出ていってもらう」と息巻いていた高齢者用アパートの管理人にも協力を頼めたし、「高齢者の回復を支える会」のソーシャルワーカーの助けを得て、入院を含めた長期の治療につなげることができた。

セラピー関係はクライエントとソーシャルワーカーに、どのようなメリットやデメリットをもたらしたか

ミセス・グリーンは、とても感じのいい女性だった。意志の強い、ユーモアに富んだ人物で、彼女自身が言うところの、「ちょっとやそっとでは音をあげない」人だったのだ。自分の傷つきやすさを直視せず、ユーモアに紛らせてしまうところはあったものの、前向きで、理解力もすぐれていた。悩み事があっても、めそめそと自分を哀れむようなことは絶対になかった。そして最初のころから、「個人的な問題については、外部の力を借りず、家族のなかにとどめておくべきだ。できることなら家族にも知らせずに、自分自身で〈耐え抜く〉ほうがいい」という価値観を表明していた。しかしながら、率直にものを言っ

てくれる相手にはきちんと耳を貸し，感謝もしてくれたので，私たちは彼女の意に添わないことでも，本人に直接ぶつけて話しあうことができた。彼女がそのような人柄であってくれたおかげで，なかなか本格的な治療に入れなかったあいだも，私たちはさほどストレスを感じないですごすことができたのだと思う。

　このケースに関わったケア提供者たちは皆，依存症という難しい問題に，お互いを信頼しあいながら協力して立ち向かうなかで，それぞれの技術や働きかけの力を伸ばすことができた。私たちも家族も，たとえクライエントの状況が思うほど良くならない場合でも，自分だけの働きかけには限界があることを知り，協力することの効果を実感することはできたのである。

　ミセス・グリーン自身は，自分の健康状態や生活習慣についてあれこれ言われるのを，あまり快くは思っていなかった。だが治療を受けたことで，自らのなかにある死への恐怖感を直視したり，自分の強みを自覚したり，人生や結婚生活を振り返ったりするいい機会にはなったと思う。その結果，自分の力をはっきり自覚して，夫を失った単身者としての新たな生活をはじめることができたのである。また，子どもや孫が依存症の家族への関わりかたを学んでくれたおかげで，家族との関係も，昔に劣らず建設的なものになった。

この事例の教訓は？

　高齢者の依存症に効果的に働きかけるためには，専門家たちが自分の役割を柔軟に考えて対処することがとても大切である。さまざまなサービスを円滑にクライエントに届けるためには，（ともに働く仲間たちの仕事をよく知るという意味で）お互いに他の組織や職種のトレーニングを受けあう必要がある。それぞれの職種の人たちに何ができるかがわかっていれば，今後の働きかけをどう進めるかを，段階を追って考えやすい。他職種の仕事を高く評価しあえば，プロどうしの強い絆が生まれる。そしてそのような連携ができていれば，いざクライエントやその周辺に健康に向かう動きが出てきたとき，そのチャンスをうまくとらえて働きかけやすい。固定的な役割に縛られずに状況に素早く反応できる態勢になっていれば，ケア提供者たちは，生き生きと創意をこらして働くことができるのだ。

ソーシャルワーカーの仕事はどれもそうであるが，高齢者の依存症を扱う場合にも，良い人間関係を築くことがなにより大切だ。アルコールや薬物に依存したクライエントやその家族に大きな変化を起こさせるためには，ケア提供者仲間とも，クライエントの家族とも，たえず緊密な結びつきをつくっていかねばならない。そして高齢者の場合には，「家族」という概念を広くとらえ，プロのケア提供者たちや，関心を寄せてくれるボランティアのヘルパー，友人，家事援助スタッフ，自治体の職員や教会の牧師，郵便配達の人などまで含めて考えていく必要がある。そのような流動的で非公式なネットワークをソーシャルワーカーがうまくコーディネートして，クライエントが治療を受ける気になるよう，切れ目なくしむけていくことが望ましいのだ。そのためには，クライエントやその身内と，専門家たちの双方にうまく働きかける，さまざまな方策が必要となる。クライエントやその身内を依存症に立ち向かう気にさせるような方策としては，以下のようなものがある。

- 初回面接の予約をとった高齢者にあらかじめ連絡をとり，「面接では，精神面の状態や生活ぶりについていろいろお尋ねしたいので，ご家族も一緒に参加していただければいっそう効果的です」と説明する。そのように前もって面接の目的を話しておけば，当日あらためて説明する必要がないので，初回面接の時間を有効に使いやすい。
- 初回面接では，「依存症があると，自立した生活をしにくくなるし，生活の質が落ちやすくなりますね」といった言いかたで説明するといい。そうすれば，以前はタブー視されていたこの話題についてオープンに話しあいやすくなり，クライエントも羞恥心や罪悪感に悩まされずに相談しやすくなる。
- 自分の人生にとって何が大切なのかを，クライエントに話してもらう。効果的な治療計画を立て，クライエント本人を，ヘルスケア計画の重要な参加者とするうえで，それは不可欠なことである。
- 依存症の治療がうまくいかずにクライエントが亡くなった場合，お葬式など，遺族の重要な行儀に参加する。自殺だった場合などは特に，「なぜこうなってしまったのか」と悔やむ遺族に心をこめて接すれば，クライエント本人だけでなく，残された人たちの力にもなる用意があること

を示すのに役立つ。

　専門家たちに，依存症への取り組みに積極的に協力してもらうよう働きかける方策としては，つぎのようなことが考えられる。

- 初回面接でクライエントやその家族から，できるだけさまざまな情報を得る。そうすれば，すでにどのようなサービスを利用しているのか，依存症の問題にこれまでどう対処してきたのかを知ることができる。そしてその内容を他の専門家たちにも伝え，どのようなクライエントなのか，それぞれの立場からどんな取り組みが可能なのかを，相手の専門家への敬意を保ちつつ提案することも可能になる。
- ケア提供者のなかに，クライエントへの働きかけがうまくいかずに悩んでいる人がいたら，悩みの原因となっているクライエントの症状や振る舞いについて丁寧に説明し，少しでも仕事がうまくいくように力になる。そうすれば現場のケア提供者たちは，自信をもって仕事ができるようになるし，今後同じような問題をかかえているクライエントに出会ったとき，あなたの組織に相談するよう勧めてくれるだろう。
- 保険，それもできればHMO［会費を払って加入する総合的な健康管理組織。health maintenance organizationの略］の保険代理店と連携しておく。そうすればケア・チームの提供する活動に保険がきくし，各種サービスを柔軟に提供したい場合にもやりやすい。保険がきくようにしておけば，ソーシャルワーカーの所属している組織が，クライエントの治療上の責任だけでなく，経済上の責任も負う体制になっていることを示すことにもなる。また，提示した治療計画の有効性にソーシャルワーカーが自信をもっていることをアピールするのにも役立つ。
- ソーシャルワーカーの提案を医師にきちんと伝えるためには，時間のかかる，医療とはあまり関係のない煩雑な手続きも必要だ。だが，面倒がらずにちゃんとそれをやることで，お互いにとってよりよい関係が築かれ，初期医療の場でソーシャルワーカーが自ら技術を活用するチャンスも増える。
- 他の組織にもまめに顔を出してそこのスタッフと話したり，ちょっとし

た食べ物や花などを届けて，困難だとみなされる臨床場面で力を尽くすよう心がける。そうすれば，その組織のあらゆるレベルの人たちと親しい関係をつくることができ，高齢のクライエントのために力を貸してもらえるようになる。

(カリーン・S・シェーム)

文献

American Geriatrics Society. *Clinical guidelines: Alcohol use disorders in older adults* [Brochure]. New York: Author. (To order, call 212-308-1414.)

American Society on Aging. *Alcohol, drugs and aging: Use, misuse and abuse in later life.* Available: http://www.asaging.org

Lichtenberg, P.A. (1998). Detection and treatment of alcohol abuse. In *Mental health practice in geriatric health care settings* (pp. 133–153). New York: Haworth Press.

Pfeiffer, E. (1998). Why teams? In E.L. Siegler, K. Hyer, T. Fulmer, & M. Mezey (Eds.), *Geriatric interdisciplinary team training* (pp. 13–19). New York: Springer Publishing.

Substance Abuse and Mental Health Services Administration/Center for Substance Abuse Treatment. (1997). *A guide to substance abuse services for primary care clinicians.* Treatment Improvement Protocol Series No. 24. Rockville, MD: Department of Health and Human Services.

Substance Abuse and Mental Health Services Administration/Center for Substance Abuse Treatment. (1998). *Substance abuse among older adults.* Treatment Improvement Protocol Series No. 26. Rockville, MD: Department of Health and Human Services.

終章
微妙なバランス

　ここまでの章に登場した筆者およびクライエントの声は，ある意味でどれも似ているし，それと同時にきわめて多様でもある。筆者たちの最大の共通点は，全員が40歳以上の女性であり，ミシガン大学付属ターナー高齢者クリニックの混みあった一部屋で，ともに働く仲間だということだろう。ただし，人種，信仰，出身国などの点では多岐にわたっている。アフリカ系アメリカ人と日本人がそれぞれ一人ずつ含まれているし，キリスト教徒，ユダヤ教徒，仏教徒などがいて，その信仰の度合もさまざまである。

　クライエントについても，ミシガン州南部に住んでいる点と，65歳以上だという点は，全員共通している。そのうち二人はアフリカ系アメリカ人で，男性も何人かいるが，大多数は白人の女性である。筆者であるソーシャルワーカーたちとの出会いの場は，外来クリニック，高齢者センター，クライエントの自宅，老人ホームとさまざまだ。私たちは，個人療法や夫婦療法，さまざまなサポート・グループ，家族やシステムへの働きかけなど，できるだけいろいろな介入の形を本書で紹介するよう心がけた。なかには情緒面や身体面，精神面での長期にわたるトラブルをかかえているクライエントもいるが，大部分は，加齢に伴ってごく普通に起きる問題——つまり，社会的立場や役割，収入，人間関係などの変化や，身体面・認知面での衰え，死など——に立ち向かっている人たちである。

　この本を編んだのはけっして，成功例ばかりを集めたり，高齢者やその家族に対する正しい実践の見本を示したりしたかったからではない。現実のクライエントが現実のソーシャルワーカーと長期にわたって関わっていくさまを，ありのままに見ていただきたいと考えたからである。したがって，ここに書かれた方法のすべてに読者が賛同してくださるとは期待していないし，実際，書き

手自身が自分のとった方法を反省しているケースも多い。仮にチャンスが与えられれば，彼女たちは，自分の担当したクライエントに関しても，この本に紹介された他のクライエントに対しても，ここに書かれているのとは別の介入法をとるかもしれない。読者の皆さんは，たとえ自分が学生であってもプロであっても，ここにとりあげたケース・スタディを，確定した方法として読まないでほしい。カウンセリングに関してもケアマネジメントに関しても，さまざまに他の方法を考えて，「ああもできたのではないか。こうもできたのではないか」と考えながら読んでいただきたいと思う。本書の原題は *The Delicate Balance*，すなわち「微妙なバランス」という意味である。本書の各章には，筆者たちが，主体的な立場と補助的な立場，過去と現在，危うい時期と安定した時期，親しみとプロ意識といったもののあいだを往き来しながら，「微妙なバランス」をとって仕事を進めたさまが描かれている。

　本書のまとめとしてのこの章では，各章の分析に用いられた六つのテーマについて，あらためて振り返ってみることにする。そのテーマとは，①クライエントへの敬意を，どのようにあらわしたか，②クライエント自身の力を，どのように活用したか，③立場は曖昧になったか，④時間の経過とともに，セラピー関係にどのような変化があったか，⑤セラピー関係はクライエントとセラピストに，どのようなメリットやデメリットをもたらしたか，⑥この事例の教訓は，という六つである。こうしたテーマについて，これまでの各章の内容をまとめるとともに，筆者たちが集まって2000年4月に行った研修会で出た話題も紹介したいと思う（その研修会では，こうしたテーマが自分たちの仕事とどう関わってくるのかの検討が行われた）。そのうえで，高齢者へのケアの仕事は通常の成人ケアとどう違うのか，ターナー高齢者クリニックのユニークさはどんなところにあるのかということをお話しして，本書の結びとしたい。

1．クライエントへの敬意を，どのようにあらわしたか

　高齢のクライエントももちろん，それぞれの力や強みをもっているのだが，それが奥深くに隠れていて，セラピーの過程を通じてようやく明らかになってくることが多い。そのようなクライエントに対して私たちは，これまでの各章

の記述からもわかるように，じつにさまざまな方法で敬意をあらわしている。

クライエントのペースにあわせる

　多くの章に共通しているのは，「クライエントのペースにあわせる」ということだ。限られた時間のなかでたくさんのケースをかかえ，他のクライエントにも注意を払わねばならない私たちは，とかく，できるだけ短時間で効率よく問題を「解決」しようと考えがちである。しかしながらそのような方法では，変化を起こすのはまず不可能だろう。そもそも，何をもって変化が起きたとみなすかを判断するだけでも，相当の時間がかかる。それに，変化を起こすにはそのクライエントとの信頼関係が不可欠だが，それを築くためには，私たちが信じるに足る人間だということを，時間をかけて納得してもらう必要がある。個々のクライエントのペースを尊重するというのはたいていの場合，専門家の側が，「このぐらいの期間がたてばこのぐらいは前進するはずだ」という自らの期待を捨てて，ペースを大幅に落とすことを意味している。

　第6章でとりあげた認知療法グループで，筆者であるエドワーズとフォーグラーは，全部で10回だけの短期間のセラピーだという制約があるにもかかわらず，「防御を解きたくない。皆と距離をおきたい」というロジャーの意思を尊重した。若いころから順調な人生をおくり，大学教授にまでなったロジャーだったが，引退後は日常のささいなことにも自信をなくしていた。それまでのキャリアが無価値なものに思え，在職中に何か重大な研究上のミスをしてしまったに違いないと思いこんだ彼は，ひどいうつに悩まされるようになった。そんな彼にとってグループの輪に入るのはとても大変だろうということは，とてもよく理解できた。そこで二人は，彼がグループ内に居場所を見つけるまで，辛抱強く待ったのである。グループ内の問題解決担当者としての自分の役割をロジャーがゆっくりと発見していく過程を，この章の筆者たちはあたたかく見守った。そして，コンピュータの使いかたについて彼が説明をはじめたときには，認知療法本来の主題からははずれた話題であるにもかかわらず，それをつづけさせた。加えて，「退職したら人生は終わりだ」という彼の考えを変えさせるために，退職後にやっているさまざまな活動をグループの参加者たちに発表してもらった。そうやってロジャーのペースにあわせて進んでいくうち

に，彼にはまだ十分な能力が残っていることがはっきりしてきたので，筆者たちは，ボランティアの仕事をさがすよう励ましたのである。結局彼は最後まで，自分の心の底の苦しみをグループの皆にさらけだすことはなかったし，グループ全体に出される宿題もやってこなかったが，筆者たちは，無理強いはしなかった。ロジャーが以前は大学教授だったことで，筆者たちのほうにも若干の遠慮があったのは確かだが，彼のかつての地位に筆者たちが暗黙の敬意を抱いていたことは，もう失ってしまったとロジャーが思いこんでいた力や自信をよみがえらせるうえで，かえって役に立ったように思われる。

クライエントのペースを尊重するという点について，第12章の筆者であるシェームも，自分がアルコール依存症であることをクライエントに納得させるまでの長い道のりを紹介している。シェームとその仕事仲間たちは，クライエントであるミセス・グリーン本人が彼女自身のヘルスケアの重要な実行者の一人だと考えていた。そこで，依存症についての教育用パンフレットを渡したり，家事援助サービスを受けられるように手配したりしながら，「自立した生活をつづけたい」という彼女の希望を尊重しつづけたのである。それと同時に，クライエント宅を訪問した協力組織のスタッフに，「空の酒瓶は，私がもって帰って処分しておきましょうか」と尋ねてもらうなど，アルコール依存症についても絶えず穏やかな介入をつづけながら，クライエント本人が治療を受ける気持ちになるまで待った。そして，他の多くのケースと同様にこのケースでも，危機的状況によって，治療のプロセスが大きく進められた。そうなったらすぐに対応できるように，あらかじめ準備が整えられていたからである。

どこに問題があるかについての，クライエントの考えを尊重する

クライエントのペースにあわせてセラピーを進めることと並んで，どこに問題があるかについて，クライエント本人の見かたを尊重している点も，多くの章に共通した特徴である。第5章で筆者のスターンとインガソル=デイトンは，クライエントを紹介してきたかかりつけ医の，「ストレスがたまっているようなのでなんとか軽減してほしい」という意見より，クライエント本人であるバーバラの，「夫との関係が最大の悩みの種だ」という考えのほうを尊重してセラピーを進めた。バーバラのその考えを受け入れて，個人療法ではなく夫婦

療法を行うことに決め，これまでの恨みつらみをセラピストの前で夫のアーサーにぶつける機会を与えたのだ。このケースではその後，夫婦それぞれの個人療法，同僚セラピストと協同して行う夫婦療法というように，セラピーの形態がつぎつぎに変化していった。そして，どこに問題があるかについてのバーバラの考えをあくまでも尊重してセラピーを進めた結果，アーサーとバーバラは，ゆっくりとではあるがしだいに，自分たち夫婦の関係性の強さを再認識できるようになったのである。

クライエントの経験や知恵を尊重する

クライエントが長い人生のなかで経験してきたことや身につけてきた知恵を尊重することも，敬意を伝える大切な方法である。第10章でクライエントのミス・クラークに家じゅうを案内してもらった筆者のスピアーノは，それまでの人生で築いてきたものがミス・クラークにとってどれほど重要な意味をもっているかを，ひしひしと感じた。その大切なものが今，老いや病気によっておびやかされようとしているのだ。一族の女性のなかではじめて大学に進学したミス・クラークは，地域のアフリカ系アメリカ人社会では先駆的成功者だとみなされていた。自分の両親が亡くなるまで自宅で介護し，親族の手はいっさい借りなかった。そんなミス・クラークに対してスピアーノは，このクライエントが信頼しているかかりつけ医の依頼で訪問しているのだということを絶えず告げて，できるだけ安心させるようにした。ミス・クラークの痴呆や警戒心の強さが原因でトラブルが生じたことも多かったが，スピアーノはどんな場合にも，クライエントの自立を尊重した。クライエントが火災報知器を自分で取りつけると言ってきかなかったときには梯子を支える役にまわったし，職人が植木を移動しているあいだずっとクライエントのそばに付き添って，彼らが植木を盗もうとしているわけではないことを繰り返し説明もしたのである。

認知機能が衰えた人にとって変化がいかに恐ろしいものかということに配慮したスピアーノは，「何がなんでも自分でやる」というクライエントの気持ちを，「ソーシャルワーカーと力をあわせて問題を解決する」という方向に変えるよう，ゆっくりと接していくことにした。そしてまずクライエントの長年の自立した生活に敬意を表して，「あなたはこの家で暮らしつづけたいと思って

いらっしゃるし，それができるとも考えていらっしゃる。それでは，そのためには何が必要か，どういう状況になったら自宅を引き払ってよそに移ったほうがいいかを，ご一緒に考えていきましょう」と話すところからはじめたのだ。スピアーノはまた，（たとえば，「あの人たちは私の庭木を盗もうとしている」などというように）クライエントの話の内容が真実と異なっている場合でも，それにじっと耳を傾け，その言葉の裏にある気持ちをくみとるよう心がけた。そのようにしてスピアーノは，自立ということがミス・クラークのこれまでの人生でとても大きな意味をもってきたことを尊重しつつ，クライエントの自主性と，しだいに増していく援助の必要性のあいだの難しいバランスを，巧みにとっていったのである。

　クライエントが年齢を重ねることで得てきた知恵への敬意は，高齢者を対象とする各種のプログラムのなかにもあらわれている。第7章で紹介した毎週月曜日の作文グループも，参加者たちは年齢を重ねているからこそ語るべき重要な何かをもっているはずだという前提に立っている。一般に，「長く生きていらっしゃるぶん，いろいろなことがわかっていらっしゃるんですよね」などと口先だけで言う人は多いが，実際に高齢者の隣に腰をおろしてその話をゆっくり聞こうとする人は，ほとんどいない。だがこうしたグループでは，参加者もリーダーもお互いの話をじっくりと聞きあうだけでなく，その内容について熟考し，そこから学び，自分がまだまだ成長しているという気持ちとお互いへの感謝の念を抱きつつ，会場をあとにするのである。

クライエントのコントロール力や自主性に敬意をはらう

　これまで述べてきたことをひとことで言えば，「自分の人生や生活をコントロールしているのは自分だ」という感覚をクライエントがもちつづけられるような関わりが必要だ，ということになるだろう。第3章の筆者であるトーマスも，「私は尊敬の気持ちを，自分の人生はあくまで自分でコントロールしようとする彼女の態度に理解を示すことによってあらわした」と述べている。この章のクライエントであるミセス・スミスは，重い病気をかかえていて日常生活もままならなかったのだが，トーマスはそれでもなお，ミセス・スミスの，「絶対に老人ホームには入りたくない」という意思を尊重した。ミセス・スミ

スがベッドに寝たままでも自力でつぎつぎにケアサービスを獲得していくのを目の当たりにしたことで、その自立心をサポートする方法をなんとか見つけていこうと、気持ちが変わったのである。トーマスはまた、クライエントがアフリカ系アメリカ人であることを配慮して、ファーストネームでは呼ばずに「スミスさん」と呼び、指図口調も避けて、「私にはなんでもわかっているのよ」と考えているとクライエントに受け取られるような言動は避けるよう気をつけた。クライエントをクリニックに呼ぶのではなく、このケースのように自宅を訪問して話を聞くのも、クライエントがコントロール力を行使しやすいという点で、大きな意味をもつ。

　クライエントに認知障害があったり身体が弱っている場合にもその自主性を尊重するということは、ケアマネジメントにおいてもカウンセリングの場面でも、ソーシャルワーカーがけっして忘れてはならない点だ。第8章でラマンが紹介している老人ホームでの多世代グループのエピソードは、それをじつによくあらわしている。このグループに参加したホームの入所者やその家族は、自分にぴったりな形容詞を選び、それを名前の上につけて自己紹介することになっていた。その形容詞は、肯定的なものでも否定的なものでもかまわない。参加者の一人であるメイベルが「むっつりメイベル」と自己紹介したとき、筆者たちがそれをそのまま受け入れたのは、その形容詞がいつもの彼女のつっけんどんな態度をよくあらわしていたからだけではない。メイベルには、不機嫌で否定的なことも口に出す自由があり、単に記憶障害の人としてではなく、独自の人間性をもった敬意を払われるべき存在として扱われる権利があったからである。

2．クライエント自身の力を、どのように活用したか

　加齢によるさまざまな変化や喪失体験によって、その人のアイデンティティが大きく揺らぐことはめずらしくない。かつては自分のことを自立した人間だと思っていたのが、病気などによって、自分ではできないことが増えてくると、まだ残っている力まで見えなくなってしまいがちである。そこでセラピストやケアマネジャーは、クライエントが自身のユニークな強みや能力に気づい

て利用できるよう，援助していく必要がある。

スピリチュアリティ

　本書に登場するクライエントのなかには，身体的に虚弱な人もいる。たとえば第3章のミセス・スミスは，狭いベッドに寝たきりのまま，自分の生活をコントロールしている。それを可能にしていたのは強い信仰心であり，筆者のトーマスは，その信仰心を土台にして介入を行っていった。

　　「だって，神様が私を見守ってくださっているおかげで，結局今のところ，老人ホームに行かなくてすんでいるのよ。それなのに悲しく思ったりしたら，神様に申し訳ないわ」。「それじゃスミスさんは，自分の考えていることすべてを神様はご存じだと思うんですね？」。「そうよ」。「それじゃ，スミスさんがもうすでに悲しい気持ちになっているってことも，神様は知っていらっしゃるんじゃないかしら？」。「そういえば，そうだわね」と，ミセス・スミスはまた笑いだした。

　このようにして，信仰心がこのクライエントの強みだということをよく理解したうえでそれをセラピーにいかしたことは，ミセス・スミスを力づけるだけでなく，彼女とセラピストの信頼関係を築くうえでも大いに役立った。また，ミセス・スミスのマネジメント能力の高さやねばり強さに接して，セラピストがしだいに，当初は無理だと思いこんでいた自宅での生活を支援していく気持ちになった過程も，じつに興味深い。
　第1章で筆者のフォークが手がけたヘレンも，信仰心をとても大切にする女性だった。朝晩のお祈りを欠かさず，その際にはセラピストやその家族の幸せも願ってくれたほどである。そのヘレンは妹のために多額の借金をしてどうにもならなくなっていたのだが，恥ずかしさのため，自己破産による負債整理ができずにいた。そこでフォークは，旧約聖書の申命記にある「負債は7年目ごとに免除される」という一節を，繰り返し彼女に思い出させた。フォークが行ったさまざまなサポートや励ましに加えてその言葉の助けがあったために，自殺も考えた絶望の日々を，ヘレンは乗り越えることができたのである。

他の分野についても言えることだが，セラピーと宗教のあいだのどこに線を引くかも，やはりバランスの問題だ。クライエントのなかには，ケア提供者たちを自分の宗教に改宗させようとしたり，自分とは違う信仰をもつ相手にひどく腹を立てたりする人もいる。また，お祈りだけが自分を救ってくれるのだからセラピーはその邪魔になると考える人もいる。ターナー・クリニックのクライエントのなかにも，最近の傾向として，薬草など自然界のもの以外の薬は使いたがらず，民間療法を信じている人たちが少なからずいる。そうした人に対しても，本書の筆者たちがやったように，クライエントとともにその信仰心についてよく話しあい，それを強みだととらえてセラピーに活用していけば，進展がみられるかもしれない。クライエントの信仰について話を聞き，それを理解しようとつとめるほうが，無視してかかるよりずっといい。

過去の困難に対処した体験

　高齢者の多くがもつ注目すべき力は，過去の困難に対処した体験である。第9章に登場する，フォーグラーのクライエントであるベティは，つらくて報われない人生をおくってきたため，怒りと絶望に打ちひしがれていた。両親も夫もアルコール依存症で，そのうえ夫は，アルツハイマー病にもかかっていたのだ。そんな家族に対してベティがずっと献身的に尽くしてきたことを，フォーグラーは大いに賞賛した。ベティにはまた，強い痛みを伴う病気もあり，うつと不安に苦しんでいた。それなのに家族に対する彼女の忠誠心がけっして揺るがなかったことを，セラピストはほめた。なにしろベティは，夫や父親の世話をするだけでなく，もう成人した息子のことまでしきりに気にかけていたのだから。「自分の価値を実感するのはなかなか難しかった彼女だが，他の人が彼女の長所を数えあげ，それをほめる言葉には，素直に耳を傾けられたのである」とフォーグラーは書いている。
　第4章でラマンは，筋萎縮性側索硬化症（ALS）で亡くなったグレイスが，苦しい日々を家族や親族に支えられてすごしたさまを記している。週末には自分の弟の家を訪ねて思い出話に笑い興じ，子どもたちも，具体的な世話をするだけでなく愛情もふんだんに注いでくれた。たとえば息子さんは，話すのが不自由なグレイスのために，ファックスを買ってくれたのである。このクライエ

ントのユーモア精神も，セラピストとクライエントの関係において重要な役割を果たした。生活のなかの面白いことを拾いあげることで，毎週の訪問が豊かなものになったのだ。ラマンはまた，文芸面や音楽面でのグレイスの創造性にも着目した。さらに，からだが不自由になっても消えることのない強烈な自立心も，強みとして活用した。

　秘められていたクライエントの強みが，グループという場のなかではじめて明らかになることも多い。第6章で紹介されている認知療法グループの参加者の一人であるローズの場合も，強いうつがあり，人づきあいにも不慣れだったため，最初のうちは，はたして強みがあるのかさえ危ぶまれるほどだった。ローズはひどく要求の多い母親の世話をしており，その母親だけを家に残して友人と食事にでかけることに罪悪感を感じていた。やがてローズのうつはどんどんひどくなって，日中もベッドを離れられなくなり，心身症的な症状があらわれてきた。だがグループに参加するようになって，そこで出される宿題をいつも真面目にやり，母親の世話も献身的につづけているといった点こそが彼女の強みであることが，しだいにわかってきたのである。

家族の支え

　高齢者にとっては，家族の存在も大きな強みになる。しかしながら病院や老人ホームなどでは，家族がクライエントの力になれる場面をなかなかつくりにくい。その点，第8章でラマンが紹介している老人ホームでの多世代グループでは，ホームの入所者とその家族をグループへの参加者としてまったく同等に扱うことで，そうしたアンバランスを是正している。通常の老人ホームでは，たとえ家族の集まりが開かれても，入所者はそれには参加せず，話の内容も，ホームで行われているケアについてといったことがほとんどだ。それに対してこの多世代グループの目的は，グループで行う回想などの活動に一緒に参加してもらうことで，入所者と成人したその子どもの関係を豊かなものにすることだった。このグループのリーダーたちは，入所者にはそれぞれ違った強みがあるという前提から出発した。そして，たとえばメイベルの場合なら音楽が得意で童謡をたくさん覚えているなどといった，各人の強みを発揮できるようなセッションを毎回工夫していったのだ。記憶力の減退した人が，記憶力につい

て皆からほめられたら，どんなに嬉しいことだろう。そのような各人の強みを再認識するとともに，グループ内で一緒に活動をすることを通じて，入所者である母親たちと，成人したその子どもたちの関係は，どんどん強まっていった。グループに参加するまでは，そうした子どもたちはよく，「母を見舞っても，何をどう話したらいいかわからない」といった悩みを打ち明けていた。だが多世代グループの集まりでなら，一対一で話さねばならないというプレッシャーなしで，愛する身内と楽しい時間をすごすことができた。さらに，参加者どうしがよく知りあうようになるにつれて，成人した子どもたちと入所者たち双方を含む強いネットワークも生まれていった。家族が他のメンバーたちを招待して入所者のバースデーパーティを開いたり，母親を見舞ったついでに他の入所者のところにも寄っておしゃべりしたりということが増えていったのである。

　クライエント自身がもっている力に注目して関わる方法のもたらす重要な結果の一つは，当初は扱いにくい問題行動だと思えたことを肯定的に枠づけしなおすという点だろう。スピアーノがミセス・エリスとその娘のアンについて書いた第11章にも，それはあらわれている。この母娘の関係は，お互いのためにならないと受け取られてもしかたのないものだった（そして実際，周囲のサービス提供者たちはそう思っていた）。だがスピアーノは，この母娘の絆を守り，さらに強める道を選んだ。ケアの形態を変えるときには，その場所もやりかたも，アンができるだけ母親のケアの全側面に関われるように決めていったのである。スピアーノは，アンとミセス・エリスの関係性は二人の強みであり，それぞれの人生の最も重要な要素だとみなした。当初は母親が外部のケアを受けることに強い抵抗を見せていたアンだが，もしそのままミセス・エリスが苦痛と老衰のうちに亡くなっていたら，アンはきっと大きなトラウマをかかえることになっただろうと，スピアーノは考えている。

　だが，アンの話を忍耐強く聞いて，彼女が娘としての役割を果たせるように支えながら，在宅ケアワーカーたちの援助もつづけてもらえるよう配慮するのは，スピアーノにとっても，かなりストレスのたまる仕事だった。アンとは絶えず連絡をとっていたが，満足のいく反応が得られることもあれば，腹立たしい思いをさせられることも少なくなかった。「それはまるで，危ない綱渡りをしながら彼女のところにたどり着き，できるだけ脅威と受け取られないように

援助を申し出るというような，神経を使う仕事だった」とスピアーノは記している。ミセス・エリスが老人ホームに入所することになったときには，ミセス・エリスのニーズだけでなく，アンのニーズにもホームのスタッフに応えてもらえるよう，スピアーノは気を配った。そして，アンが自転車をホームの玄関口に置きっぱなしにしても大目に見てくれるよう，スタッフを説得することさえした。そのような配慮によって，母と娘の絆を強めるだけでなく，アンとホームのスタッフの人間関係もよりよいものにしようと考えたからである。

　本書の多くの章で強調されているのは，クライエントが医師や友人，家族などと協調的な関係をつくることの大切さである。ソーシャルワーカーのことをメディアはよく，「瀬戸物屋のなかの牡牛」すなわち，繊細で大事なもの（人間関係）を無神経にぶち壊す存在として描く。だが実際には，むしろその正反対である。クライエントが高齢である場合には特に，他のサービス提供者や家族たちとクライエントが強い絆をもっていてくれるのは，ソーシャルワーカーにとってもありがたい。だからソーシャルワーカーは，そうした絆をできるかぎりサポートしようとする。しかしながら，すべての家族が愛情に溢れているとはかぎらず，強い絆のなかにはむしろ有害なものがあるのも事実だ。そこでソーシャルワーカーは，家族を尊重しつつ，そのいっぽうで，クライエントにとって安全で健康的な環境をつくるよう気を配らなくてはならない。ネグレクト（介護放棄）や高齢者虐待などのケースはまさにそれで，高齢者を家族と一緒に住まわせておかないほうがいい場合もある。高齢のクライエントの場合にはさらに，クライエント自身の心身のトラブルが，事態をいっそう複雑にしていることも多い。しかしそれでもなお，絆をできるだけ保てるよう，クライエントの力や強みに着目して，どんなサポートが必要かを考えていくことが必要である。

3．立場は曖昧になったか

　高齢のクライエントと接するうえでいちばん難しい問題の一つが，どのような状況で，またどの時点で境界線を踏み越えるかということである。ことに，相手が孤立した病弱なクライエントで，ごく限られたサポート・ネットワーク

しかもっていないような場合には，この悩みはいっそう深くなる。第1章でフォークは，ヘレンは必要なときにはいつもセラピスト（フォーク）がいてくれると信じていたから，何年ものあいだセラピストはヘレンの命綱の役割を果たしていたことを指摘しているが，こうしたやりかたは一般的なのだろうか。確かにターナー・クリニックでは，たいていのソーシャルワーカーが10年以上この職場で働きつづけている。そして全員が，長期にわたってずっと接触をつづけているクライエントや，定期的に会っているクライエント，何年ものあいだ必要なときだけ不定期に会っているクライエントをかかえている。だから長年にわたって継続的に命綱の役割を果たすことも可能なのだが，それでもなお，「どこに境界線を引くのか？」という問題は残る。境界線を越えるか越えないかの判断は，かなりの程度，個々のクライエントとセラピストの関係に任されているのが現状だろう。ごく普通に行われているような，たった50分間のセラピーや，1時間程度の訪問ケアマネジメントでも，立場の曖昧化は十分に起こり得るのである。

転移と逆転移

　転移と逆転移は，セラピーにはつきものの現象だ——セラピストに対するクライエントの同一化が転移，クライエントに対するセラピストの同一化が逆転移である。第9章の筆者であるフォーグラーは，自分の比較的穏やかな人生をベティの苦しみに満ちた人生とつい引き比べている自分に気づき，クライエントとの関係性が妙な方向にずれはじめているのを悟った。そして，あまり手をさしのべすぎてクライエントを自分に依存させてしまわないよう，注意する必要を感じたのである。さらに，あまりにも経済的に困っていたベティにお金を貸してあげたかったが踏みとどまった理由も，フォーグラーは説明している。高齢者を相手に仕事をしている人ならきっと，その気持ちが理解できるだろう。クライエントに共感すればするほど，私たちはつい，自分個人が行動を起こせばクライエントの問題を解決できるのにと考えてしまいがちだ。ことに問題がお金に関することの場合，クライエントにはあまりにも荷が重すぎ，福祉サービスではどうにもできないように思えてしまうからである。
　ターナー・クリニックで行っているそのような問題への対応法の一つが，ク

ライエントからの寄付や自治体の資金でつくっている，緊急時のための基金だ。精神科を退院したばかりのクライエントが当面の薬代や在宅ケア代，理髪代などに気兼ねなく使って元気が出せるように，その基金から最大200ドルまでを支給できるようにしているのである。このような経済的援助はもしかしたら，プロとしての立場を踏み越えたものなのかもしれない。しかしながらこの基金があるおかげで私たちは，クライエントにお金がなくて薬が買えないといった具体的な問題を，実際的かつ直接的な方法で解決できているのである。

　スピアーノは第10章で，家族と家族でない者との境界線はきちんと守るべきだと警告している。通常は家族が果たす役割を代わって手がけることの多いケアマネジメントの仕事では特に，クライエントをサポートはするが，自分が家族の立場を奪ってしまうことのないよう，配慮しなければならないというのだ。クライエントがケアマネジャーのことを，「実際にはいない娘の代わり」のように思うようになったら，それは転移が起こっている証拠である。そういうことを防ぐためにも，早めに各自の役割を明確化しておくほうがいいと勧めるスピアーノだが，そう主張する彼女自身，どこまで自分の連絡先を教えるかという，よくあるジレンマに直面している。たとえばあなたは，自分を頼ってくるクライエントに，自宅の電話番号まで教えるだろうか。昼夜が逆転していたミス・クラークがしょっちゅう夜中に自宅まで電話をかけてきたことを，スピアーノは記している。しかしながらスピアーノには，そうした電話は妄想症患者によく見られる一時的な徴候だということがわかっていた。そして，自分への電話が気持ちのはけ口になったおかげで，不安のあまり必要もないのに救急車を呼んで入院騒ぎを起こすといった，もっと面倒な事態を防ぐことができたのではないかと推測している。通常私たちは，自宅の電話番号までクライエントに教えることは少ないが，そんなものは，調べようと思えば電話帳でいくらでも調べられる。それに，みだりに自宅まで電話をかけてくるようなクライエントは，ごく稀だ。むしろ，とてもつらいときにはいつでも電話できるという安心感をもたらすセイフティネットとして，ケアマネジャーの電話番号を教えてもらいたがるのである。

　このような強い依存関係はケアマネジメントの場で特に起こりやすいが，フォーマルなセラピーでも，それが起こることがある。第5章の筆者であるスターンとインガソル=デイトンは，スターンがセラピストとしてやったことに

対してバーバラとアーサーが大きな信頼を寄せ，とても感謝していたことを記している。スターンの勧めで別のセラピストのもとに通ったあとも，二人は再びスターンのセラピーを受けたいと電話してきた。さらには二人のかかりつけ医からも，スターンによるセラピー再開の要請が繰り返しあった。「こうした種々の要因のせいで私は，どうしても自分が夫妻のセラピーをつづけなければという気持ちになっていた。（中略）私は時々，何が有効で何が有効でないのかわからなくなることがあった」と筆者は記している。そして，そのような立場の曖昧化に対してこの筆者は，同僚に頼んで協同セラピーを行ったり，夫婦療法があまり効果をあげていないように思えるときには個人療法に切り替えたりして対処した。

セラピー対ケアマネジメント

　もう一つ，立場の曖昧化が起こりやすいのは，セラピーとケアマネジメントのあいだの境界線についてである。本書の筆者たちの多くも，その二つをミックスして行っている。たとえば第4章でグレイスのうつを軽減するために訪問セラピーを行っていたラマンも，グレイスを散歩に連れ出したり，ベッドから起きだすのを手伝ったり，さまざまなサービスを受けられるように手配したりといった仕事を，あわせて行っていた。第1章の筆者であるフォークも，セラピーとケアマネジメントの仕事が融合するさまを描いている。クライエントのベティがフォークのもとに紹介されてきたのは，ひどくふさぎこみがちで，自殺の危険があったからだ。そんなわけで最初はカウンセリングのためにクリニックにやってきたのだが，やがて役割の融合が起こっていった。引っ越しをしなければならなくなったベティがひどく不安がるので，セラピーの枠を越えて，一緒に安い家を探し，引っ越しの手配をし，自分の息子まで動員して転居を手伝ったのだ。だがそれと同時にフォークは，自分が新たな境界線を引いたことにも気づいていた。実際，自分の役割を柔軟に考えることには，セラピストの活動の自由度を高めるという大きな利点がある。どの時点でどこに境界線を設けるかの適正な判断は，何度もリスクを負い，いくつかの判断ミスも経験して，はじめて可能になるものだろう。

贈り物を受け取る

　高齢者のなかには，受けたサービスに対する感謝や相手への愛情を示すために，贈り物をくれたがる人が多い。第2章の筆者であるダンクルは，この微妙な——そして，きわめてよく経験する——贈り物問題に対処するために，同僚セラピストのアドバイスを求めた。最初のうちクライエントのダグラスは，「セラピストに好意をもってもらいたい」という気持ちから，しきりに贈り物をくれたがった。筆者のダンクルには，そうした行動は，自分の子どもたちにも好かれたくてやたらに贈り物をする彼の態度の延長線にあるものだということがわかっていた。しかしそれでもなお，贈り物を差し出されることへの困惑や，それを断りつづけなければならない自分の無作法さに，いやな気持ちを味わった。だが，ダグラスがそんなことをするのはセラピーという不慣れな場で少しでも快適にすごせるように最初のうちに対等な関係をつくりたいという気持ちからだろうと考え，辛抱強く説明をつづけた結果，ついに，セラピストとクライエントとしての関係を損なうことなく，贈り物をやめてもらうことができた。

　第4章の筆者であるラマンは，さらに親密度が増しやすい訪問セラピー（しかもこのケースでは，最後にはクライエントが寝たきりになったため，訪問中のほとんどの時間をクライエントの寝室で一緒にすごしていた）で，やはり贈り物問題に直面した。クライエントのグレイスが，ラマンと自分とに共通のイニシャルが彫ってある銀のペンダントをくれたのだ。高齢者の多くは，自分の側は何もせずにケアを受けることに，居心地の悪さを感じる。そして，自分が与える側になれることをとても喜ぶのだ。そんな彼らに対して，どんなときに贈り物を受け取り，どんなときにそれを断わるべきなのだろう？　もちろんお金は，何かを立て替えて払った場合以外には，絶対に受け取ってはいけない。ただしターナー・クリニックでは，「お気持ちがあれば，クリニックで設けている緊急時のための基金や，その他の募金に寄付なさってください」と答えることは許されている。クライエント手づくりの贈り物には，感謝の気持ちだけでなく，自分の技芸についての誇りの気持ちもこめられていることが多い。それを受け取るか受け取らないかは，その場の状況しだいだ。しかしどんなとき

にも，つぎのことは心にとめておくほうがいい。クライエントが贈り物をもってくるのは，セラピストを懐柔するためというよりも，対等な関係を築いたり，感謝の気持ちをあらわしたり，自分の喜びを分かちあったりしたいと思っているからであることのほうが，ずっと多いのである。

個々のクライエントのセラピストとしての役割と，グループのリーダーとしての役割

　認知療法グループについて記した第6章でエドワーズとフォーグラーが紹介しているように，同じ一人のクライエントに対してセラピストとしての役割とグループのリーダーとしての役割の双方を果たす難しさを経験をした筆者もいる。そのクライエントの個人療法も手がけている場合，クライエントがグループ内で明かしたこと以上をセラピストが知ってしまっていることが多いため，何かと問題が起きやすい。このケースでもセラピストは，クライエントのローズが傷つきやすく人づきあいにも不慣れなことを知っていただけに，用心深くならざるを得なかった。理想的にはこの二つの役割を完全に分けることが望ましいのだが，信頼できるセラピストと一緒でなければ不安でグループ・セラピーに参加できないクライエントも少なくないため，現実にはなかなか難しい。

　たとえば第7章でキャンベルが紹介している月曜日の作文グループに登場するポールも，前もってグループのリーダーと知りあいになっていなかったら，とても参加する気持ちにはなれなかっただろう。クリニックでのアセスメントのときにキャンベルと知りあっていたからこそ，他の誘いは断わったのに，キャンベルの主催する作文グループにだけは参加してみる気になったのだ。最近，引っ越してきたばかりのポールにとって，メンバーどうしがすでに全員よく知りあっている作文グループに自分だけ新顔として参加するのは，けっしてやさしいことではなかった。クリニックでのアセスメントの際に「書くことが好きだ」と話していたので作文グループへの参加を勧めたキャンベルも，彼の不安定な精神状態から考えて，グループに馴染むのはなかなか難しいだろうと思っていた。そこで，グループ内では彼の強力なサポーターになるとともに，個人療法も並行してつづけたのだ。だがしだいにそのバランスがひじょうに微

妙になっていったので，ポールとも相談したうえで，個人療法のほうは打ち切ることになった。

秘密の保持

　さまざまな職種の専門家たちとチームを組んで仕事をしていると，第12章でシェームが指摘しているように，秘密保持の問題について考える必要が出てくる。メンバー間の密接な連絡のとりあいや，依存症への理解を深める合同トレーニングなどを通じて，このチームは，共通の目標に向かって各自の役割に応じた働きかけを途切れなくつづけることができた。合同で話しあいをもつときには，クライエントであるミセス・グリーン本人やその家族も参加し，クライエントのニーズが変化すれば，チームのリーダー役も交代した。ミセス・グリーンが自分のアルコール依存症を自覚し，治療を受けることを納得するまでには長い時間がかかったが，その過程でチームの大勢のメンバーに対する彼女の信頼は深まり，チームは彼女の依存症を解決するという共通の目標に向かって力をあわせた。

　ケアマネジメントや，チームによる取り組みでは，情報の共有によってプライバシーがおかされやすく，秘密保持の問題が浮上しやすい。可能な場合には必ず，チーム・メンバー間で情報を共有していいという同意書に，クライエントのサインをもらっておくことが大切である。さらには，チームのメンバーおよびクライエント本人に，適切なケアを行うためには多くの職種の介入が必要であることをよく説明したうえで，決定権はあくまでもクライエント自身にあることを徹底させることも忘れてはならない。ただし，依存症や高齢者虐待，ネグレクト（介護放棄）などのケースでは，そうした境界線はすぐに曖昧になりやすい。たとえば，ある組織のスタッフが，別の組織に保管されているクライエントの経歴についての情報を緊急に必要としている場合など，あまりに秘密保持に固執すれば，必要な処置が間にあわなくなることもあるからだ。

　立場の曖昧化の問題は，ターナー・クリニックでもまだ検討中のテーマであり，ソーシャルワーカーたちの議論のたねである。その理由の一つは，他のもっと限定的な組織と違って，私たちの仕事はじつに多様だということである。実際，私たちは，医師，家族，さらには近所の誰かからの突然の電話で，

ひどい状況に陥っている人を助けるために「なんとかしてほしい。なんでもしてほしい」と懇願されて出動することが多い。そのような環境で長年働いたおかげで私たちは、サービスの提供をきわめて柔軟に考えるようになっている。たとえば、どんな年齢層の人にも行うような「純然たるセラピー」も手がけるし、経済的に困っている人を除外しない「ケアマネジメント」も行い、その両者を併用することもある。それにじつを言えば、ケアマネジメントとセラピーの区別はおそらく、ソーシャルワークという仕事が職業として成立する過程で、あとから便宜的につけられたものだろう。むしろ私たちの態度のほうが、心理学や社会学上の区別より、ソーシャルワークに対する昔ながらの考えかたに近いような気がする。今の私たちのあいだに生まれている哲学は、「いついかなるときも、その時点でクライエントが必要としていることをする」というものである。そして、その哲学を実践するうえで欠かせないのは、本書の筆者たちも指摘しているように、自分自身がどのような動機でそれをやろうとしているのかを絶えず自らに問い、境界線が曖昧になったらすぐにそれに気づくこと、そして、同僚たちのスーパーバイズや助言を求めることである。

4. 時間の経過とともに、セラピー関係にどのような変化があったか

先ほども述べたが、本書で紹介したケースは、かなり長期にわたるものが多い。ひとつにはそれは、収録にあたって敢えてそのようなケースを選んだからである。なぜなら、時間の経過とともにどのような変化があったかについて私たちの伝えたい要点が、長期のケースのほうがわかりやすいと思ったからだ。しかしながら、読者のこんな声が聞こえてきそうである——「これはこれで素晴らしいけれど、今、私が任されているのが、全部でたった3回のセラピーや、わずか2日の入院期間だけの関わりだったら、いったいどうすればいいの？」。長期にわたってセラピーを続けられるのは、私たちのクリニックの利点の一つだろう。私たちのところでは、一人のクライエントを長期間、同じ医師が担当する。だからクライエントはその医師とのあいだに、セラピストとの関係にも似た結びつきを育てることができる。だから、セラピーが終結しても、何か新しい問題が起きれば、クライエントはいつでも、私たちのところに

もどってくることができるのである。必要なときにはいつでも助けてもらえるという安心感をもてる点で，つねに同じスタッフがいるというのは，クライエントにとっては嬉しいことだろう。

　もちろん短期のセラピーにもそれなりの意味があるし，マネージド・ケアでは短期のセラピーにしか保険がきかないという事情もある。ターナー・クリニックの場合，短期のケースのほとんどは，つぎの3つのうちいずれかに分類できる。①何か特定の問題を解決したいと思っているクライエント。②他の人（家族や医師など）から強く勧められてしぶしぶやってきて，セラピスト自体は気に入り，セラピストの感情を損ねたくはないからつづけているが，セラピーには積極的でないクライエント。③自分のかかえている問題について語るのは苦痛なだけで，やめたいと強く願っているクライエント。

セラピー以外の出来事による変化

　変化は往々にして，セラピー以外の出来事によって引き起こされる。第12章でシェームは，依存症のケースでは，ケア提供者の側で関わりの段取りを前もって立てても，クライエント本人に「変わらなければ」と強く決心させるきっかけとなるような外的な出来事が起こるのを待たなければならないことが多いという内容を述べているが，それはなにも依存症にかぎったことではない。夫婦のセラピーについて記した第5章でも，夫婦療法，外部のセラピストによるセラピー，同僚セラピストと協同しての個人療法および夫婦療法など，さまざまな介入方法が試された。そしてその結果，特に夫であるアーサーのほうには明確な変化が起こり，感情をおもてに出せるようになっていった。しかしながら夫婦のありかたに対する不満そのものは，バーバラが病気になり，それをきっかけに夫婦がお互いの愛情に気づくまで，解消されなかった。だが，しばしば大きな苦しみを伴うセラピーのプロセスをそれまでにくぐり抜けていなかったら，死を前にしたバーバラとその夫は，あのような一体感を味わえただろうか。それまでの結婚生活でバーバラが感じていた孤独感の根深さを思うと，もし二人が関係修復のための長い努力をつづけていなければ，人生最後のときに夫の愛情やケアを受け入れる能力は，バーバラから失われてしまっていたのではないかと思われる。

終章　微妙なバランス　301

　第4章の筆者であるラマンは，クライエントの健康状態が悪化するにつれて，セラピーのありかたも否応なく変わっていったさまを記している。クライエントのグレイスは，靴やソックスを履くのにも，トイレに行くにも，その他さまざまなことについても，ますます助けを必要とするようになっていった。話し言葉もどんどん不自由になって，コミュニケーションもいっそう難しくなった。そして，ついにグレイスが老人ホームに入所したことで，ラマンとグレイスの関係は途切れてしまった。しかしながらそこに至るまでに，死を前にしたグレイスは，セラピストとともに自分の人生の意味を振り返り，次世代に引き継ぐものを再確認できたのである。ホスピスなどでは特にそうだが，高齢のクライエントに対するセラピーの主目的は，元気になってふたたびベッドから起きあがれるようにすることではない。健康状態が悪化していくなかでも高齢者が少しでも安全で快適な気分でいられ，支えられ大切にされていると感じられるよう，手助けするのがその目的なのである。

複合的な介入による変化

　本書には，ゆっくり時間をかけることの重要性を示す例が多い。第9章の筆者であるフォーグラーは，孤立感にうちひしがれてやってきたクライエントのベティが，毎回のセラピーで見違えるほど元気を取り戻したと書いている。だが，さらにその後も，ベティの人生には大変なことがつぎつぎに起こった。転居の手配をし，夫を老人ホームに入所させ，自らの薬物依存症を認めるといった過程で，信頼できるセラピストの助力を継続的に得られたことは，ベティの心の平安にとってとても意味があっただろう。しかしながら実際に大きな変化を起こすきっかけになったのは，セラピー以外の出来事だった（このようなケースがかなり多いことを知ると，セラピストとしては，限界を知らされる思いでもあり，少しほっとした気持ちにもなる）。ベティの場合には，ピア・カウンセラーの存在，薬物依存者病棟への入院と通院，アラノン・グループ［Al-Anon：身近にアルコール依存症や薬物依存症の人をかかえている家族や友人の集まり］への出席といったことが合わさって，ついには大きな変化が起きたのである。
　ベティのケースでも，地域の各組織との連携が，変化を起こすカギだった。

ベティがアパートに大量の薬を隠しもっているのを発見したのは通いのホームヘルパーで，そのことがきっかけとなって，薬物依存症の本格的な治療をはじめることができたのである。それと，最近，特に活用されることが増えたのがピア・ボランティアで，クライエントが難しい変化をくぐりぬけていく際にピア・ボランティアにそれを励まし支えてもらうといったことが，頻繁に行われるようになった。このピア・ボランティアについては，本書のいくつかの章でも言及されている。ベティのケースでもピア・カウンセラーのジョーンが，ユーモアと友情でベティの支えとなり，どうしても通らねばならないいくつかの変化を通過するのを助けてくれた。

ターナー・クリニックでは，もう20年以上も前からピア・カウンセラー（ピア・ボランティアとも呼ぶ）・プログラムを設けていて，プロによるケア・サービスの延長として，仲間としての立場からプロの働きかけの不十分なところを補ったり，さらに押し進めたりする役に立ってもらっている。ピア・ボランティアもケアチームの一員として，プロによるセラピーとあたたかい友情の橋渡し的な役割を担っているのだ。ベティのピア・ボランティアのジョーンも，自分を取り巻く人間関係が激変するなかでたてつづけに起こる難題に立ち向かう際に，ベティがいつでも直接会ったり電話をしたりして頼れる相手だった。

グループ内の相互作用による変化

本書に紹介されたグループ・セラピーは，全部で8週から10週程度の短期のものが多い。それでも，ラマンが第8章で紹介している老人ホームでの多世代グループでは，いくつものレベルで変化が起きた。まず入所者自身は，グループでの活動を通じて，自分の能力を今までより強く自覚できるようになったのだ。たとえばメイベルは，オートハープを上手に演奏でき，童謡をたくさん覚えていたことで，とても嬉しそうな様子を見せた。音楽を利用した活動によって，自分の個性を再確認できたからだ。老人ホームなど施設にあっては，そのようなことが可能になる機会は稀である。

いっぽう，入所者の成人した子どもたちもグループの活動に楽しく加わったことで，老人ホームと家族の関係も変わった。部外者ではなく，共同体の一員

になったのである。一般には，老人ホームに高齢者を入所させた家族は，ホームのスタッフの周囲から遠慮がちにのぞきこみ，愛する人が最善のケアを受けられるよう，見守ることしかできない場合が多い。だがこの多世代グループでは，入所者，家族，スタッフの絆は前より強まり，たとえ入所者の知的および身体的状態は衰えても，親と子としてのつながりは依然として消えない大切なものだということが再確認された。グループの参加者であるローリーの母親の意外な一面が明らかになったのは，テニスのサーブの動作を生き生きと実演してみせたときのことだ。グループの皆がその瞬間の母親を見ていてくれたことで，ローリーは大きな満足感を抱いた。自分の母親が，弱々しく体の自由もきかない老人ホームの入所者としてだけでなく，さまざまな面をもった一人の人間として認識してもらえるようになったのが嬉しかったのである。さらにこの多世代グループは，人間関係の変化ももたらした。家族たちは自分の身内以外の入所者も見舞うようになり，皆を招待してのバースデーパーティなども開かれるようになった。

いっぽう第6章で紹介されている認知療法グループも，明確な目的をもって構成されており，10週間という短い期間内に変化を起こすことをめざして働きかけがなされる。このグループのメンバーであるローズの古い友人が突然，町に戻ってきたことをきっかけにして，グループのなかでも外でも素晴らしい変化が起きた。グループのメンバーたちはローズに，母親を置いて外出し，その友達と会うよう強く勧めた。そしてその出来事を通じてローズは，母親に対する自分の責任についての考えかたを，少しだけ和らげることができたのだ。たしかに最初のきっかけはセラピー外の出来事だったが，グループのメンバーたちの励ましや賞賛があったからこそ，彼女のその進歩が大きな意味をもっていることがきちんと認識されたのである。

人生の変化は大抵，突然にやってくる。感覚機能を失ったり，痛みに襲われたり，親友を亡くしたりすると，人はアイデンティティが揺らぎ，人生の目的を見失いがちだ。そんなとき，たいていの人は長期のセラピーまでは必要ないかもしれないし，必要であっても受けられないかもしれないが，なにかと助力を求められる相手がいてくれて，必要なときには連絡できるとわかっていることが，とても重要だ。これまでセラピーを受けた経験のない人や，個人的なことがらについて人の助けを借りることに慣れていない人でも，いったんセラ

ピーの良さを知ると，喜んでそれを利用するようになることが多い。さまざまなニーズ，さまざまな手助けへの求めに応じられるシステムが手近にあることが，とても大切だろう。

5．セラピー関係はクライエントとセラピストに，どのようなメリットやデメリットをもたらしたか

　クライエントがセラピーから受ける最大の恩恵は，長期間かかえている問題や，満足できない人間関係に，たとえわずかでも変化が起こせるということだろう。「自分の人生は良くなりっこない」と思いこんでいる人の人生が実際に良くなるのを，私たちは何度も見てきた。だがそれと同時に，変化を起こすことがクライエントにとっていかに難しいかを，私たちが痛感させられているのも事実である。変化への道筋は，クライエントにとってもセラピストにとっても，じつに遅々としていて，葛藤を感じることが多い。ときには，ごくわずかな変化を起こすのも不可能に近いことさえある。しかしながら，たとえどんなに受け身であっても，セラピストとの関係を維持しつづけていること自体，グループに出席しつづけていること自体が，まぎれもなく変化へのきざしであるということを，私たちはつねに心にとめておかねばならない。

信　頼

　クライエントの多くは医師や家族の勧めでしぶしぶ私たちのところにやってくるから，第1の目標は，信頼関係を築くことである。それをスピアーノは第10章のタイトルにして，ミス・クラークの世界にどうやって入りこんでいったのかを述べている。いつかはミス・クラークの態度に変化が起こるのを信じて，介入をつづけたのである。最初のうちミス・クラークは，警戒心をむき出しにして，心を許さなかった。だが次第に，スピアーノと力をあわせて問題を解決するというやりかたを受け入れるようになった。そうすれば自立した生活をつづけられると説得されたからだ。つまり，ミス・クラークにとっていちばん受け入れやすい言いかたで説得されたのである。そして，いったんケアマネ

ジャーとのあいだに信頼関係ができると，その信頼感を他のケアワーカーたちに対しても広げていくことができた。

　なかには，自分自身や他人に対してほとんど信頼感を抱けないでセラピーにやってくる人もいる。第1章のクライエントであるヘレンも，昔から人を信じるのが苦手だった。だがセラピストのフォークを信頼できるようになったことで，やがては，フォークの紹介したボランティアやケア提供者たちをも信じられるようになった。セラピストに対する信頼を高める方法はさまざまに考えられるが，けっして性急にことを進めてはいけない。特にセラピーをはじめたばかりのころは，ちょっとでもクライエントを批判するような気配を見せると，セラピー自体がうまくいかなくなってしまうことが多いからである。おそらく，セラピストがクライエントに提供できる最大の贈り物は，彼らが怒りや不満を吐き出すのを，じっと聞くことだろう。現在の高齢者の年代は，「歯をくいしばって耐えろ」という価値観のもとに育てられた。だから，自分には扱いかねる状況があると認めるのは恥ずかしいことだし，怒りをあらわにするのはわが身を危険にさらすことだと考えている。そうしたクライエントたちにとっては，セラピーという安全な場で感情を吐露できることは，気持ちを自由に表現しつつ長期的な人間関係を維持できる，生まれてはじめての体験である場合も少なくない。

立ち直り力

　序章で述べたように，幸せな老後にとって，立ち直り力は不可欠な要素だ。そしてその立ち直り力は，本書で述べたような種々の介入によって高められるのである。第9章でフォーグラーもベティについて，「ことに，人間の精神がもつ立ち直り力には圧倒された。親からの愛情や保護をほとんど受けずに育っても，困難を乗り越えるだけの強さを，人はちゃんと身につけることができるのだ」と述べている。本書に紹介されているクライエントの多くは，つらい子ども時代や友達のいない成人期，戦争による混乱，肉親の死といったものに苦しみつつ生き抜いてきた。そして，よろめきながらもいまだに歩みをつづけている。高齢者に対する仕事をしている私たちすべてにとって，彼らの見せるこうした立ち直り力は，大きなやりがいと希望を与えてくれるものの一つである。

欲求不満

前にも述べたように、セラピーの進捗の度合がきわめて遅いことは、クライエントにとってもセラピストにとっても、葛藤のたねになりやすい。本書でも、信頼関係構築のために時間がかかったり、途中で安全性の問題が浮上したりして、手間取った例は多い。そうした種々の要因が、セラピーの進み具合を遅らせていくのである。

高齢者に対する仕事につきもののもう一つの要素が、年齢や立場の違いという壁である。第2章でダンクルも、ダグラスの態度におびえを感じたことを記している。しかしダグラスという人物がよくわかってくると、自分の傷つきやすさを隠すために彼がそうした態度に出ることが理解できるようになった。そして妻の健康状態が悪化してからはダグラスも、いたわりの気持ちや忍耐力をおもてに出せるようになっていったのである。

学びと成長

学びはさまざまな形で起こってくる。第3章の筆者であるトーマスは、自分自身の限界を思い知った体験を語っている。ミセス・スミスに出会ったばかりのころのトーマスは、このクライエントの状況は絶望的だと感じていた。だがミセス・スミスのことをよく知るようになるにつれて、このクライエントにはそれを乗り越えていけるだけの力があることに気づいた。そしてさらには、クライエント本人が変えたがっていないことを変えることはできないという、自らの限界も悟ったのである。

第7章で紹介した月曜日の作文グループでは、参加メンバーとリーダーが協力して学びをめざしており、さまざまなレベルの学びが生じている。まずメンバーたちは、お互いについてよく知るようになった。たとえば、マリアンヌが恵まれない子ども時代をすごしたこと、職業を転々とした冒険心の持ち主であったことなどを知ったのである。ついで皆は、癌と闘うマリアンヌと身近に接することで、どのように死にゆくべきかを学んだ。そして、マリアンヌの弟や娘とも知りあいになれたことで、人生は受け継がれていくものであることも

学んだ。同様に，リチャードからは歴史を，ポールからは科学を，ローズからはジョークを，皆は教えられた。そしてもちろん，文章を書き，それを聞いてもらうことを通じて，メンバーたちは自分自身についても学んだのである。

具体的なメリット

　本書にあげられているセラピーの具体的なメリットは，以下のようなものだ——正しく服薬するのを助けてもらえる。家のなかのことを手伝ってもらえる。経済的困窮が軽減される。より快適な家，支払い可能な家に引っ越せる。毎週の参加を歓迎してくれるグループに所属することができ，それに参加することで生きることの意味がはっきりしてくる。

　カウンセリングとケアマネジメントの融合についてはさまざまな議論がなされているが，そのいっぽうが他方を補ったり，互いに利用しあったりできるということを示す事例はたくさんある。外部からの具体的な援助を受け入れることに抵抗感を覚えるクライエントは少なくない。だがそんなクライエントも，セラピーを受けることで，他人を信頼して頼ったり変化を受け入れたりする力が育つ。それに，馴染みのセラピストからなら福祉サービスやサポートを紹介されても受け入れやすい。逆に，具体的なサポートが精神を救うこともある。クライエントの生活の改善は，洞察や精神的サポート，これまで自分の経験してきたことに対する理解を通してだけ進むわけではないのだ。食事が配達されれば家族は調理の重圧から解放され，その時間をもっと楽しい活動にあてることができる。また，訪問介護を受けることで，自立した生活をつづけることが可能になることもある。

6．この事例の教訓は？

　本書に繰り返し登場する記述は，「クライエントはとても感じのいい人だった」「ユーモアのセンスがあった」「つらい人生をおくってきたにもかかわらず，素晴らしい立ち直り力を見せていた」といったことである。高齢者ケアは，とても楽しく刺激的で，明るい気分をもたらしてくれる仕事なのである。

自分から進んでこの仕事を選んだ人だけでなく，偶然とびこんで感動を受けたためにこの仕事をつづけるようになった人も，また，それまでどのような訓練を受けてきた人も，その点では意見が一致しているようだ。本書の総まとめとして私は，つぎの2つの点をぜひともお話ししておきたい。①高齢者へのケアの仕事は，通常の成人ケアとどう違うのか。②ターナー・クリニックの環境および，そこで長年かけて育てあげられてきたやりかたは，他の施設とどんなところが異なっているのか。

高齢者ケアの特異性

　世代間の違いについて論じる際には，それがあくまで現時点の高齢者集団の特徴について述べたものでしかないことを忘れてはならない。たとえば本書でも他の場面でも，「高齢者はセラピーを受けることに抵抗感が大きい」という言いかたがたびたび登場するが，これは明らかに集団特性の違いによるものだ。現在の高齢者は，今現在30代や40代の人たちよりも，セラピーというものに馴染みが薄い。幼いころからセラピストの存在を身近に見て育った世代が年をとれば，そうした抵抗感は薄れるはずである。

　おそらくそれと同じことが，名前の呼びかたについても言えるだろう。何が礼儀にかなっているかということや，敬意をどうあらわすべきかという意識も，世代が移れば変わってくる。だが現在の高齢者の大半は，苗字に「ミスター」や「ミセス」をつけて呼ばれるのを好む。筆者たちの研修会でも，「老人ホームでのグループ・セラピーで，ある入所者から，〈他の入所者にもホームのスタッフにも，私のことは"ミセス・コリンズ"と呼んでほしい〉という要求があった」という体験談が披露された。また別の機会に筆者の一人から，未婚のクライエントの呼びかたについての失敗談を聞いたこともある。彼女は，「80代の女性にとっては，最近主流の，既婚・未婚に関わらず使える〈ミズ〉という言いかたは馴染みが薄いだろう」と考え，苦し紛れに「ミセス」と呼んでしまったのだという。するとそのクライエントは激怒し，「〈ミス〉と呼んでちょうだい！」と言った。じつのところ，そう言われるまで，「ミス」という語は，そのソーシャルワーカーの頭にはまったく浮かんでいなかったのだそうだ。おそらくいちばん安全なのは，クライエント本人に，どう呼ばれたい

か尋ねてみることだろう。そう尋ねられたある高齢の女性は，「それは，相手が誰か，何歳ぐらいの人かによるわね」と答えた。本書では章によって姓が用いられたり名前が用いられたりしているが，それは実践の形態やクライエントとの関係の違いによるものだ。たとえばグループ・セラピーでは，目的の一つがメンバーたちをお互いに親しくすることなので，自然に名前が用いられているのである。

　高齢者ケアのもう一つの大きな特徴はなんといっても，クライエントの経験の長さや質が，若い人とは違うということだ。2度の世界大戦や大恐慌といった歴史的な大事件に加えて，彼らは，人種差別，性差別，貧困といったことも体験してきている。したがって，物の所有，結婚，子育て，仕事，日常のこまごましたことなどについての考えかたの違いが，高齢のクライエントとそれより若いセラピストとの関係に微妙な影響を与えることも少なくない。「どうしてあのクライエントはこんなに長いあいだ，夫の振る舞いを我慢してきたのかしら？」とセラピストには不思議でしかたなくても，当のクライエントは，「我慢すること」こそが結婚生活の当然の一部だと思うように育てられてきたのかもしれないのである。

　高齢者の場合には，セラピーのスタイルにも当然違いが出てくる。私たちのクリニックに来る前には精神科でもっと若いクライエントを相手に仕事をしていた筆者の一人は，移ってきたばかりのころ，高齢のクライエントから個人的な生活についてあれこれ質問されて，びっくりしたそうだ。若いクライエントの場合にはたいていそのような質問はしないし，もしセラピストのことを根掘り葉掘り聞いたりすれば，むしろその行動自体が不自然なものとしてセラピーで問題にされる。だがクライエントが高齢者の場合には，私たちの側からも，自分の個人的なちょっとした話題を持ち出すことが多い。クライエントがそういったことに興味をもつのは，私たちに対する親しみや，若い世代に対する関心のあらわれだと考えているからである。もっと若いクライエントは，たとえセラピストの個人的な生活に興味をもっていたとしても，セラピーの時間にはそんなことより，自分自身の問題について語りたがる。だが高齢のクライエントの場合には，セラピーを受けることへの当惑や複雑な気持ちが，セラピストについて尋ねることでいくぶん和らぐことも多い。

　その他さまざまな介入のありかたも，高齢のクライエントの場合には，比較

的対立を避けるものになりやすい。たとえば，第6章でエドワーズとフォーグラーが紹介している認知療法グループも，もっと若いクライエントを対象にした認知療法より，はるかに和気あいあいとしたものだ。心身の衰えたクライエントが相手であればあるほど，グループのメンバーたちは慎重に対立を避け，その人の気持ちを大事にして接する傾向がある。もしかしたらそれは，私たち高齢者相手の仕事をしている者はクライエントを守ろうとしすぎ，若いクライエントを手がけている人は逆の方向に行き過ぎているからかもしれない。しかしながらキャンベルが第7章で紹介した月曜日の作文グループのような，あまり構造化されずに自由に運営されているグループでさえも，高齢の参加者たちは他の人の作品をけなすよりほめたがり，否定的だと受け取られそうな意見を言うのはとてもためらうのである。

ターナー・クリニックは特殊か

　ターナー高齢者クリニックについては本書の最初に概略を述べたが，ケース・スタディを読み終えていただいた今，私たちの職場の環境について，もう少し補足しておくほうがいいだろう。1978年にクリニックが創設されて以来，私たちは，地域住民による諮問委員会と，ボランティアのピア・カウンセラー・プログラムの双方を設けることで，地域社会の要請をくみあげつつ，高齢者へのサービス提供を進めてきた。創設当初からいちばん大事にしてきたのは，地域の高齢者が何を望んでいるのかを的確につかみ，それを実現する方法を見つけていくことだ。そうした年月の積み重ねのなかで私たちは，ソーシャルワーカーをめざす学生たちやピア・ボランティア，公共および民間のさまざまな資金などを活用してソーシャルワーク部門を運営し，クリニックの内部でも外でもニーズに対応できる態勢をつくりあげることができたのである。たとえば，（本書の第3章と第4章でも紹介されているように）自宅での訪問カウンセリングを希望する高齢者が多かったことから，郡の高齢者福祉局の資金を得て訪問カウンセリング・サービスをはじめたのもその一例である。

　医学面では医師の協力が不可欠だが，その点も私たちは恵まれていて，理解ある医長がすぐそばにいてくれる。ターナー・クリニックの初代医長だったドクター・アイヴァン・ダフは，高齢者のために各分野の専門家が協力して働く

ことを強く推奨してくれた。現医長のドクター・ニール・パースキーも，私たちが働きやすい環境を整えてくれている。また老年学センターの所長であるドクター・ジェフリー・B・ホルターは，1984年以来，ソーシャルワーク部門の資金をもっと広範囲から得られるようにしてくれたし，病院当局にも，ソーシャルワークに対する予算を増やすよう，強く働きかけてくれている。必要とされるサービスを実現するための方法を見つけ出す責任と権限がソーシャルワーカーにはあるという認識も，最近は広く深く浸透してきた。クリニックの中心的なプログラムの邪魔になるようなことさえなければ，かなり自由に新しい活動を試せるようになったのである。そんななかで私たちソーシャルワーカーには，的確なアセスメントの技術をもち，グループおよび個人への働きかけを総合的に運営し，さまざまな職種の人からなるチームのなかで気持ちよく働ける資質が求められている。

　私たちのクリニックではまた，同僚どうしがスーパーバイザーをつとめることも頻繁に行われている。スタッフの多くは，自分から希望してパートタイムで働いている。そのように勤務時間が変則的なため，互いに補いあってシフトを組んでいることも，私たちの職場の協力的な雰囲気をつくるのに一役買っているのかもしれない。第1章でフォークも書いているように，たとえ自分がいないときに担当クライエントに問題が起きても，誰か他のソーシャルワーカーが必ず対処してくれるので，とても安心なのだ。私たちの手がけるケースの多くはとても複雑で，どう進めたらいいのかわからなくなることも多い。そこで，週に1度のスタッフ・ミーティング以外にも，お互いに相談しあったり，助けあったりすることがしばしばある。つまり私たちの職場には，いろいろなことを試しやすい雰囲気があり，もし失敗しても強くとがめられるようなことはないのだ。しかしもちろんその自由さには，人を裏切らないように誠実に振る舞い，自立して仕事をし，必要なときには時間外勤務もいとわない責任が付随している。

　これは，きわめて特殊な環境だろうか。それとも本書の各章で紹介したような実践は，他の施設でも可能なのだろうか。私たちは，それが十分に可能だと考えているし，地域のなかでさまざまな機関と協力してうまく実践されているソーシャルワークの実例が，私たちのところ以外にもたくさんあるはずだと思っている。そうした実例を紹介した書物はまだ少ないが，それは，現場の

ソーシャルワーカーがとても忙しくて，自分の実践を本にまとめる時間も資金も興味ももちにくいからだろう。実際にはわが国のいたるところに，活気あふれる各種の実践が存在していて，ソーシャルワークという世界の隠れた宝になっているのではなかろうか。私たちとしては，本書がきっかけとなって，高齢者との効果的なパートナーシップの実例がどんどん発表されるようになれば，本当に嬉しく思う。

　私たちにとって何より大切なのは，クライエントやその家族，地域社会が望んでいるのは何かを見極めることから出発して，それをもとに行動を起こすことである。私たちのやっている仕事には大きな価値があり，私たちは専門家として，何をいかに実践するかを，自分たちの頭で考えて決める。最後にぜひともつけ加えたいのは，創造性というのはなにも，本を書いたり風景画を描いたりする場合にのみ発揮されるものではないということである。あなたが働いているその現場，一緒に働く同僚たち，幸せにも自分がその人生に入りこませてもらっているクライエントたちに対してこそ，あなたの創造性を存分に発揮していただきたい。

　　　　　　　　　　　　　　　　　　　　　　　　（ルース・キャンベル）

訳者あとがき

　翻訳の仕事のかたわら，高齢者や身体障害者のかたたちに運動指導をしている私にとって，本書の筆者たちがぶつかる問題のかずかずは，まさに他人事ではない。「個人的なプレゼントを差し出されたらどうするか」「本人のやりたいことと，こちらが勧めたいことが食い違っていたら，どう対処すればいいのか」「力になれない自分の無力さにうちのめされたときは，どうやって切り抜けるか」などなど，現場で高齢者に接する仕事をしている人ならおそらく誰でも経験するであろうそのような問題について，筆者たちはどう考え，どう行動したのか，そしてその結果どのようなことが起きたのか——失敗談も含め，本書にはそれが，生き生きとした筆致で具体的に記されている。

　本書は，ベリット・インガソル=デイトン（Berit Ingersoll-Dayton）およびルース・キャンベル（Ruth Campbell）によって編まれた "The Delicate Balance : Case Studies in Counseling and Care Management for Older Adults" の訳である。編者および各章の筆者がどのような人なのか，どんなねらいで本書が編まれたかについては，冒頭の「日本語版監修者の序」および「はじめに」に詳しく書かれているので，そちらをお読みいただきたい。

　各章に共通して述べられている"解決策"は，一見きわめてもっともなことだ。「つねに相手の意思を尊重し，その決定に敬意をはらう」「クライエントの周辺にも，ケアにあたる自分自身の周辺にも，有効なサポート・ネットワークをつくり出すようにつとめる」……だが，具体的なケアの現場でそれを実行していくのがいかに難しいかは，本文を読み進めば十分におわかりいただけるだろう。

　　一般に，「長く生きていらっしゃるぶん，いろいろなことがわかっていらっしゃるんですよね」などと口先だけで言う人は多いが，実際に高齢者の隣に腰をおろしてその話をじっくり聞こうとする人は，ほとんどいない。

という編者の言葉に，私と同じようにドキリとする人は，少なくないにちがいない。また，

> ［クライエントに実際に大きな変化を起こすきっかけとなったのが，自分の行ったセラピー以外の出来事だったという］ケースがけっこう多いことを知ると，セラピストとしては，限界を知らされる思いでもあり，少しほっとした気持ちにもなる。

という述懐にも，苦笑しつつ，大きくうなずいてしまう人が，たくさんいるのではなかろうか。

　しかし，それでもなお編者は，「高齢者ケアは，とても楽しく刺激的で，明るい気分をもたらしてくれる仕事だ。現場の多くの人が，その点では意見が一致している」と断言している。それはおそらく，相手の意思を尊重して信頼関係を結び，さまざまな人たちと協力してサポート・ネットワークをつくっていくということが，高齢者だけでなく，あらゆる人と交わる際のキーポイントであり，自分にも相手にも大きな喜びを生み出す行為だからだろう。高齢者ケアはそれを，ぎゅっと濃縮した形で味わわせてくれるのである（私がついつい運動指導に熱中し，翻訳原稿が締め切りに遅れてしまうのも，その喜びのせいなのです。ごめんなさい！）。

　なお，訳書があまりに長大になりすぎるのを避けるために，原書第II部にもともと含まれていた"Exploring the Meaning of Life in a Group Setting"の章は，編集部と相談のうえ割愛した。特に関心がおありの方は，原書にあたっていただきたい。

　本訳書の監修者である黒川由紀子氏は，大学時代，同じ学科で学んだ友人である。日本を代表する高齢者ケアの研究者・臨床家であり，本書の編者や筆者たちとも親しく，人間としてもじつに魅力的な長年の友と今回一緒に仕事ができたことを，とても嬉しく思っている。

　また，誠信書房編集部の長林伸生氏には，本当にお世話になった。氏の穏やかで辛抱強い督促がなければ，本書は，まだまだ日の目を見なかったにちがいない。さらには，高齢者や身体障害者への運動指導の現場で経験したこと，そ

こで出会った参加者やスタッフに教えていただいたことも，本書を訳すうえで大いに役立った。

　私を支えてくれる，そうしたサポート・ネットワークのすべてに，心から感謝したい。

　　　2004 年 9 月

　　　　　　　　　　　　　　　　　　　　　　　　　　望　月　弘　子

日本語版監修者紹介

黒川由紀子（くろかわ　ゆきこ）
1956年，東京都生まれ。東京大学教育学部卒業，上智大学大学院博士課程修了。東京大学で Ph.D.（保健学）取得。東京大学医学部精神医学教室などを経て，現在，大正大学大学院教授，慶成会老年学研究所所長，臨床心理士。著書に『百歳回想法』（木楽舎），『老いの臨床心理』（編著，日本評論社），『回想法グループマニュアル』（共著，ワールドプランニング）など，訳書に『回想法の実際——ライフレビューによる人生の再発見』（共訳，誠信書房）などがある。臨床心理士として高齢者への心理療法を行うかたわら，わが国の回想法の第一人者として，その幅広い普及に努めている。

訳者紹介

望月弘子（もちづき　ひろこ）
1956年，静岡県生まれ。東京大学教育学部卒業。出版社勤務を経て，現在，翻訳家，健康運動指導士。『女の由来』『人は海辺で進化した』『子宮の中のエイリアン』『進化の傷あと』『人類の起源論争』（いずれも，どうぶつ社）や，『ヒト・クローン無法地帯』（紀伊國屋書店）『視覚の文法』（共訳，紀伊國屋書店）など，自然科学系の一般書を翻訳するかたわら，各地の身体障害者福祉センターなどで，主として高齢者や身体障害者への運動指導を行っている。

B. インガソル=デイトン／R. キャンベル
高齢者のカウンセリングとケアマネジメント
2004年10月20日　第1刷発行

監修者	黒川由紀子
訳　者	望月弘子
発行者	柴田淑子
印刷者	芳山光雄

発行所　株式会社　**誠信書房**
〒112-0012　東京都文京区大塚 3-20-6
電話　03 (3946) 5666
http://www.seishinshobo.co.jp/

芳山印刷　協栄製本　　落丁・乱丁本はお取り替えいたします
検印省略　　無断で本書の一部または全部の複写・複製を禁じます
© Seishin Shobo, 2004　　　Printed in Japan
ISBN4-414-41413-X　C3011

尾崎 新編 「現場」のちから

F・P・バイステック著／尾崎 新・福田俊子・原田和幸 訳
ケースワークの原則〔新訳版〕

J・ハーヴェイ著／安藤清志 監訳
悲しみに言葉を

アン・O・フリード著／黒川由紀子・伊藤淑子・野村豊子 訳
回想法の実際

● 社会福祉実践における現場とは何か　社会福祉に携わるさまざまな職種の人の実践現場から理論ではなく現実に添ったケアの事例を報告。実践の意味を考え直すことによって状況を変える新しい視野が広がる。

● 援助関係を形成する技法　ケースワーク臨床の最も重要な基礎は援助関係を形成することであり、ケースワークの技術とは、援助者がクライエントと援助関係を形成する技法である。そのための原則を整理した本。

● 喪失とトラウマの心理学　本書は、死別・身体的能力の喪失、失業・引退など、さまざまな喪失を総合的に扱う。重大な喪失に悩む人びとの声に耳を傾け、喪失やトラウマに対する様々なアプローチを概観する。

● ライフレビューによる人生の再発見　激動の時代を生き抜いてきた日本の高齢女性の使命感・人生観につながる基本問題に心底感心した著者が、回想法の技法を用いて素晴らしい能力を再現する面接の記録である

誠信書房